KOLONIALREICH
SPANIEN

KOLONIALREICH

SPANIEN

Reader's Digest

DEUTSCHLAND · SCHWEIZ · ÖSTERREICH

Kolonialreich Spanien

Titel der französischen Originalausgabe
L'Espagne au Siècle d'or

Spanien – das Goldene Zeitalter
Titel der Originalausgabe: Le temps de l'Espagne XVIe–XVIIe siècles
von Bartolomé Bennassar und Bernard Vincent
© 1999, Hachette Littératures, Paris.
© der deutschen Übersetzung: 1999, J. G. Cotta'sche Buchhandlung
Nachfolger GmbH, gegr. 1659, Stuttgart.
Die Kurzfassung in diesem Band erscheint mit freundlicher Genehmigung
des Verlages.

Deutsche Ausgabe
Übersetzung: Ingrid Frieling
Redaktion: red.sign (Guido Huß, Frank J. Müller, Katrin Schmelzle,
Androniki Tsilipakou, Ellen Weitbrecht)

Reader's Digest
Redaktion: Dr. Birgit Gläser, Claudia Rück
Grafik: Peter Waitschies
Bildredaktion: Christina Horut
Prepress: Andreas Engländer
Produktion: Hans-Peter Ullmann

Ressort Buch
Redaktionsdirektorin: Suzanne Koranyi-Esser
Redaktionsleitung: Dr. Renate Mangold, Heinz Volz
Art Director: Rudi K. F. Schmidt

Operations
Leitung Produktion Buch: Norbert Baier

Satz und Reproduktion: Lihs media office GmbH, Ludwigsburg
Druck und Binden: Printer Industria Gráfica S. A., Barcelona

© der französischen Originalausgabe:
2003 Sélection du Reader's Digest, S.A., Paris
© der deutschsprachigen Ausgabe:
2003 Reader's Digest – Deutschland, Schweiz, Österreich
Verlag Das Beste GmbH – Stuttgart, Zürich, Wien

Code-Nr. UK 0074/G/CBS

Printed in Spain

ISBN 3-89915-119-4

Inhalt

Vorwort

Dem Lexikon zufolge ist das Goldene Zeitalter ein aus der Antike stammender Begriff für eine Epoche geistiger und kultureller Höchstleistungen, ein Ausdruck, der vor allem in Spanien verwendet wird. Er steht für das 16. und 17. Jh., eine auf allen Gebieten glanzvolle Epoche.

Das Goldene Zeitalter war geprägt von Herrschern wie Karl V. und Philipp II., auf künstlerischer Ebene von Genies wie Cervantes, El Greco und Velázquez. Doch was kennt man außer diesen großen Persönlichkeiten? Bekannt sind natürlich die Verbrechen der Inquisition und die Ausrottung der Indios in Amerika – Vorgänge, die von den Spaniern als „schwarzes Kapitel" ihrer Geschichte bezeichnet werden.

Ohne diese Realitäten zu leugnen, wird hier der Versuch unternommen, die Komplexität eines einzigartigen politischen Gebildes zu beschreiben, eines Reiches mit unerhörten Ausmaßen, das nach spanischen Vorstellungen entstand und von Spanien aus verwaltet wurde. Gleichzeitig gilt es, Glanz, Kraft und Originalität der spanischen Kunst und Literatur darzustellen. Dieses fast 200 Jahre wäh-

rende Goldene Zeitalter war merkwürdig und faszinierend zugleich. Der politische Höhepunkt im 16. Jh. stimmte zeitlich nicht mit dem kulturellen Höhepunkt überein, der rund ein halbes Jahrhundert später lag. Auch stellt man bisweilen Karl V. und Philipp II. aus der spanischen Linie der Habsburger und ihre Nachfolger aus der österreichischen Linie als Rivalen dar. Doch unabhängig von den jeweiligen Herrschern war es die gleiche wirtschaftliche, politische und intellektuelle Dynamik, die das damalige Spanien prägte. Und das Duo Philipp IV. und Velázquez war vielleicht vollkommener und bedeutender als seine Vorgänger Karl V. und Tizian oder Philipp II. und El Greco.

Das Buch von Bartolomé Bennassar und Bernard Vincent ist eine spannende Synthese, die das Goldene Zeitalter wieder zum Leben erweckt. Ergänzt wird der Text durch chronologische Übersichten, Sonderthemen und prachtvolle Bildseiten, die sich den Meisterwerken der spanischen Kunst widmen und den Reichtum des spanischen Erbes in Amerika und Europa zeigen.

Das spanische Weltreich

Das 16. und 17. Jh. war die Zeit, in der Verbindungen zwischen den verschiedenen Teilen der Welt geschaffen wurden. Menschen, Güter, Nachrichten und Krankheiten gelangten von einem Kontinent zum anderen und trugen zu einem kulturellen Austausch nie gekannten Ausmaßes bei. Unter der Flagge des spanischen Weltreichs gelang Magellan und Elcano 1519–22 die erste Weltumsegelung.

FRANK-REICH

ATLANTISCHER OZEAN

La Coruña · Santiago de Compostela · León · Burgos · BASKEN-LAND · Pamplona · NAVARRA · Valladolid · Coimbra · Salamanca · ARAGONIEN · Saragossa · Ávila · Guadalajara · KATALONIEN · Lissabon · Évora · Madrid · Barcelona · PORTUGAL · Toledo · Castellón · KASTILIEN · Valencia · BALEAREN · Córdoba · VALENCIA · Sevilla · Cartagena · Cadiz · Grenada · Malaga · Algier · Ceuta · Melilla · Oran · MAROKKO · Mazagan

WELTREICH DER SUPERLATIVE

Das Weltreich, in dem die Sonne nicht unterging, erstreckte sich nach der Vereinigung der portugiesischen und spanischen Besitzungen im Jahr 1580 über vier Kontinente. Während Portugal nur 1 Mio. Einwohner hatte, lebten in dem aus Kastilien, Aragonien und Navarra bestehenden spanischen Reich 7 Mio. Untertanen. Deshalb hatten die Spanier ihren Einfluss über weite Gebiete zu festigen versucht, während die Portugiesen die Kontrolle über eine Reihe strategisch günstiger Orte vorgezogen hatten. Dieses Gefüge stellte wegen der inneren Spannungen und der Begehrlichkeiten anderer Staaten eine gefährliche, aber auch unbeständige Macht dar.

DER MITTELMEERRAUM WAR VON JEHER DAS GEBIET, IN DEM KONFLIKTE ZWISCHEN DEM ISLAM UND DEM CHRISTENTUM AUSGETRAGEN WURDEN.

Spanische Besitzungen
Portugiesische Besitzungen

EIN KÖNIGREICH ENTSTEHT

1469–92
Vereinigung der Kronen Kastilien und Aragonien

1493–1504
Tragödien der Dynastie

1505–15
Die Expansion

Seiten 10–11

EIN WELTREICH ALS ERBE

1520–30
Zehn ruhmreiche Jahre

1531–41
Zehn schwierige Jahre

1542–54
Zeit des Gleichgewichts

1555–58 Karl V. dankt ab.

Seiten 12–13

DIE ZEIT PHILIPPS II.

1556–63
Triumphale Anfänge

1571–80
Der Höhepunkt der Herrschaft

1588–98
Der König wird alt.

Seiten 14–15

700 — 1516 — 1556

- 711 Beginn der Eroberung durch die Araber
- 9.–10. Jh. Blüte des Kalifats von Córdoba
- 1085 Eroberung Toledos durch Alfons VI.
- 1248 Eroberung Sevillas durch Ferdinand III.

- 1492 Eroberung Granadas
- 1492 Erste Reise von Christoph Kolumbus nach Amerika
- 1500 Geburt Karls V.

- 1519 Wahl Karls V. zum Kaiser
- 1545 Eröffnung des Konzils von Trient
- 1556 Abdankung Karls V.

- 1556 Thronbesteigung Philipps II.
- 1571 Seesieg bei Lepanto

SPANIEN IM

DIE MACHT DER HOHEN PFORTE

Das Osmanische Reich erlebte seine höchste Blüte im 16. Jh., als es sich vom Persischen Golf bis zum 1526 besetzten Ungarn und von der Krim bis Ägypten erstreckte, das 1517 erobert wurde. Bis auf Marokko gehörte der größte Teil Nordafrikas zu seinem Herrschaftsbereich. Die in Istanbul residierenden Sultane verfügten über eine mächtige Armee aus Berittenen und Fußtruppen. Ihnen kam das ungeheure religiöse Prestige zugute, das der Titel des Kalifen beinhaltete. Umgeben waren sie von großen Rechtsgelehrten, feinsinnigen Poeten und begabten Architekten wie Sinan. Doch wirtschaftliche Schwierigkeiten und die ständigen Palastintrigen führten im 17. Jh. zu einem langsamen Niedergang. Ab etwa 1680 häuften sich die Niederlagen gegen die christlichen Armeen.

DAS REICH DER MITTE

Mit 100–120 Mio. Einwohnern war China zur Zeit der Ming-Dynastie, die seit dem Ende des 14. Jh. an der Macht war, das bevölkerungsreichste Land der Welt. Das Reich der Mitte war ein kompliziertes politisches Gebilde. In seinem Zentrum lagen Gebiete unter chinesischer Verwaltung, etwas entfernter befanden sich Regionen, deren Herrscher vom Kaiser eingesetzt wurden. Staaten in den Randgebieten waren tributpflichtig, beispielsweise Japan mit damals etwa 10 Mio. Einwohnern. China öffnete sich der Marktwirtschaft, indem es Seidenstoffe, Porzellan und Lackarbeiten exportierte. Der zunehmend wohlhabende Süden wurde zur Kornkammer des Landes. Doch die Verarmung der bäuerlichen Bevölkerung, deren Existenz durch die Zunahme großer Domänen bedroht war, sowie die durch Reglementierungen in den Städten verursachte Unzufriedenheit führten zu Volksaufständen und dem Sturz der Ming-Dynastie, sodass 1644 die mandschurische Ching-Dynastie an die Macht kam.

DIE RECONQUISTA

Die Entstehung Spaniens war ein langer Prozess, der wohl im 8. Jh. begann, als einige tausend Muslime auf der Iberischen Halbinsel landeten und binnen kurzem fast den gesamten Raum beherrschten. Die unverzüglich eingeleitete christliche „Reconquista" verlief in drei Abschnitten. In der ersten Phase erreichte sie den Duero im Westen und einen Teil der Pyrenäen und Kataloniens im Osten. In der zweiten umfassenderen Phase vom Ende des 11. bis zur Mitte des 12. Jh. wurden zunächst Saragossa und Toledo erobert, anschließend Valencia, Córdoba, Sevilla und Lissabon. Das kleine Königreich Granada jedoch, die letzte muslimische Bastion von *Al-Andalus*, leistete bis zum Ende des 15. Jh. Widerstand. Von dem ständigen Austausch zwischen Christen, Muslimen und den im gesamten Mittelalter zahlreichen Juden wurde Spanien tief geprägt.

Amsterdam
Utrecht
Antwerpen
Brüssel
NIEDER-LANDE

HEILIGES RÖMISCHES REICH DEUTSCHER NATION

Mailand

KORSIKA

SARDINIEN

KÖNIGREICH NEAPEL

Neapel

MITTELMEER

Palermo

SIZILIEN

IONISCHES MEER

Preveza

Lepanto

ÄGÄIS

OSMANISCHES REICH

Tunis

SCHATTEN ÜBER DER MONARCHIE

1598–1621
Zeit des Friedens

1625
Annus mirabilis

1639–43
Zeit der Misserfolge

Seiten 16–17

NIEDERGANG DES HAUSES HABSBURG

1643–65 Ende der Regierungszeit Philipps IV.

1666–78
Maria Anna von Österreich

1679–1700 Warten auf den Tod des Königs

Seiten 18–19

Der Sturz des Reiches

• *1714:* Verlust der südlichen spanischen Niederlande, des Königreichs Neapel, Siziliens und des Herzogtums Mailand

• *1816–22:* Unabhängigkeit Argentiniens, Chiles, Kolumbiens, Perus, Venezuelas und Mexikos

• *1898:* Verlust der letzten Kolonien Kuba, Puerto Rico und Philippinen

---

1598 **1643** **1700**

• 1598 Tod von Philipp II.

• 1598 Thronbesteigung Philipps III.
• 1621 Thronbesteigung Philipps IV.
• 1643 Niederlage in der Schlacht von Rocroi

• 1659 Pyrenäenfriede
• 1665 Tod Philipps IV.
• 1678 Friede von Nimwegen
• 1700 Tod Karls II.

• 1700 Thronbesteigung Philipps V.
• 1702–14 Spanischer Erbfolgekrieg
• 1759–88 Regierungszeit Karls III.
• 1808 Joseph Bonaparte König von Spanien
• 1814 Rückkehr der Bourbonen auf den spanischen Thron

GOLDENEN ZEITALTER

Ein Königreich entsteht 1469–1515

In der Regierungszeit der Katholischen Könige Isabella und Ferdinand wurden die zahlreichen inneren Auseinandersetzungen auf der Iberischen Halbinsel beendet. Dank einer starken wirtschaftlichen Dynamik gelang den Herrschern die Vereinigung aller Gebiete auf der Halbinsel, mit Ausnahme von Portugal. Gleichzeitig verfolgten sie eine geschickte Expansionspolitik in Europa, Afrika und Amerika.

DIE INQUISITION

1478 erhielt das Herrscherpaar von Papst Sixtus IV. die Genehmigung zur Ernennung von Inquisitoren. Zunächst wurden Ketzer verfolgt, die der Zugehörigkeit zum Judentum verdächtigt wurden. Das erste öffentliche Glaubensgericht fand 1481 in Sevilla statt. Der Generalinquisitor Tomás de Torquemada gab bei Pedro Berruguete das Bild Inquisitionsgericht unter Vorsitz des hl. Dominikus (1490) in Auftrag.

UNIVERSITÄT VON WELTRANG

Die Anfang des 13. Jh. gegründete Universität von Salamanca (Hintergrundfoto) erlebte unter den Katholischen Königen ihre Blüte. Sie verfügte damals über 25 Lehrstühle und wurde von rund 7000 Studenten besucht. Dort arbeitete auch Nebrija, der Verfasser der ersten spanischen Grammatik.

GESCHICKTE PROPAGANDA

Die Katholischen Könige waren sehr auf ihr Ansehen bedacht. Sie bedienten sich u. a. der Architektur, Bildhauerkunst und Malerei, um ihre Embleme und Wappen publik zu machen. Diese Elemente findet man auch in der Keramik, vor allem in nach maurischer Tradition gefertigten Exemplaren mit metallischem Schimmer aus der Werkstatt von Manises bei Valencia.

AUFBRUCH IN DIE NEUE WELT
*Die Karavelle wurde im späten
15. Jh. gern auf Entdeckungsreisen
eingesetzt. Vor allem die dreieckigen
Lateinersegel machten sie sehr wen-
dig. Die Flotte des Christoph Kolumbus bestand aus drei Karavellen, der
Pinta, der Niña und der Santa Maria, die mit 26,3 m, einer Ladekapa-
zität von 20 Tonnen und 39 Mann
Besatzung das größte Schiff war.*

DAS ENDE DER RECONQUISTA
*Im Krieg um Granada bekämpften Kastilien und Aragonien das
Königreich Granada. Nach zehnjähriger Schlacht (1482–92) gab Emir
Boabdil seine Hauptstadt auf und überreichte den Siegern die Schlüs-
sel. Damit verschwand das letzte maurische Königreich in Westeuropa.*

EIN POLITISCHER BUND
*Bei ihrer Vermählung im
Jahr 1469 waren Isabella
18 und Ferdinand 17 Jahre
alt. Im Lauf ihrer langen
Regierungszeit gelang es
den beiden Herrschern,
den Widerstand der Aris-
tokratie und der aufstän-
dischen Bauern zu über-
winden. Die zutiefst vom
Kreuzzugsgedanken ge-
prägten Könige ließen
sich in Granada bei-
setzen, der Stadt,
in der sie den Islam
besiegt hatten.*

1493–1504 Tragödien der Dynastie

1497 Tod des Erbprinzen Johann

1498 Tod der Infantin Isabella

1504 Tod Isabellas der Katholischen. Johanna, die Mutter
des späteren Karl V., verfällt in tiefe Depressionen.

1505–15 Expansion Spaniens

1505 Das Königreich Neapel wird erobert und gehört nun zur Krone Aragonien.

1509 Eroberung Orans

1512 Das Königreich Navarra wird besetzt und der Krone von
Kastilien einverleibt.

Ein Weltreich als Erbe *1516–1556*

Durch den Tod seines Großvaters Ferdinand erbte Karl I. unermesslich große Gebiete, die den Besitzungen Burgunds hinzugeschlagen wurden. Mit dem Tod seines anderen Großvaters, des Kaisers Maximilian I., im Jahr 1519 kam er in den Besitz der Territorien der österreichischen Habsburger. Dann wurde der Fürst als Karl V. zum Kaiser gewählt. Bis zu seiner Abdankung war er ständig in seinen Ländern auf Reisen.

KARL UND ISABELLA
Nachdem mehrere geplante Eheschließungen mit englischen und französischen Prinzessinnen gescheitert waren, heiratete Karl 1526 seine Cousine Isabella von Portugal. Der Künstler stellt hier die Liebe Isabellas dar, die Karl ihr Herz gibt, während dieser den Arm um seine Gemahlin legt. Die Ehe war in der Tat glücklich, und der verwitwete Karl heiratete nicht wieder.

DIE BEFREIUNG VON TUNIS
Für die Expedition gegen Tunis, die man als Kreuzzug begriff, wurde das gesamte spanische Reich mobilisiert. Dank seiner Artillerie siegte Karl V. über Barbarossa, den Bey von Algier, der im Jahr zuvor Tunis an sich gerissen hatte. Der Kaiser setzte Mouley Hassan, den Bey von Tunis, wieder ein, stellte ihn aber unter sein Protektorat und behielt die Festung La Goulette.

DER KÖNIGLICHE PALAST
Seine Flitterwochen verbrachte Karl V. in der Alhambra von Granada (Hintergrundfoto). Hier ließ er einen Palast errichten, bei dem der Einfluss der italienischen Renaissance unübersehbar ist. Die Bauarbeiten unter der Leitung des Architekten Pedro Machuca dauerten über ein Jahrhundert.

Die Niederlage Franz' I.

Franz I. war der größte Rivale Karls V., deshalb war seine Gefangennahme bei Pavia im Februar 1525 ein überaus bedeutendes Ereignis. Der König von Frankreich wurde von Cremona nach Neapel, dann nach Genua überstellt, im Juli schließlich brachte man ihn über Barcelona und Valencia nach Madrid. Dort blieb er bis Februar 1526, dem Zeitpunkt der Unterzeichnung des Friedens von Madrid.

Kaiserlicher Feldherr

Karl V. stand den Werten des Rittertums aufgeschlossen gegenüber. Er besaß zahlreiche kostbare Rüstungen, die er auf den Schlachtfeldern anlegte, etwa 1547 in Wien oder 1551 in Metz. 700 Tage seines Lebens verbrachte er als Anführer seiner Truppen oder Flotten.

Kaiser und Papst

Karl V. wurde dreimal zum Kaiser gekrönt. Die erste Krönung fand nach seiner Wahl 1520 in Aachen statt. Größere Bedeutung hatten die beiden Krönungen in Bologna im Februar 1530. Als Zeichen der Einigkeit der Christenheit und der Versöhnung von Papst und Kaiser drei Jahre nach der Plünderung Roms (1527) setzte Papst Clemens VII. dem Fürsten die eiserne und die goldene Krone auf.

Die Zeit Philipps II. 1556–1598

Philipp II. war 28 Jahre alt, als er König über unermesslich große Gebiete wurde. Die Kaiserkrone jedoch ging auf seinen Onkel Ferdinand über. Trotz seiner Jugend war Philipp ein erfahrener Staatsmann, da er bereits mit 15 Jahren Regent geworden war und seinen Vater oft begleitet hatte. Auch nach seiner Thronbesteigung unternahm er lange Reisen auf der Iberischen Halbinsel, besonders nach Portugal, wo er 1580 König wurde.

DIE KLÖSTERLICHE RESIDENZ
Mit dem Escorial (1563–85) haben sich Philipp II. und der Architekt Juan de Herrera ein Denkmal gesetzt (Hintergrundfoto). Das Bauwerk ist gleichzeitig Palast, Grabstätte, Kirche, Kloster und Bibliothek.

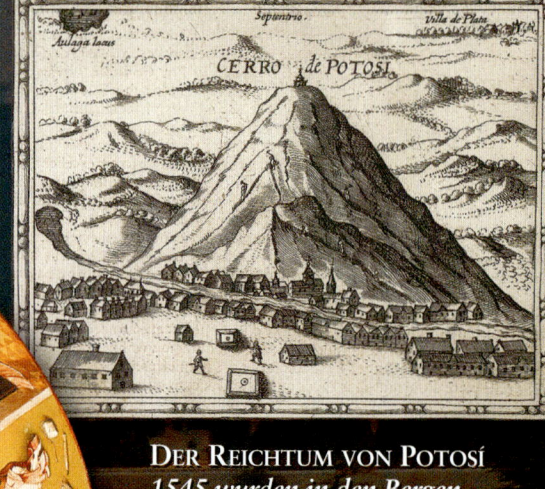

DER REICHTUM VON POTOSÍ
1545 wurden in den Bergen von Potosí gewaltige Silbervorkommen entdeckt. Bald entstand eine riesige Stadt, durch die sich ein Kanal zog, der die Bevölkerung und den Bergbau mit Wasser versorgte. Die auf der Grafik dargestellte Stadt Plata ist das heutige Sucre, eine der größten Städte Boliviens.

EIN AUFGEKLÄRTER LAIE
Philipp II. war ein Bewunderer von Hieronymus Bosch. Die Gemälde Heuwagen, Garten der Lüste und Anbetung der hl. drei Könige ließ er in den Escorial schicken, ebenso die Sieben Todsünden (oben), ein Gemälde, das er vermutlich 1549 bei seinem ersten Aufenthalt in den Niederlanden erworben hatte.

AUFSTAND IN DEN NIEDERLANDEN

In den Niederlanden war Philipp mit schwer wiegenden Problemen konfrontiert. Bereits 1566 schlug eine politische und gleichzeitig religiöse Bewegung in einen Aufstand um. Nun entsandte der König den Herzog von Alba, der mit größter Schärfe vorging. Eine der ersten Handlungen des Herzogs war die Verhaftung von zwei angesehenen Adligen, den Grafen Egmont und Hormes. Sie wurden zum Tod verurteilt und am 6. Juni 1568 in Brüssel enthauptet.

DER BÜROKRATISCHE KÖNIG

Philipp informierte sich akribisch über alles, was in seinem Reich vorging. Auch das geringste Dokument versah er mit Randbemerkungen und bediente sich dazu seiner mit dem königlichen Wappen geschmückten Tintenfässer.

DER KÖNIG UND SEINE FRAUEN

Für die Kirche des Escorial schuf Pompeo Leoni diese Statuen der königlichen Familie. Dargestellt sind Philipp II. und drei seiner vier Gemahlinnen: Maria von Portugal mit Don Carlos, ihrem auf mysteriöse Weise ums Leben gekommenen Sohn, Elisabeth von Valois und Anna von Österreich. Im königlichen Reigen fehlt nur die Engländerin Maria Tudor.

1571–80   Der Höhepunkt der Herrschaft

1571   Seesieg von Lepanto
1580   Philipp II. wird König von Portugal.

1588–98   Der alternde König

1588   Niederlage der „unbesiegbaren Armada"
1591   Aufstand in Saragossa
1598   Tod Philipps II.

Schatten über der Monarchie
1598–1643

In der ersten Hälfte des 17. Jh. hatte die spanische Monarchie mit massiven Problemen zu kämpfen. Doch trotz schwerer Rückschläge und der Aufgabe des ehrgeizigen politischen Plans des Herzogs von Olivares, des Günstlings Philipps IV., blieb Spanien eine Großmacht. In dieser Epoche kam es zu einer beispiellosen Blüte von Kunst und Literatur.

ENTSTEHUNG EINER HAUPTSTADT

Madrid wurde mit prachtvollen Bauwerken ausgestattet, von der Segovia-Brücke bis zum Palast Buen Retiro. Auf der rechteckig angelegten Plaza Mayor, die mit ihren Barockbauten und Arkadengängen ein typisches Beispiel für die Stadtentwicklung Spaniens ist, fanden häufig Veranstaltungen statt (Hintergrundfoto).

CERVANTES' MEISTERWERK

Don Quijote und Sancho Pansa sind die Helden eines zweiteiligen Romans (1605 und 1615), der großen Erfolg hatte. Die Idee zu diesem Roman hatte Cervantes, als er wegen Veruntreuung öffentlicher Gelder in Sevilla im Gefängnis saß. Das Werk, das ständig zwischen Illusion und Wirklichkeit wechselt, gilt als erster Roman der Neuzeit.

KÖNIGLICHER ZEITVERTREIB

Die erste Hälfte der Regierungszeit Philipps II. war sowohl militärisch als auch kulturell glanzvoll. Der kluge König erwies sich als Mäzen und sammelte mehr als 300 Gemälde großer Meister, 77 von Tizian, 62 von Rubens und 43 von Velázquez, seinem Vertrauten und Schützling.

1598–1621 Friedenszeit

1598	**Thronbesteigung Philipps III., Friede von Vervins zwischen Frankreich und Spanien**
1604	**Friede mit England**

1609	**Zwölfjähriger Waffenstillstand mit den Ver. Niederlanden**
1609	**Vertreibung der Morisken**
1621	**Thronbesteigung Philipps IV., Krieg mit den Vereinigten Niederlanden**

1625 *Annus mirabilis*

1625	**Eroberung von Breda und Bahía, Verteidigung von Cadiz, Plan eines Waffenbündnisses**

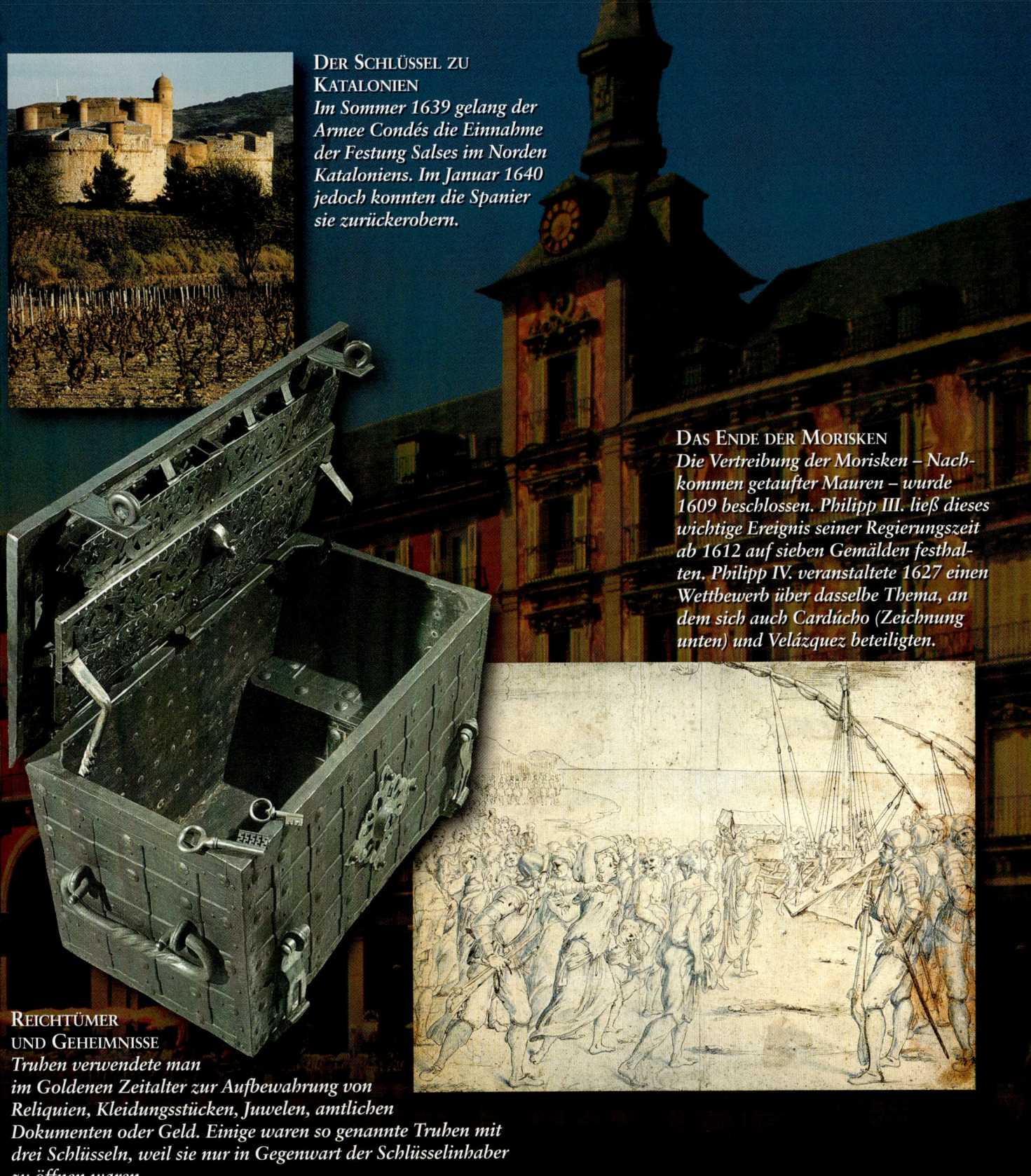

DER SCHLÜSSEL ZU KATALONIEN
Im Sommer 1639 gelang der Armee Condés die Einnahme der Festung Salses im Norden Kataloniens. Im Januar 1640 jedoch konnten die Spanier sie zurückerobern.

DAS ENDE DER MORISKEN
Die Vertreibung der Morisken – Nachkommen getaufter Mauren – wurde 1609 beschlossen. Philipp III. ließ dieses wichtige Ereignis seiner Regierungszeit ab 1612 auf sieben Gemälden festhalten. Philipp IV. veranstaltete 1627 einen Wettbewerb über dasselbe Thema, an dem sich auch Cardúcho (Zeichnung unten) und Velázquez beteiligten.

REICHTÜMER UND GEHEIMNISSE
Truhen verwendete man im Goldenen Zeitalter zur Aufbewahrung von Reliquien, Kleidungsstücken, Juwelen, amtlichen Dokumenten oder Geld. Einige waren so genannte Truhen mit drei Schlüsseln, weil sie nur in Gegenwart der Schlüsselinhaber zu öffnen waren.

Niedergang des Hauses Habsburg
1643–1700

Im Jahr 1643 hegte Philipp IV. noch die Hoffnung, die Herrschaft über Portugal wieder-erlangen zu können. Doch schon bald geriet Spanien in die Defensive und verlor verschie-dene Besitzstände. Noch dazu wurden europaweit Spekulationen über die Nachfolge Karls II. angestellt – eine Frage, die zu einem 13 Jahre währenden Krieg (1700–13) führen sollte.

DIE TREUE DER ITALIENER
Bis auf einige rasch niedergeschlagene Aufstände hatte Italien der spanischen Monarchie gegenüber große Treue bewiesen. Die Stadt Lecce, Teil des Königreichs Neapel, entwickelte sich zu einem Zentrum barocker Kunst in Italien. Zu den Kleinoden gehört die Kathedrale, die Francesco Zimbalo 1659–70 erbaute (Hintergrundfoto).

GRÖSSE UND DEKADENZ
Trotz seiner Schwächlichkeit ließ sich Karl II. gern porträtieren. Es besteht ein faszinierender Kontrast zwischen den pathetischen Gesichts-zügen und dem luxu-riösen Gewand des Ordens vom Heiligen Vlies, das der Herr-scher trägt.

FINIS GLORIAE MUNDI
Dieses Bild von Valdés Leal (1671–72) wurde von Miguel de Mañara für das Hospiz der Barmherzigen Brüder in Sevilla in Auftrag gegeben. Hier betont der Künstler, dass jeder Mensch, ob Bischof oder Ritter des Ordens von Calatrava, vor seiner Erlösung oder Verdammnis an seinen Taten gemessen wird. Der Anblick der Toten sollte den Betrachter dazu bewegen, sich von den Eitelkeiten der Welt abzuwenden.

1643–65 Ende der Regierungszeit Philipps IV.

1648 Im Westfälischen Frieden wird die Unabhängigkeit der Vereinten Niederlande anerkannt.

1658 Niederlage bei den Duins

1659 Pyrenäenfriede. Spanien tritt das Roussillon, die Cerdagne und den Artois an Frankreich ab.

1661 Geburt von Prinz Karl

1665 Tod Philipps IV. und Thronbesteigung Karls II.

1666–78 Regentschaft von Maria

1668 Im Frieden von Aachen verliert Spanien 11 Städte in Flandern. Anerkennung der Unabhängig-keit Portugals

AZULEJOS ALS DEKORATION
Azulejos findet man an zahlreichen spanischen und portugiesischen Gebäuden des 16. und 17. Jh. Kachelbilder schmücken auch den Garten des Palastes, den der Marquis von Fronteira um 1670 erbauen ließ, als Portugal seine Unabhängigkeit wiedererlangt hatte. Azulejos im Innern des Gebäudes schildern Episoden aus den Auseinandersetzungen zwischen Spanien und Portugal um 1660.

DAS CHAGRINLEDER
Mit der Ausstattung der Galerie des Spiegelsaals von Versailles feierte Charles le Brun den Frieden zwischen Frankreich und Spanien. Am Ende des Devolutionskriegs 1668 behielt Ludwig XIV. elf strategisch wichtige Orte in Flandern, die Turenne im Vorjahr erobert hatte, darunter Lille, Douai, Tournai, Courtrai und Charleroi. Im Gegenzug gab er die Franche-Comté vorübergehend zurück, die der Condé besetzt hatte.

LA · PAIX · CONCLVE A AIX LA CHAPELLE
1668

SCHMUCK UND FRÖMMIGKEIT
Dieses Schmuckstück, das sie der Kathedrale von Santiago de Compostela schenkte, gehörte der 1634 geborenen Königin Maria Anna von Österreich, die 1649 mit ihrem Onkel Philipp IV. verheiratet wurde.

Spanien –
das Goldene Zeitalter

KAPITEL 1

BARTOLOMÉ BENNASSAR
BERNARD VINCENT

Die Königreiche

König von Kastilien, León, Aragonien, beider Sizilien, Jerusalem, Portugal, Navarra, Granada, Toledo, Valencia, Galicien, Mallorca, Sardinien, Sevilla, Córdoba, Korsika, Murcia, Jaén, der Algarven, Gibraltar, der Kanarischen Inseln, Ost- und Westindiens, der atlantischen Inseln und der Tierra Ferma, Erzherzog von Österreich, Herzog von Burgund, Brabant und Mailand, Graf von Habsburg, Flandern, Tirol und Barcelona, Herr von Biscaya und Molina …", so lauten die Titel am Beginn der letztwilligen Verfügungen Philipps II. und Philipps III. Später nahmen Philipp IV. und Karl II. kleine Änderungen vor. Sie fügten „König von Algeciras, Herzog von Athen und Neopatra" hinzu, und Karl II. tilgte „König von Portugal"; dieses Gebiet hatte er 1668 offiziell verloren.

Die Aufzählung birgt zahlreiche Überraschungen – die Souveräne verdrängen gern bestimmte Realitäten! So war das Reich Karls V. 1555/56 zwischen seinem Sohn Philipp II. und seinem Bruder Ferdinand I. geteilt worden, aber das hinderte die Könige von Spanien nicht daran, sich bis zum Ende des 17. Jh. „Herzog von Österreich und Graf von Tirol" zu nennen, ein deutlicher Hinweis auf die nach wie vor enge dynastische Zugehörigkeit und eine unauffällige Beschwörung des erhabensten Herrschertitels „Kaiser". Auch der Titel „Herzog von Brabant und Burgund" ist mit dieser Fiktion zu erklären: Brabant ging im Jahr 1648 verloren, Burgund 1679 durch den Vertrag von Nimwegen. Die Erwähnungen von Athen, Neopatra und vor allem Jerusalem verraten, dass der Geist der Kreuzzüge, wenn auch inzwischen sehr verhalten, nicht verschwunden war. Das Herzogtum Athen war seit 1388 nicht mehr in katalanischem Besitz, und die Rückeroberung Jerusalems blieb ein Traum, den der König von Spanien noch im Jahr 1700 nicht aufgegeben hatte. Während des gesamten Goldenen Zeitalters in Spanien zeigten die Könige, dass sie gemeinsam mit ihren habsburgischen Vettern in Wien Vorkämpfer im Krieg gegen den Islam und Anführer der Heiligen Liga waren. An diese Rolle wurde un-

DAS EMBLEM DES KAISERS
Die Krone und das von dem gekrönten Doppeladler umgebene Wappen Kastiliens, Leóns und Aragoniens symbolisieren die kaiserliche Macht.

ERNST UND MAJESTÄTISCH
(S. 20) Auf diesem Gemälde kommt die grenzenlose Machtfülle Karls V., hier mit Schwert, Krone, Zepter und der Kette des Goldenen Vlieses dargestellt, zum Ausdruck.

21

ablässig erinnert; das belegt die scheinbar lächerliche Erwähnung von Gibraltar und die Wiederaufnahme von Algeciras in die Titulatur. Algeciras war im Jahr 1344 und Gibraltar 1462 den Muslimen entrissen worden. Auch der Titel „König der Algarven" gehört in diese Kategorie. Mit „Algarven" (im Plural) sind die Gebiete unter muslimischer Herrschaft gemeint: die nordafrikanischen Festungsorte *(presidios)* Melilla, Cuenta, Vélez de la Gomera, Oran und andere. Sie wurden zwischen dem Ende des 15. und dem Ende des 16. Jh. in das spanische Herrschaftsgebiet eingegliedert und stellen die Etappen eines langwierigen, nie aufgegebenen Unternehmens dar.

So zeichnet sich also in einer scheinbar ungeordneten Aufzählung von Titeln das Bild einer Monarchie mit offen bekundeten Weltmachtansprüchen ab. Die zeitgenössischen Rechtsgelehrten und Staatspublizisten unterstrichen vor allem an der Wende vom 16. zum 17. Jh. mit Nachdruck, welch außerordentlicher Rang dem König der spanischen Reiche im gesamten politischen System zukam. Vázquez de Menchaca war der Ansicht, die ungeheure Ausdehnung der spanischen Besitzungen verleihe dem Herrscher eine besondere Würde und Erhabenheit. Gregorio Lopez Madera sah in Philipp II. „den bedeutendsten und mächtigsten Fürsten des Erdkreises", ja sogar „den Herrn der ganzen Welt".

Die Lobredner des spanischen Reiches betonten gern, dass diese Gebietsanhäufung weniger der Schlagkraft der Armeen als fast immer „gerechten Entscheidungen und unbezweifelten Ansprüchen" zu verdanken war. Diese Formel ist zweideutig. Es stimmt zwar, dass die Flächenausdehnung des Reiches im Jahr 1550 und sogar noch 1650 weitgehend das Resultat von Heiratsbündnissen war, durch die mitunter zufällig zahlreiche Territorien in einer Hand vereinigt wurden. So hat beispielsweise der Wahnsinn Johannas von Kastilien, der Thronerbin der Katholischen Könige, für ihren Sohn Karl (V.) den Zugang zum spanischen Thron beschleunigt und auf diese Weise die Vereinigung der habsburgischen Lande mit den Reichen Isabellas von Kastilien und Ferdinands von Aragonien begünstigt. Philipp II. andererseits konnte seine Rechte auf den portugiesischen Thron nur durchsetzen, weil König Sebastian von Portugal sehr früh starb: Er fiel 24-jährig in der Schlacht von Alcazar-Quivir. Aber die „gerechten Entscheidungen und unbezweifelten Ansprüche" bezogen sich auch auf das amerikanische Unternehmen, das durch die päpstliche Bulle *Inter Caetera* (1493) Alexanders VI. feierlich gebilligt wurde. Gemäß

DIE AUFTEILUNG DER WELT

Am 7. Juni 1494 wurden im Vertrag von Tordesillas zwei höchst bedeutsame Abkommen zwischen Spanien und Portugal unterzeichnet. Das erste betraf die Aufteilung der Welt zwischen den beiden Mächten. Eine imaginäre Nord-Süd-Linie 370 Seemeilen westlich der Kapverdischen Inseln trennte die spanische Interessensphäre westlich dieser Linie vom portugiesischen Bereich im Osten. Das zweite Abkommen legte die Einflusssphären in Nordafrika fest, wobei der größte Teil Marokkos (das Fürstentum Fes) an Portugal fiel, Spanien wurden die östlichsten Gebiete, insbesondere das Fürstentum Tlemcen, zugesprochen. Die in Tordesillas, einer kleinen kastilischen Stadt zwischen Valladolid und Salamanca, unterzeichneten Verträge berücksichtigten weder die Interessen Englands noch Frankreichs. Franz I. spöttelte über die Texte, die ihn „von Adams Testament ausschlossen".

Der Vertrag von Tordesillas hatte bemerkenswerte Konsequenzen. So fiel aufgrund der festgelegten Nord-Süd-Linie Brasilien in das portugiesische Interessengebiet. Wahrscheinlich waren die Portugiesen über die Existenz Brasiliens im Bilde, hatten dieses Wissen aber geheim gehalten, um die Spanier nicht misstrauisch zu machen. Die Spanier ihrerseits waren auf der Suche nach dem kürzesten Weg zu den Gewürzländern, den sie im Westen vermuteten. Sie brachen verstärkt zu Entdeckungsreisen auf, und 1520/21 gelang dem Seefahrer Magellan die Durchfahrt durch den Pazifik. Damit war endgültig bewiesen, dass die Erde rund ist. Bestätigt wurde der Vertrag von Tordesillas durch eine Bulle des Papstes Julius II. von 1506. Er blieb bis zu den Verträgen von Madrid 1750 und San Ildefonso im Jahr 1777 unangetastet, wobei Letzterer die portugiesische Interessensphäre nach Osten verschob.

einer langen Tradition päpstlicher Richtsprüche in Angelegenheiten des internationalen Rechts ermutigte dieser Papst aus eigenem Antrieb zur Erforschung und Entdeckung von Inseln und Festland, wodurch die eingeborenen Völker dem christlichen Glauben zugeführt werden könnten. Er legte die Grenze zwischen dem kastilischen und dem portugiesischen Einflussbereich auf eine 100 Seemeilen westlich der Kapverdischen Inseln verlaufende Linie fest; durch den Vertrag von Tordesillas vom 17. Juni 1494 wurde sie um 270 Seemeilen weiter nach Westen verschoben. Die italienischen und afrikanischen Besitzungen schließlich wurden sehr wohl mit Waffengewalt eingenommen. Sardinien war allerdings schon 1325 unter der Herrschaft von Aragonien; die Eroberung Siziliens begann 1282 und konsolidierte sich 1409. Diese Reichsteile waren also relativ alt, und das machte ihren Besitz legitim – zumindest wollten die Lobredner Spaniens dies glauben machen.

Das spanische Reich, wie es sich um 1600 darstellte, war also nicht das Ergebnis eines einheitlichen Projekts, sondern eine Ansammlung von Vorstößen und Unternehmen, die zum Teil weit zurücklagen. Auf der Landkarte ähnelt es einem Puzzle, von dem einige Teile verloren gegangen sind. Zur Zeit seiner größten Ausdehnung (1580–1640), als die portugiesischen und spanischen Herrschaftsbereiche vereinigt waren, erstreckte sich dieses Puzzle über vier Kontinente. Bis 1640 hörte das Reich nicht auf, sich zu vergrößern, denn die Teilung nach dem Tod Karls V. (1558) wurde durch die rasante Ausweitung der amerikanischen Kolonialreiche wieder ausgeglichen. Kein anderes Reich in dieser Epoche war so zerstückelt, und das brachte zahlreiche und vielfältige Schwierigkeiten mit sich. Verkehr und Nachrichten kamen nur langsam voran. Ein Kurier war zwischen Brüssel und Granada mindestens zwei Wochen unterwegs, zwischen Madrid und Mailand 20 bis 80 Tage. Die Nachricht von den Vorgängen in der Bartholomäusnacht (24. August 1572) erreichte erst am Abend des 7. September Madrid. Vom Sieg bei Lepanto vom 7. Oktober 1571 erfuhr man in Madrid erst am 31. Oktober – für damalige Verhältnisse sogar außerordentlich schnell. Normalerweise musste man Geduld mitbringen und verschiedene Hindernisse wie Gebirge und Meer, schlechtes Wetter und Kriege mit einplanen. Luis Requesens y Zúñiga, Statthalter der Niederlande, wandte sich an den spanischen Botschafter in Paris: „Ich weiß nicht, Exzellenz, wie es Ihnen geht mit den Briefen aus Spanien; ich jedenfalls habe seit dem 20. November letzten Jahres nichts vom König gehört, die niederländischen Angelegenheiten betreffend [...]. Der Postdienst Seiner Majestät ist wirklich miserabel." Ganz zu schweigen vom Verkehr zwischen Europa und Amerika! Die mittlere Fahrzeit eines Schiffes zwischen Andalusien und Mexiko betrug zwar 91 Tage, sie konnte sich aber auch auf 179 Tage ausdehnen; die Rückfahrt dauerte noch länger: durchschnittlich 128 Tage und in Ausnahmen sogar bis zu 298 Tage.

JOHANNA UND FAMILIE
Johanna die Wahnsinnige wird hier in Begleitung zweier ihrer Kinder, der 1498 geborenen Leonore, später Königin von Portugal, und des 1500 geborenen Karl dargestellt. Es fehlt Isabel, geboren 1501, die später Königin von Dänemark wurde.

Zur Bewältigung dieser riesigen Entfernungen mussten ständig beträchtliche Geldmittel aufgebracht werden, und das umso mehr, als einige Nachbarstaaten den Spaniern misstrauisch gegenüberstanden. So war das Königreich Frankreich von allen Seiten durch spanische Besitzungen eingekreist: die Niederlande im Norden, die Freigrafschaft Burgund im Osten, Mailand im Südosten und das eigentliche Spanien im Süden.

Das Goldene Zeitalter Spaniens war von Konflikten zwischen dem Katholischen Monarchen und der Allerchristlichsten Majestät geprägt. Auch der Kirchenstaat war zwischen dem Herzogtum Mailand und dem Königreich Neapel eingekeilt, und die Beziehungen zwischen dem Papst und dem König von Spanien erlebten zahlreiche Krisen. In der Epoche zwischen der Thronbesteigung Karls V. 1516 und dem Tod Karls II. im Jahr 1700 waren Friedensjahre im spanischen Reich seltene Ausnahmen. Karl V. musste an vielen Fronten kämpfen. Der Friede von Cateau-Cambrésis (1559), der nach seinem Tod unterzeichnet wurde, fiel mit einer Phase schwerer Spannungen zwischen Spanien und dem Osmanischen Reich zusammen, die 15 Jahre währte. Philipp II., seit 1567 in die niederländischen Wirren verstrickt, stürzte sich in ausgedehnte Operationen gegen England und Frankreich. Nachdem Philipp III. 1609 mit den Niederlanden einen Waffenstillstand ausgehandelt hatte, folgte wenig später der spanische Truppeneinsatz in Italien bei den Kriegen von Montferrat (1612–17 und 1627–31).

Von Kastilien bis zu den Balearen

An erster Stelle stand Spanien – oder vielmehr die spanischen Besitzungen, aber die Unterschiede zwischen den verschiedenen Königreichen blieben groß. Im Goldenen Zeitalter Spaniens war Kastilien im Hinblick auf Flächenausdehnung und Bevölkerungszahl mit Abstand der bedeutendste Reichsteil. Es erstreckte sich über mehr als 300 000 Quadratkilometer vom Golf von Biskaya bis zur Straße von Gibraltar und hatte zu Beginn des 16. Jh. etwa 4 Millionen Einwohner, um 1600 wie auch um 1700 – nach einem krisenreichen Jahrhundert – fast 6 Millionen. Die Krone Aragonien, deren Güter sich aus dem Fürstentum Katalanien, den Königreichen Aragonien und Valencia sowie den Balearen zusammensetzten, konnte um 1500 knapp eine Million Einwohner vorweisen, 1 200 000 um das Jahr 1600 und etwa 2 Millionen im Jahr 1700. Zweihundert Jahre lang hatte also Kastilien gegenüber Aragonien ein mindestens dreifaches demografisches Übergewicht. Darüber hinaus war die wirtschaftliche Entwicklung in Kastilien im 16. Jh. viel lebhafter, insbesondere im inneren Gebietsviereck von León und Burgos im Norden bis Toledo und Cuenca im Süden. Die Erde in dieser Region eignete sich hervorragend für den Anbau von Getreide und Qualitätsweinen, und so waren die Ernten im 16. Jh. äußerst ertragreich. Das Straßennetz war gut ausgebaut, wie man dem Itinerar (Straßenverzeichnis) des Juan de Villuga entnehmen kann: Eine Ost-West-Achse verband León mit Logroño und erlaubte die Reise in Richtung Atlantik bis Santiago de Compostela, in Richtung Mittelmeer bis Saragossa und Barcelona; andere Straßen in Nord-Süd-Richtung verbanden Burgos, Salamanca und Plasencia an der Grenze zur Extremadura und weiter nach Portugal oder Burgos, Ávila und Toledo, ja sogar Burgos und Cuenca. Diese letzteren Straßen verliefen häufig parallel zu den *cañadas*, jenen Straßen, die zweimal im Jahr von den

wandernden Schafherden der Mesta – die Zunft der Viehzüchter, die schon im 13. Jh. entstand – benutzt wurden. Die Wolle der Merinoschafe hielt eine blühende Textilindustrie
in Gang, die in Cuenca, Segovia und Toledo ansässig war. Jede Stadt der Region hatte
eine andere Funktion: Burgos war das Zentrum für den Handel mit Nordwesteuropa.
In Medina del Campo, Medina de Ríoseco und Villalón trafen sich die Händler aus allen Regionen Westeuropas auf den Märkten. In Valladolid, Alcalá de Henares und in Salamanca befanden sich die angesehensten Universitäten im spanischen Raum. In Valladolid war seit dem 15. Jh. die Cancellería ansässig, ein Appellationsgericht für Zivil- und
Strafsachen, das für alle Einwohner der Nordhälfte des Landes zuständig war; außerdem
war es jahrzehntelang die Hauptstadt der Habsburger. Philipp II. wurde dort 1527 geboren, Don Carlos 1545 und Philipp IV. 1605 während einer nur kurzen Rückkehr des
spanischen Hofes in die altkastilische Stadt (1601–06). Nach dem Willen Philipps II.
wurde Madrid im Jahr 1561 zur Hauptstadt erhoben. Dieser Umzug der spanischen Regierung in das südliche Neukastilien stand in Zusammenhang mit den geographischen
Gegebenheiten der Iberischen Halbinsel und der Bedeutung verschiedener Regionen,
insbesondere Andalusiens.

Andalusien war das zweite aufblühende Zentrum innerhalb der spanischen Territorien und speziell der Landesteil am Fluss Guadalquivir. Der östliche Teil oder Hochan-
dalusien mit der Sierra Nevada erfuhr dagegen einen deutlichen wirtschaftlichen Nie-

SAGE DER ARACHNE
*Dieses herrliche Gemälde
von Velázquez (1657) stellt
eine Szene aus der könig-
lichen Teppichweberei dar.
Der Künstler spielt auf die
Arachne-Sage an, in der
die Weberin Arachne einen
Wettstreit mit der Göttin
Athene austrägt.*

dergang in Folge der Vertreibung der Morisken im Jahr 1570. Das führende städtische Zentrum war lange Zeit Sevilla. Es erlebte einen fulminanten Bevölkerungsanstieg: von 35 000 Einwohnern im Jahr 1490 auf 120 000 im 16 Jh., und war damit die bevölkerungsreichste Stadt der Iberischen Halbinsel. Die Stadt liegt mitten in einer reichen, landwirtschaftlich genutzten Region, die Weizen, Öl und Wein im Überfluss liefern konnte. Außerdem hatte Sevilla das Monopol für den Handel mit Ost- und Westindien. Im Jahr 1503 wurde die wichtigste Überseebehörde, die *Casa de la Contratación,* gegründet. Ihre Aufgabe war es, den Strom der Menschen, des Geldes und der Handelswaren zu registrieren und zu organisieren. Sevilla, 80 Kilometer vor der Mündung des Guadalquivir gelegen, war die Metropole eines weitläufigen urbanen Komplexes, der zahlreiche kleine, aber wirtschaftlich sehr aktive Städte einschloss, darunter Sanlúcar de Barrameda, Huelva, Palos, Moguer und Cádiz, das mit seinem Atlantikhafen immer bedeutender wurde. Doch auch Córdoba, Úbeda und Baeza, flussaufwärts von Sevilla gelegen, waren wohlhabend.

Die nördlichen Regionen von Galicien bis zum Baskenland waren sehr dicht besiedelt; der Anteil der bäuerlichen Bevölkerung war beträchtlich. Die Städte waren sehr klein; Santiago de Compostela oder Bilbao hatten nur einige tausend Einwohner. Die zahlreichen Eisenerzgruben im Baskenland wurden systematisch ausgebeutet. Aber die wichtigsten Einkünfte stammten aus der Landwirtschaft, wo die Viehzucht und der Anbau von Mais, der Ende des 16. Jh. von Amerika übernommen wurde, große Fortschritte machten, außerdem vom Meer, dank der Schiffswerften bei Bilbao, durch die Fischerei, den Walfang und die rege Küstenschifffahrt entlang der Atlantikküste. Das Baskenland unterschied sich auch politisch von den übrigen Regionen. Ermöglicht durch zahlreiche Sonderrechte genoss es weitgehende Autonomie. Es wurde von einer Junta, den Vertretern der städtischen Gemeinden, regiert und gab nur wenig Steuern an den König ab, der allerdings durch die *corregidores* im Land vertreten war.

Kastilien erfreute sich nach dem Ende des *Comuneros*-Aufstands (1521), der sich besonders in diesem Kernland des Reiches zwischen Burgos und Toledo ausgebreitet hatte, bis zum Ende des 17. Jh. mehr oder weniger großer politischer Stabilität. Feindliche Truppen tauchten dort nie auf. Unruhen in der Bevölkerung blieben relativ unbe-

STARKE BRUDERSCHAFT
Insbesondere die Studenten aus Salamanca und Alcalá waren in einer starken Bruderschaft zusammengeschlossen. Die Spuren ihrer Rituale sind noch heute in der Stadt zu sehen.

AUFSTÄNDE GEGEN KARL V.

Der Beginn der Regierungszeit des Habsburgerkaisers Karl V. stand im Zeichen großer Protestbewegungen. Unmittelbar nach der Wahl des Königs zum Römischen König und Kaiser und der Entscheidung zur Erhöhung der Steuern kam es in vielen kastilischen Städten zu Aufständen, allen voran in Toledo und Valladolid. Sie begründeten eine heilige Junta oder *comunidad*. Die Aufständischen wollten die Machtbefugnisse des Souveräns begrenzen und durch die Ständeversammlung der *Cortes* Kontrolle ausüben. Sie konnten weitgehend auf die Solidarität der städtischen Mittelschicht zählen, die adligen Grundbesitzer und Großkaufleute dagegen unterstütz-

ten das königliche Lager. Das endgültige Scheitern der *comuneros* wurde in der Schlacht von Villalar bei Valladolid am 21. April 1521 besiegelt. Die Anführer der Bewegung, darunter Juan de Padilla aus Toledo, wurden hingerichtet.

Die *germanias* entwickelten sich 1519–22 auf den Gebieten der Krone Aragoniens, vor allem aber im Königreich Valencia. In einem von Wirtschaftskrisen bestimmten Klima griffen Arbeiter, Handwerker und Bauern zu den Waffen. Es gelang ihnen, den Vizekönig zu vertreiben, und sie verwüsteten die Ländereien der Großgrundbesitzer. 1521 und 1522 konnten die königlichen Truppen allmählich wieder Ruhe herstellen.

deutend; schwerer und langwieriger waren sie in Andalusien, wie der Morisken-Aufstand (1568–70), der das gesamte ehemalige Königreich Granada erschütterte, und die Aufstände in der Mitte des 17. Jh. (1647–52), die ein gutes Dutzend Städte wie Córdoba, Granada, Sevilla und andere in Mitleidenschaft zogen. Doch die spanische Gesellschaft verfügte über die notwendigen Mechanismen, Konflikte rasch beizulegen. Darüber hinaus kannte sie eine soziale Mobilität, die intensiv genug war, um ehrgeizige Aufstiegspläne zu verwirklichen. Im Jahr 1520 umfasste die Gruppe der spanischen Granden, der aristokratischen Elite, nur 20, im Jahr 1616 schon 152 Personen. Eine vergleichbare Entwicklung war auf anderen Rangstufen zu beobachten. Ein königliches Patent, der Titelkauf oder ein Universitätsdiplom gehörten zu den Mitteln, mit deren Hilfe man in eine höhere gesellschaftliche Position aufrücken konnte. Auch die geographische Mobilität begünstigte den sozialen Frieden. In diesem Land war es immer möglich und nützlich, auf der Suche nach Arbeit in andere, weniger dicht besiedelte Regionen aufzubrechen. Deshalb hörte auch die Nord-Süd-Wanderung der Menschen nie ganz auf. So nahm die Stadt Sevilla im Goldenen Jahrhundert Galicier, Asturier und Kastilier auf, die sich teils dauerhaft dort niederließen, teils auch in die Neue Welt auswanderten.

Die damals in Spanien weit verbreitete Gerichtspraxis hatte zur Folge, dass Streitfälle sich unendlich lange hinzogen. In dieser Hinsicht kann man von einer Verhandlungskultur

DER PILATUS-PALAST
Dieser Palast, einer der schönsten in Spanien, wurde in der ersten Hälfte des 16. Jh. für die Marquis von Tarifa und die Herzöge von Alcalá errichtet. Er verbindet Elemente des Mudéjar-Stils und der Renaissance. Der prachtvolle Wohnsitz erinnert an den Palast des Pontius Pilatus in Jerusalem, den Fadrique Enriquez de Ribera, Marquis von Tarifa, 1519 aufgesucht hatte.

27

sprechen: Gerichtliche oder außergerichtliche Auseinandersetzungen waren zwar häufig hart, aber sie bewegten sich innerhalb klar gesetzter Grenzen, waren absolut durchschaubar und deshalb auch zu meistern.

Unter diesen Umständen hat sich der Staat selten direkt eingemischt. Er musste nie bei Streitigkeiten intervenieren, die sich auf lokaler Ebene regeln ließen. Ganz allgemein zog die Krone Kastilien große Vorteile aus dem vorhandenen, stark abgestuften politischen und institutionellen Gesellschaftsmodell. Fürsten, Adel und Stadtregierungen leisteten ihren eigenen Beitrag und waren – abgesehen von unvermeidlichen Krisenzeiten – bestrebt, das Ideal einer gemischten Staatsform zu verwirklichen. Die großen Adelshäuser trugen ihre Streitigkeiten vor den König und erwarteten im Gegenzug von ihm, dass er ihren Herrschaftsbereich bestätigte und ihnen neue Gunstbeweise zukommen ließ. Der Adel gebot über zahlreiche Gutsherrschaften, in die sich niemals ein Agent des Königs verirrte, und sprach Recht in seinen eigenen Gerichtshöfen. Als Gegenleistung beteiligte er sich rückhaltlos am Dienst für seinen König, mit dem Risiko, sich manchmal auch hoch zu verschulden. Seine Glanzzeit erlebte der Adel im 17. Jh., als die Minister *(validos)* regelmäßig aus seinen Reihen ausgewählt wurden.

Die Städte belegten einen bedeutenden Rang im politischen System. Jede Stadt verfügte über Hinterland mit einer Fläche von bis zu mehreren tausend Quadratkilometern, dessen Wirtschaft sie bis ins kleinste Detail regelte. Daraus bezog sie ihre regulären Einkünfte und sie übte dort die Gerichtsbarkeit aus. Die Schöffen hatten unter diesen Bedingungen ausgedehnte und sehr attraktive Machtbefugnisse. Die Wahl in die Stadtregierung löste oft erbitterte Streitigkeiten innerhalb der lokalen Eliten aus. Die königliche Autorität über das gesamte Volk wurde von den *municipios* ausgeübt. Die bedeutendsten unter ihnen ernannten zwei *procuradores,* die sie in den Cortes vertraten. Diese große Versammlung hatte wichtige, vor allem fiskalische Entscheidungskompetenzen. In Kastilien waren seit 1539 der Adel und der Klerus nicht mehr in den Cortes vertreten; sie überließen den 18 Städten das Feld, davon 14 allein aus dem Gebietsviereck Burgos, Salamanca, Toledo, Cuenca. Aus Nordspanien und der Extremadura war keine einzige Stadt vertreten. Daran erkennt man die absolute Vorrangstellung Kastiliens.

Die Situation in den Ländern der Krone Aragonien stellte sich ganz anders dar. Sie hatten eine geringere Bevölkerungsdichte: knapp zehn Einwohner pro Quadratkilometer in Aragonien, kaum mehr in Katalonien, fast zwanzig im Königreich Valencia am Ende des 16. Jh., also kurz vor der Vertreibung der Morisken, die sämtlichen Landesteilen, aber vor allem Valencia schadete. Außerdem muss man die landschaftlichen Gegebenheiten berücksichtigen: im Norden die Hochtäler der Pyrenäen, ländlich, arm und weltabgeschieden, und andererseits die fruchtbaren Böden im Ebrotal, in den Küstengebieten Kataloniens und den *huertas* von Valencia, wo Getreide, Olivenöl, Wein und Zitrusfrüchte eine große Bedeutung haben. Auch die Maulbeerbaumkultur für die Seidenraupenzucht entwickelte sich im Ebrogebiet und in weiten Teilen des Königreichs Valencia. Den ka-

BLICK AUF BARCELONA
Der Hügel Montjuich erhebt sich über der von Mauern umschlossenen Stadt Barcelona. Die imposanten Komplexe der Kathedrale und der Kirche Santa Maria del Mar lassen keinen Zweifel am Einfluss der Kirche aufkommen. Das Bild stammt von einem flämischen Künstler und entstand 1563.

talanischen Bauern war es im 15. Jh. gelungen, sich aus der Unterdrückung durch die Großgrundbesitzer zu lösen, und sie genossen nun die Vorteile, die ihnen das Erbpachtsystem bot. Weniger beneidenswert war das Schicksal der Bauern in Aragonien und Valencia: Sie unterstanden vielfach dem brutalen Regiment eines Grundherrn, der einen hohen Anteil der Ernten einforderte und zahlreiche Frondienste erzwang. Aragonien, Katalonien und Valencia wurden von den drei großen Städten Saragossa, Barcelona und Valencia beherrscht. Barcelona hatte im 16. Jh. 40 000, Valencia über 50 000 Einwohner. Valencia lebte in der Hauptsache von der Seidenindustrie und dem Schiffsverkehr in seinem Hafen, dem damals bedeutendsten in den Ländern der Krone Aragonien.

Die Städte übten großen Einfluss auf die Cortes aus, die mit weit reichenden Kompetenzen ausgestattet waren und die Freiheiten garantierten, die jedes einzelne Territorium der Krone Aragonien genoss. Aragonien, Katalonien, Valencia und die Balearen hatten *fors* oder *fueros* (Räte), die die Beziehungen des jeweiligen Königreichs zum Souverän aufrechterhielten. Dieser teilte sich die obersten Machtbefugnisse mit den Repräsentanten der drei Gewalten, aus denen sich die Cortes der Krone Aragonien zusammensetzten. Die Cortes überwachten den Staatshaushalt und ließen dem König nur eine zuvor ausgehandelte Summe zukommen. Nur die Balearen hatten als einziges Königreich der Krone Aragonien keine Cortes. Auf Mallorca trat der *Gran i General Consell* zusammen, der einige Kompetenzen hatte.

Die italienischen Besitzungen

Das italienische Herrschaftsgebiet war die zweite wichtige Basis des spanischen Reiches. Es war dicht besiedelt, reich, bildete aber kein zusammenhängendes Territorium. Das Herzogtum Mailand im Norden war vom Königreich Neapel im Süden durch mehrere Staaten getrennt. Im Süden war es ausgedehnter (Neapel, Sizilien, Sardinien) als im Norden (Herzogtum Mailand, die Insel Elba, einige Stützpunkte in der Toskana: Orbetello, Talamone, Porto Ercole, Montefilippo, Monte Argentario, Porto San Stefano). Das Herzogtum Mailand kam erst 1535 zu Spanien, die Insel Elba 1548, die toskanischen Städte 1557. Sie wurden von Spanien aus durch den Italienrat verwaltet, den Karl V. begründet und Philipp II. ausgebaut hatte. Der Rat sandte regelmäßig Inspektoren in die einzelnen Territorien, deren oberste Verantwortungsträger in Sizilien und Neapel ein Vizekönig und in Mailand ein Statthalter waren. Die Amtsinhaber waren in der Regel Spanier und mussten mit den zahlreichen Institutionen der einzelnen Königreiche in Verbindung bleiben. Sie erbten im Allgemeinen das Amt und verwalteten es sorgfältig.

KERAMIK AUS ITALIEN
Mittelpunkt der nördlich von Mailand gelegenen Kleinstadt Lodi war die Keramikmanufaktur. Die Wahl der Themen verdeutlicht die damals herrschende Weltoffenheit.

Dank dieser klugen, pragmatischen Politik gelang es den Habsburgern, nach dem Vertrag von Cateau-Cambrésis bis 1620 eine wahre *pax hispanica* in Italien zu etablieren. Allerdings hatten die Vizekönige von Sizilien und Neapel lange Zeit mit Räubern zu kämpfen, die es auf den Sold des Adels abgesehen hatten. Zwischen 1569 und 1571 in Kalabrien, zwischen 1586 und 1595 in den Abruzzen und in Apulien und zwischen 1603 und 1610 abermals in Kalabrien. Außerdem waren die Barbaresken mit ihren Kaperfahrten an der gesamten Mittelmeerküste eine ständige Bedrohung. Doch die spanischen Galeeren, unterstützt von den Schiffen der Malteserritter und der Ritter vom Stefansorden, durch Festungen und Wachtürme, die um die Mitte des 16. Jh. überall gebaut wurden, schützten die Bevölkerung vor Überfällen.

DIE EROBERUNG ORANS

Die Rückeroberung des Königreichs Granada im Jahr 1492 ermöglichte den Spaniern eine Besatzungspolitik in Nordafrika, die der der Portugiesen in Marokko glich. Nach der Eroberung von Melilla 1497 nahmen die Spanier 1505 Mers el Kebir und 1508 schließlich Velez de la Gomera ein. Im Mai 1509 richtete Kardinal Cisneros, der Regent von Kastilien, eine große Expedition gegen Oran aus. Von Cartagena brachen etwa 14 000 Mann mit 90 Schiffen auf, darunter 10 Galeeren unter dem Befehl von Pedro Navarro, Graf von Oliveto. Am 18. Mai wurde die Stadt Oran in der Rekordzeit von nur vier Stunden eingenommen.

Cisneros begab sich am darauf folgenden Tag in die Stadt und ließ 300 christliche Gefangene befreien. Außerdem beauftragte er den Künstler Juan de Borgoña, einen gebürtigen Franzosen, den Sieg auf einem Fresko in der Kathedrale von Toledo festzuhalten. Das Fresko zeigt Cisneros im Kardinalsornat. Der Künstler, der im Atelier von Ghirlandaio gearbeitet hatte, stellte Oran wie eine italienische Stadt dar.

Oran war dem Bistum Toledo angegliedert und stand unter der Verwaltung eines Gouverneurs aus dem Hochadel. Bis 1708 blieb die Stadt ununterbrochen spanisch, dann war sie 1732–92 noch einmal in spanischem Besitz.

Die italienischen Besitzungen des spanischen Reiches hatten ausgesprochen fruchtbare Böden, mit Ausnahme von Sardinien, wo fast ausschließlich Schafzucht betrieben und Käse hergestellt wurde. Der Westen Siziliens war Anbaugebiet für Weizen, ein gefragtes Importgut in Spanien, vor allem während der Hungerjahre. Allerdings ging der Getreidehandel nach 1560 zurück, weil die stark anwachsende ortsansässige Bevölkerung die Nahrungsmittel selbst brauchte. Auch der Weinanbau war in der Gegend von Palermo und Trapani weit verbreitet und der Maulbeerbaum wurde hauptsächlich in Ostsizilien kultiviert. Ähnlich waren die Verhältnisse im Königreich Neapel. Apulien exportierte einen Großteil seiner Erträge: Weizen, Olivenöl, Mandeln. Die Wolle der Schafherden, die zwischen den Abruzzen und Apulien weideten (unter der Aufsicht der Dogana, einer ähnlichen Einrichtung wie die spanische Mesta), kam nach Norditalien. Die vulkanischen Böden in der Region von Neapel wurden in der Zeit des Vizekönigs Pedro de Toledo (1532–53) sorgfältig kultiviert. Vom Hafen von Salerno aus verließen Wollstoffe, gegerbte Häute, Gold- und Silbergegenstände das Land. Gleichzeitig entwickelte sich die Seidenindustrie zu voller Blüte; Rohseide wurde vor allem in Kalabrien gewonnen.

Auch im Herzogtum Mailand war die Landwirtschaft auf einem hohen Niveau. Auf den Böden der Po-Ebene verschwanden allmählich die ungenutzten Flächen zugunsten einer Massenproduktion von Getreide, Milcherzeugnissen und Gemüse. Diese Entwicklung war bedeutenden Investitionen städtischen Kapitals in die Landwirtschaft und der fortgeschrittenen Bewässerungstechnik zu verdanken.

Mailand, Como und Cremona waren aufstrebende Textilzentren; sie exportierten Waren wie Wolltuche, Goldbrokate und Samt in alle Regionen Europas. In Mailand gab es zu Beginn des 17. Jh. über 3000 verschiedene Seide verarbeitende Berufe. Zudem gab es in den italienischen Besitzungen Eisen und Kupfer verarbeitende Handwerke, Waffenherstellungsbetriebe, Keramikwerkstätten, Papierherstellung und vieles andere.

Die toskanischen Festungsorte wurden erst 1557 dem spanischen Reich eingegliedert. Dieser relativ späte Vorgang entsprach dem Willen der spanischen Könige, in diesem Fall Philipps II., eine lückenlose Überwachung des westlichen Mittelmeers aufzubauen. Dies war der letzte Schritt eines Unternehmens, das die Katholischen Könige im Jahr 1497 mit der Einnahme der marokkanischen Stadt Melilla begonnen hatten. Im Jahr 1557 besaß Spanien zahlreiche Forts in Nordafrika, außer Melilla noch Mers el Kebir, Oran und La Goulette. Bougie wurde 1510 erobert, ging aber 1555 wieder verloren; La Goulette wurde 1535 eingenommen und 1574 wieder an die Türken verloren. Andererseits wurde Peñon de Velez de la Gomera 1564 von den Spaniern endgültig zurückgewonnen und 1580 der portugiesischen Krone im Austausch gegen Ceuta (ebenso wie Masagan) überlassen; dasselbe geschah mit der Straße von Gibraltar – sie ging an die Toskana. Dieses Ringelspiel mit Festungsorten war dazu bestimmt, der muslimischen Gefahr zuvorzukommen. Nur im westlichen Mittelmeer konnten die französischen Küsten der spanischen Überwachung entgehen.

Die Niederlande

Die dritte große Gruppe von Territorien in spanischem Besitz waren die Niederlande. Karl V. hatte sie von seinem Großvater Kaiser Maximilian I. geerbt, als dieser im Jahr 1519 starb. Karl V. erhielt zunächst elf Provinzen, zwischen dem Artois im Süden und Holland im Norden, außerdem die Freigrafschaft Burgund. Diesen fügte er sechs weitere hinzu – Friesland, Overijssel, Utrecht, Groningen, Zuften und Geldern; sie wurden zwischen 1523 und 1543 eingegliedert. Diese 17 Provinzen waren persönliches Herrschaftsgebiet Karls V. und danach Philipps II., und die Habsburger waren dort stets durch ein Familienmitglied vertreten. Nacheinander versahen Margarete von Österreich (1507–30), Maria von Ungarn (1530–55) und Margarete von Parma (1559–67), also die Tante, die Schwester und die Tochter Karls V., das Amt des Statthalters in den Niederlanden. Sie wurden bei dieser Aufgabe von drei Ratsgremien unterstützt: dem Staatsrat, der eigentlichen politischen Instanz, dem Geheimen Rat, der für juristische Angelegenheiten zuständig war, und dem Finanzrat.

Die Niederlande waren dicht bevölkert und damals die kulturellen Vorreiter in Europa. Dank intensiver Eindeichungs- und Entwässe-

SCHÄTZE VON DESCALZAS
Das Kloster Descalzas in Madrid wurde von der Infantin Johanna gegründet. Die Tochter Karls V. liegt dort auch begraben. Das Kloster besitzt viele Kunstwerke, darunter diesen prächtigen Gobelin. Gestaltet wurde er nach Vorlagen von Rubens, der am spanischen Hof hoch geschätzt war.

rungsmaßnahmen konnten reiche Ernten eingebracht werden. Innovationen wurden umso stärker angeregt, als neue Kulturen nicht der Zehntabgabe unterlagen. Gleichzeitig erlebte die Industrie einen rasanten Aufschwung, der auf Wettbewerb und Arbeitsteilung zurückzuführen war. Mit der aus Spanien importierten Wolle wurden in zahlreichen urbanen Zentren wie Mons, Tournai und Valenciennes die sehr begehrten feinen Tuche hergestellt. Die Leinen- und die Gobelinproduktion entwickelten sich genauso dynamisch. Mit dem wirtschaftlichen Aufschwung etablierte sich ein wohlhabendes Bürgertum, das gegenüber den Ideen des Humanismus aufgeschlossen und bereit war, seinen Beitrag zur Regierung des Landes zu leisten. In diesem geistigen Klima erlebten der Buchdruck und die Kartographie einen spektakulären Aufstieg, vor allem in Antwerpen, Amsterdam und Löwen. Doch die rasante wirtschaftliche Entwicklung brachte auch rasch wachsende Armut mit sich. Das Elend der zahlreichen Arbeiter, die unter den Gesetzen des Marktes und heftigen Krisen schwer zu leiden hatten, löste Unruhen aus und erforderte ein ganz neues städtisches Unterstützungssystem. Juan Luis Vives, ein aus Valencia stammender getaufter Jude, regte mit seinen Schriften die so genannte Regulierung von Ypern (1525) an, die dafür sorgen sollte, dass die gesamte arbeitsfähige Bevölkerung in Lohn und Brot gesetzt wurde. Sie diente überall in Europa als Vorbild.

Da die spanischen Könige und ihre Statthalter in gutem Einvernehmen mit dem Hochadel und dem neuen Bürgertum standen, genoss das Land eine Zeit des Wohlstands und des Friedens. Doch die Lage verschlechterte sich ab der Mitte des 16. Jh. zunehmend. Wegen des drohenden Krieges mit Frankreich verschärfte sich der Steuerdruck, und der Calvinismus sorgte für Spannungen. Diese erreichten ihren Höhepunkt, als 14 neue Bistümer zu dem Zweck eingerichtet wurden, den Kampf gegen das protestantische Ketzertum zu verstärken. Außerdem sollte in den Niederlanden die Inquisition eingeführt werden. Im Jahr 1566 brach ein Aufstand aus, der von der spanischen Armee unter dem Oberbefehl des Herzogs von Alba blutig unterdrückt wurde. Die beiden mächtigsten Persönlichkeiten der Niederlande, Graf Egmont und Graf Hoorn, wurden am 5. Juni 1568 hingerichtet; Margarete von Parma trat von ihrem Amt zurück und überließ das Feld den spanischen Beamten und Militärs. Dies alles verhärtete die Fronten, und Spanien stürzte sich in einen langwierigen und ungeheuer kostspieligen Krieg.

Der Kampf endete unentschieden. Die Aufständischen wurden von Wilhelm von Oranien angeführt und von den Truppen der Engländer und der französischen Hugenotten unterstützt. Aufgrund ihrer mangelhaften Besoldung marodierten und meuterten die Soldaten des spanischen Königs zunehmend. Mit der Genter Pazifikation im November 1576 wurde schließlich vereinbart, dass die spanischen Truppen das Land verlassen sollten,

ERINNERUNG AN EINEN GROSSEN SIEG
(S. 33) Im Gedenken an das annus mirabilis, *dieses politisch so erfolgreiche Jahr, malte Velázquez 1625 das bekannte Bild* Die Übergabe von Breda. *Dargestellt ist der Sieger, der Marquis von Spinola, der mit ausgesuchter Höflichkeit den besiegten Justin von Nassau empfängt, der ihm die Schlüssel der Stadt überreicht.*

JUAN LUIS VIVES, EIN GROSSER HUMANIST

Juan Luis Vives, Philosoph, Theologe, Pädagoge, Moralist und Philologe, war der bedeutendste spanische Humanist. Er wurde 1492 oder 1493 als Kind von *conversos*, getauften Juden, geboren. Mehrere Familienmitglieder waren durch die Inquisition bereits verhaftet und verurteilt worden. Nach Anfangsstudien in Valencia ließ sich Vives in Paris nieder – vielleicht um Verfolgungen zu entgehen – und erwarb den Doktortitel. 1512 kam er nach Brügge, in eine Stadt mit einer großen spanischen Gemeinde. Dort schrieb er 1514 sein erstes Werk *Christi Iesu triumphus* in lateinischer Sprache und freundete sich mit Erasmus von Rotterdam an.

1518 berief man ihn an die Universität Löwen, wo er der Erzieher Wilhelm von Croys wurde. Später ernannte man ihn zum Erzbischof von Toledo. Nachdem er den Ruf der Universität von Alcalá de Henares auf einen Lehrstuhl für Rhetorik abgelehnt hatte, lebte er abwechselnd in England und den Niederlanden, war mit Thomas Morus befreundet und für die Erziehung der Prinzessin Maria Tudor zuständig. 1523 veröffentlichte er seine *Commentarii ad divi Aurelii Augustini De Civitas Dei,* 1525 *De subventione pauperum,* ein echtes Sozialprogramm, das in ganz Westeuropa großes Aufsehen erregte und in Ypern sofort umgesetzt wurde.

Zur gleichen Zeit wurde sein Vater vom Inquisitionstribunal in Valencia zum Tod auf dem Scheiterhaufen verurteilt. Er selbst saß eine Zeit lang in London im Gefängnis, weil er die Scheidung Heinrichs VIII. von England missbilligt hatte. Er ließ sich auf Dauer in Brügge nieder und verfasste viele Werke, darunter *De concordia et discordia in humani genere libre* (1529), das als Manifest des Pazifismus galt. Juan Luis Vives starb am 6. März 1540 in Brügge.

dass in Holland und Seeland Glaubensfreiheit herrschen und im ganzen Land die Unterdrückung ein Ende haben sollte. Doch keine der Parteien hielt sich an die Vereinbarung. Die Teilung des Landes begann 1579, als sich die katholischen Provinzen im Süden in der Union von Arras und die calvinistischen nördlichen (Seeland und Friesland) in der Union von Utrecht zusammenschlossen. Philipp II. war so stark durch den Krieg mit England und die französischen Angelegenheiten in Anspruch genommen, dass er sich schließlich mit dem Verlust der nördlichen Provinzen abfand. Der Statthalter Alexander Farnese musste die Niederlande verlassen, und so erhielt Moritz von Nassau an der Spitze der Vereinigten Niederlande (der Nordprovinzen) die Gelegenheit, Terrain zurückzugewinnen. Philipp II. wollte wenigstens die Südprovinzen behalten und überließ die Niederlande im Mai 1598 seiner Tochter Isabella Clara Eugenie und ihrem Gemahl, dem Erzherzog Albrecht von Österreich. Die gemeinsame Ständevertretung der Provinzen, die Generalstaaten, wurde im Juli einberufen, aber die sieben nördlichen Provinzen sandten keine Delegation. Die seit 1579 drohende Teilung des Landes war nun vollzogen.

Der Krieg schleppte sich bis 1648 hin. Nach anfänglichen Erfolgen, darunter vor allem die Einnahme von Breda 1625, bewirkten die Aufteilung der militärischen Kräfte außerhalb und innerhalb der Iberischen Halbinsel und der Machtzuwachs der Nieder-

33

lande eine Veränderung der Kräfteverhältnisse. Maastricht ging im Jahr 1632 verloren. Darüber hinaus brachten zahllose Schlachten und Belagerungen kein greifbares Ergebnis. Philipp IV. musste sich schließlich der Realität stellen und diesem achtzig Jahre dauernden Konflikt ein Ende setzen. Die Friedensverhandlungen begannen 1645 und mündeten in den Frieden von Münster, der die Unabhängigkeit der Vereinigten Niederlande besiegelte (30. Januar 1648).

Die Freigrafschaft Burgund war einst Teil der Besitzungen Kaiser Maximilians I. von Habsburg und mit den Niederlanden fest verbunden. So war Margarete von Österreich 1508 Statthalterin der Niederlande und zugleich der Freigrafschaft. Wegen der geographischen Entfernung war die Provinz vom übrigen Burgund abgetrennt und machte eine Sonderentwicklung durch. Sie bestand aus sehr unterschiedlichen Landschaften vom Flachland an der Saône bis hin zum Hochgebirge des Jura. Getreide kam aus der Ebene, Wein aus dem Arbois; Vieh weidete in Saint Claude und Morbier, Salz wurde in Salines gewonnen, gefischt wurde am Doubs und an der Loue. Besançon und später Poligny waren bedeutende Märkte, die vor allem von Genfer Kaufleuten besucht wurden.

Seit der Thronbesteigung Philipps II. wurde das Land einer schweren Prüfung unterzogen. Da es zwischen Frankreich und den Schweizer Kantonen eingeschlossen war, verlief die große Heeresstraße zwischen Italien und den Niederlanden durch die Grafschaft. Die Freigrafschaft musste Soldaten für Spanien stellen, Hilfsgelder zahlen und die Beschlagnahmungen erdulden, wenn das Heer auf dem *camino español* marschierte. Trotz aller Opfer und trotz der kulturellen Gemeinsamkeiten mit dem nahen Burgund, angefangen bei der französischen Sprache, blieb die Freigrafschaft stets den spanischen Königen treu.

EUROPÄER UND BARBAREN
(S. 35) In der Anfangszeit befassten sich die Künstler kaum mit der Eroberung Amerikas. Allmählich aber verbreiteten zahlreiche Berichte und Chroniken Vorstellungen von der Neuen Welt. Bemerkenswert ist dieses Holzrelief mit einer Szene von der Ankunft der Europäer, die den als Barbaren geltenden Eingeborenen die Segnungen der Zivilisation nahe bringen wollen.

Die amerikanischen Besitzungen

Ende des 16. Jh. hatte Spanisch-Amerika eine beträchtliche Flächenausdehnung. Seit der Landung von Kolumbus 1492 auf San Salvador bis zur Gründung der Stadt Buenos Aires durch Juan de Garay 1580 hatte sie sich in vier Etappen vergrößert: Eroberung der Antillen (1492–1519) als koloniales Experimentierfeld und Ausgangsbasis für Expeditionen ins Innere des Kontinents; Eroberung Mittelamerikas seit Hernán Cortés' Landung in Mexiko (1519–31) mit tollkühnen Vorstößen der Spanier in Richtung Norden bis nach Florida, nach Süden zur Tierra Ferma (heute Kolumbien); Eroberung des Andengebiets von der Gefangennahme Atahualpas (1532) und der Einnahme von Cuzco, der Hauptstadt des Inkareichs (1533), bis zu ersten Vorstößen unter Pedro de Valdivia nach Chile (1540/41). Seitdem drangen die Spanier auf ihren Entdeckungszügen in die entlegensten und undurchdringlichsten Gebiete vor. Alvar Nuñez Cabeza de Vaca überquerte den Rio de la Plata und den Paraguay (1540); Francisco Vásquez de Coronado durchforschte den Süden der heutigen Vereinigten Staaten und entdeckte den Grand Canyon des Colorado River (1540–42); Francisco de Orellana überwand die Anden von Peru aus und erreichte die Mündung des Amazonas (1541–43).

Ein großer Teil der erforschten Territorien, vor allem die Herrschaftsbereiche der Azteken, Maya und Inka, war dicht bevölkert. Man nimmt an, dass die Neue Welt zur Zeit der Entdeckung durch die Europäer 80 bis 100 Millionen Einwohner hatte. Bei der Einnahme von Cajamarca, das von Atahualpa verteidigt wurde, führte Pizarro nur 200 Mann gegen eine Stadt mit 30 000 Indianern. Die Spanier profitierten von den Streitigkeiten unter den eingeborenen Völkern, von einer Prophezeiung in der indianischen Mythologie, wonach „weiße Götter aus dem Osten" kommen würden, aber abgesehen davon auch von ihrer eigenen Kühnheit und ihren Feuerwaffen. Sehr bald brach die demographische Katastrophe über die Indianer herein. Als Opfer von Gewalt und Zwangsmaßnahmen, die sich die Ankömmlinge zuschulden kommen ließen, erlitten sie das Trauma der Eroberung und sahen ihre eigene Welt auseinander brechen. Darüber hinaus wurden sie von Epidemien wie Grippe, Pocken, Typhus und Pest heimgesucht, die sich rasch ausbreiteten. Im Jahr 1570 waren die Ureinwohner der Insel Hispaniola, deren Zahl ein Jahrhundert zuvor sieben bis acht Millionen betragen hatte, praktisch verschwunden. Mexiko hatte um 1630 nur noch drei Prozent der Bevölkerung, die es zur Zeit der Eroberung gehabt hatte. In ganz Spanisch-Amerika lebten um 1600 nur noch acht bis neun Millionen Indianer und um 1650 weniger als fünf Millionen. Die Zahl der Spanier und ihrer Nachkommen in Amerika stieg gleichzeitig ständig an. Die Schätzungen über spanische Einwanderer schwanken, aber im 16. und 17. Jh. dürften es nicht mehr als 300 000 gewesen sein. Die Zahl der schwarzen Sklaven war bedeutend höher; um 1600 erreichte sie die Millionengrenze. Auf diesen Grundlagen wurde das spanische Imperium in Amerika aufgebaut, denn im Gegensatz zu den Engländern und Portugiesen begnügten sich die Eroberer von Anfang an nicht damit, nur ihre Stützpunkte an der Küste zu verstärken; sie wollten das gesamte entdeckte Gebiet wirklich beherrschen.

Dabei blieben Schwierigkeiten nicht aus, denn lokal begrenzte Aufstände, Kämpfe zwischen den Spaniern oder der zähe Widerstand des Indianerstamms der Araukaner in Chile hielten die Spanier immer in Atem. Trotzdem blieb das riesige Territorium bemerkenswert stabil. Westindien wurde nie als „Kolonie" betrachtet, sondern als territoriale Verlängerung Kastiliens. Es erhielt eine eigene Gesetzgebung, die zwei Republiken unterschied: eine Republik der Indianer und eine Republik der Spanier. Letztere genossen dieselben Privilegien wie die europäischen Untertanen. Die *Leyes de Burgos* von 1512/13 und die *Leyes Nuevas* von 1542 befassten sich mit dem Status der Indianer; diese Gesetze forderten den Schutz der eingeborenen Bevölkerung und begrenzten die Praxis der *encomienda*, einer Institution, die es den Spaniern erlaubte, von ihren indianischen Untergebenen Tribut und Fronarbeit zu erzwingen.

Spanisch-Amerika war in einzelne Königreiche aufgeteilt. Der König wurde durch Vizekönige vertreten, die aus dem kastilischen Hochadel stammten. Der Vizekönig von Neuspanien residierte in Mexiko, der Vizekönig von Peru in Lima. Die Städte spielten bei der Kontrolle des Territoriums eine zentrale Rolle. In kurzen Abständen wurden Cartagena de Indias (1531), Lima und San Francisco de Quito (1535), Asunción (1537), Santiago de Chile (1541) und Concepción (1550) gegründet.

MISSBRAUCH DES *ENCOMIENDA*-SYSTEMS

Die *encomienda* hat ihre Wurzeln im Mittelalter. Den Ritterorden von Santiago, Calatrava, Alcántara und Montesa hatte man in verschiedenen Phasen der *Reconquista* Land zugeteilt, das man von den Muslimen zurückerobert hatte. Jede *encomienda* wurde einem Lehnsherrn unterstellt. Dieses System bürgerte sich auch – leicht abgewandelt – in der Neuen Welt ein. Der spanische Lehnsherr, der *encomendero,* verfügte über eine bestimmte Anzahl Indianer, die er als kostenlose Arbeitskräfte nutzte. Auch waren ihm die Indianer tributpflichtig, als Gegenleistung musste er sie im christlichen Glauben unterweisen.

Dieses System wurde 1503 vom Gouverneur Ovando in Hispaniola (Santo Domingo) eingeführt und von Cortés in Mexiko und Pizarro in Peru übernommen. Vor allem in Peru nutzten die *encomenderos* die Straffreiheit, die sie durch die Entfernung vom Mutterland genossen, um ihre Macht über die Indianer zu festigen. Oft waren ihnen gewaltige Gebiete unterstellt.

Als Karl V. die katastrophalen Auswirkungen dieser Praktiken zu begrenzen versuchte, kam es 1542 unter den *encomenderos* zu einem Aufstand. Karl V. wollte die *encomienda* abschaffen, vor allem aber die Arbeitsleistungen der Eingeborenen, die 1549 verboten wurden.

Die größte Ausdehnung hatte das spanische Imperium in den Jahren nach 1580. Das Reich Karls V. war zwar bei der Abdankung des Kaisers geteilt worden und die österreichischen Habsburger hatten alle Besitzungen in Mitteleuropa übernommen, aber die Vereinigung mit Portugal 1580 und dessen eigenem Weltreich hatte die Verluste infolge der Reichsteilung mehr als kompensiert. Philipp II. wurde am 16. April 1581 offiziell König von Portugal, nachdem er von den Cortes von Tomar anerkannt worden war. Er war klug genug, ebenso wie seine Vorgänger überall in Europa, die Regierung im Land zu belassen. In Madrid richtete er einen Rat für Portugal analog zu den Räten für Kastilien, Aragonien, Italien und Westindien ein und ernannte einen Vizekönig, der ihn in Lissabon vertreten sollte. Die Wahl fiel auf Kardinal Albrecht von Österreich, seinen Lieblingsneffen. Eine Persönlichkeit aus königlichem Haus entsprach den Erwartungen seiner neuen Untertanen. Das Imperium umfasste seitdem auch Brasilien, die afrikanischen Besitzungen zwischen Ceuta und Mozambique und die asiatischen zwischen Indien und Macau. Dies war das erste Weltreich der Geschichte, das sich über vier Kontinente erstreckte.

Spanien und die Kirche

Aus der Entfernung betrachtet könnte man den Eindruck gewinnen, das spanische Reich sei ein Flickenteppich. Aber wenn auch die Flexibilität eines der wesentlichen Merkmale dieses Reiches ist, so gibt es doch ein zentrales Muster: Kastilien und seine Königreiche und eine Gesamtvision, die Herrscher und Untertanen gemeinsam hatten. Karl V. hatte sein Reich durch pausenloses Reisen zusammengehalten – nur nach Amerika kam er nie. Philipp II. regierte sein neues Weltreich von seinem Arbeitstisch aus. Das spanische Imperium war die Summe der Briefe, die beim König eintrafen; er las sie und zeichnete jeden einzelnen ab. Dass es ein zusammenhängendes Ganzes war, bezeugt die unglaubliche Anhäufung von Archiven.

Das Weltreich war auch die Summe der Biographien von Verwaltungsbeamten, Soldaten, Missionaren und einfachen Auswanderern. So wirkte der in Granada geborene Jesuit Diego de Bracamonte zunächst in Marechna und Sevilla; im Jahr 1568 bestieg er ein

Schiff und reiste nach Lima. Nach seiner Rückkehr 1571 verbrachte er zwei Jahre in Spanien und Italien; 1573 brach er erneut in Richtung Peru auf und blieb dort bis zu seinem Lebensende. Er starb 1583 in Potosí. Oder Diego de Villalobos: Er wurde um 1570 in Mexiko geboren, ging nach Spanien, diente fünf Jahre lang auf den Galeeren zunächst im Mittelmeer, danach in den Niederlanden und bekleidete mehrere Verwaltungsposten auf der Iberischen Halbinsel. Er starb 1637 in Madrid.

So hat Spanien geduldig am Aufbau seines Reiches gearbeitet. Die Kontinuität der Bemühungen über ein Jahrhundert hinweg, die mit der Blüte der 1580er-Jahre gekrönt wurden, ist bemerkenswert. Die Blütezeit ist mit ihren Erfolgen und ihren Niederlagen exemplarisch. Die Integration der portugiesischen Gebiete war alles andere als einfach. Vom Beginn des Jahres 1581 bis zum Frühjahr 1583 war Philipp II. gezwungen, zwei volle Jahre in Lissabon zu verbringen, um die Ereignisse zu kontrollieren. Kurz darauf träumte er davon, in England und Frankreich einzumarschieren. Hinter dem langsamen Aufbau des Reiches steckte der großartige Entwurf einer spanischen Monarchie, die sich auf alle Gebiete ausdehnte, in denen der Katholizismus vorherrschte. Im gesamten Reichsgebiet hatte die katholische Religion die Vorrangstellung. Die einzige Ausnahme bildeten die Niederlande, wo der Calvinismus sich dauerhaft durchsetzen konnte.

Nicht zufällig war auch die Inquisition die allgegenwärtige Behörde im spanischen Weltreich. Das Heilige Offizium war 1478 in Kastilien eingeführt worden. Bald entstanden 21 Inquisitionsgerichte auf dem spanischen Festland, auf den Balearen, den Kanarischen Inseln, auf Sardinien, Sizilien und in Westindien. Die letzten Tribunale wurden in Santiago de Compostela, Lima und Mexiko-Stadt in der zweiten Hälfte des 17. Jh. eingesetzt. Die Inquisitionspraxis setzte das Einvernehmen zwischen dem Papst als dem Oberhaupt dieser Einrichtung und dem spanischen König, der den Großinquisitor ernannte, voraus.

Eine vergleichbare Behörde entstand seit 1536 in Portugal; die Tribunale befanden sich in Coimbra, Évora und Lissabon, wo auch für Brasilien die Urteile gefällt wurden. Für das Königreich Neapel war die Inquisition in Rom zuständig. Andererseits widersetzten sich das Herzogtum Mailand, die Freigrafschaft Burgund und die Niederlande stets der Einführung dieser Behörde. Auch hier versuchten Karl V. und seine Nachfolger nicht, einheitliche Verhältnisse um jeden Preis durchzusetzen.

Der direkte Einfluss der spanischen Könige auf die Kirche war beträchtlich. Zur allgemeinen Patronage über Bistümer und königliche Kapellen kamen das Generalvikariat der Heere, eine immer strengere Überwachung der militärischen Ritterorden und vor allem das Patronat über sämtliche Kirchen in Granada und Westindien, kraft dessen sich die Könige den Kirchenzehnten aneignen konnten.

Das Reich der Habsburger in Spanien wurde durch die Einheit im Glauben zusammengehalten. Die Juristen und Historiker des 16. und frühen 17. Jh. sahen im Titel „König der Katholiken", den Papst Alexander VI. Isabella von Kastilien und Ferdinand von Aragonien verliehen hatte, ein prophetisches Zeichen. Die spanischen Könige haben ihre Mission, den wahren Glauben zu erhalten, gewissenhaft erfüllt. Das spanische Königreich war zwar heterogen, aber es war eine katholische Monarchie; *die* katholische Monarchie, unter deren Vorherrschaft alle anderen katholischen Königreiche standen.

HELM MIT FEDERBUSCH
Die gewöhnlichen Soldaten trugen eine Beckenhaube, die ab dem Ende des 15. Jh. aufkam. Dieser visierlose Helm war mit einem Federbusch geschmückt und besaß einen Schutz für Nacken und Kinn.

Von Beruf Konquistador

EINE ERRUNGENSCHAFT AUS DER NEUEN WELT
Für die Bohnen des Kakaobaums interessierten sich die Europäer schon früh. In einem Brief von 1520 an Karl V. erwähnte Cortés den Kakao und brachte ihm 1528 eine Pflanze mit.

Die 1492 in San Salvador begonnene Eroberung Amerikas durch die Spanier und Portugiesen dauerte fast ein Jahrhundert und veranlasste hunderttausende Europäer zur Auswanderung. An den ersten Expeditionen nahm nur eine begrenzte Anzahl von Menschen teil. Mit 500 Mann brach Cortés von Hispaniola in Richtung Mexiko auf. Knapp 200 Spanier zogen in Cajamarca ein, und Jimenez de Quesada führte 170 Mann nach Santa Fé de Bogotá. Diese Männer besaßen Mut, Entschlossenheit, Unternehmungsgeist und Abenteuerlust im Überfluss und schreckten auch vor Gewalt nicht zurück.

Oft wurde auf die adlige Herkunft vieler Eroberer verwiesen, doch hier muss man differenzieren. Nur wenige waren Mitglieder des Hochadels oder des mittleren Adels wie beispielsweise Diego Velazquez, der Gouverneur von Kuba, Pedrarias Dávila, der Begründer Panamas und Enkel eines königlichen Schatzmeisters, oder Pedro de Mendoza, der 1537 den Rio de la Plata erreichte. Cortés und Francisco Pizarro dagegen waren arme Hidalgos. Von den ersten Gefährten Cortés' waren Andres de Tapia und Diego de Orgaz Hidalgos, viele andere aber waren bürgerlicher Herkunft, ebenso die Mitglieder der ersten Expedition nach Peru wie etwa Diego de Trujillo. Der Trupp, der 1519 Panama gründete, bestand u. a. aus drei Hidalgos, elf Bauern, 19 Handwerkern, zehn Seeleuten und zehn Bediensteten.

Die Konquistadoren kamen vor allem aus der Extremadura (Nicolas de Ovando, Hernán Cortés, Valdivia, Hernando de Soto, die Pizarros, Trujillo und Orellana) und aus Kastilien (Almagro, Alonso de Hojeda, der Entdecker eines Teils von Venezuela, Juan de Grijalva, der unglückselige Vorgänger Cortés' in Mexiko, Diego Velazquez oder Francisco Coronado). Hinzu kamen einige Andalusier (Cabeza de Vaca, Sebastián de Benalcazar) und baskische Seeleute wie Juan de la Cosa und Pascual Andagoya.

Alle Abenteurer waren jünger als 30 Jahre. Über die Hälfte waren Analphabeten, was vermutlich der Verteilung in der Gesellschaft entsprach. Viele von ihnen wurden von Indianern getötet oder zum Tod verurteilt (Francisco Pizarro und Diego Almagro, aber auch Juan Díaz de Solis, Grijalva, Gonzalo Pizarro und Valdivia). Jimenez de Quesada jedoch wurde 80 Jahre alt und Pedrarias Dávila 91 Jahre.

FASZINIERENDE EXOTIK
In der Neuen Welt wurden Gegenstände wie z. B. Truhen gern mit Jagdszenen bemalt. Die dargestellten Tiere und Pflanzen übten große Faszination auf die Europäer aus.

DAS EVANGELIUM IN DER NEUEN WELT
Dieses Bild zeigt die Nonne María Jesus de Agreda als Lehrerin einer idealisierten Gruppe, der Spanier, Indianer, Afrikaner und Mischlinge angehören.

CHRISTO FERENS
Christoph Kolumbus war ein zutiefst religiöser Mensch. Er unterzeichnete seine Schriftstücke mit Christo ferens, Christusträger, *was der Bedeutung des Namens Christopherus entspricht.*

FRANCISCO PIZARRO

Francisco Pizarro brach 1502 mit 24 Jahren nach Hispaniola auf, nahm mit Balboa an der Expedition zur Entdeckung des Pazifischen Ozeans (1513) teil und wurde der erste Alkalde von Panama. 1524 zog er mit Diego de Almagro zur Eroberung Perus aus. Pizarro kehrte nach Spanien zurück und ließ sich zum Generalkapitän und Gouverneur der zu entdeckenden Gebiete ernennen. Nach seiner Rückkehr nach Amerika nahm er 1532 den Inka Atahualpa gefangen und ließ ihn hinrichten. Er eroberte Cuzco und gründete 1535 die Stadt Lima. In dieser Zeit kam es zu Auseinandersetzungen mit Almagro, der sich zum Herrn über Cuzco machte. Die Anhänger Pizarros unter der Führung seiner Brüder besiegten ihn 1538 in der Schlacht von Las Salinas. Almagro wurde hingerichtet, doch im Juni 1541 wurde auch Francisco Pizarro in Lima ermordet.

DIE EROBERUNG MEXIKOS
Dieser Wandschirm zeigt Begegnungen zwischen Eingeborenen und Spaniern, angefangen von dem Treffen zwischen Moctezuma und Cortés im November 1519 bis zur endgültigen Einnahme der Stadt durch die Eroberer 1520.

FÜR DEN FORTSCHRITT
Philipp II., der mehr Interesse an seinem amerikanischen Besitz hatte als sein Vater, war auf den Fortschritt der Kartographie und der Navigation sowie die Reform des julianischen Kalenders bedacht. Er beauftragte die Casa de Contratación in Sevilla damit, diese Arbeiten aktiv voranzutreiben, da er sehr genau wusste, wie wichtig dies für die Verwaltung des Weltreichs war.

KAPITEL 2

Eine plurale Monarchie

D ie Lebensgeschichten der Herrscher, denen ausnahmslos eine lange Regierungszeit vergönnt war, sind wohl bekannt: Karl V., Philipp II. und Philipp IV. waren über vierzig Jahre lang in ihrem Amt, Philipp III. immerhin 23 Jahre und der glücklose Karl II. etwa 35 Jahre. Sie boten den Chronisten, Malern, Bildhauern und Graveuren die Gelegenheit zu einer ganzen Reihe von Porträtstudien, die auch die unbarmherzigen Zeichen des Alters nicht verbargen. Das bartlose, glatte Gesicht des jungen Karl, der am Brüsseler Hof vergöttert wurde, wie es Bernard van Orley im Jahr 1516 sah, verschwand unter dem unbestechlichen Blick Vasaris und Tizians: Im Jahr 1530 entdeckten sie einen Mann in der Blüte seiner Jahre und vom Schicksal reich beschenkt. In den Jahren 1547 und 1548 porträtierte ihn Tizian wieder, doch es war nicht mehr derselbe Mann; die Gemälde verraten die Enttäuschungen der letzten Regierungsjahre. Die beiden Venezianer Tiepolo und Badoaro notierten ihre Eindrücke. Tiepolo bemerkte 1523: „Mit seinen 23 Jahren wird er von allen geliebt; er ist schön." Badoaro entdeckte dreißig Jahre später zwar noch „einen Ausdruck von Tatkraft", aber er fügte hinzu: „Er hat nur noch wenige Vorderzähne, und diese sind sehr schadhaft ... Er leidet ständig an Hämorrhoiden und hat häufig Gichtanfälle, wodurch seine Hände völlig verkrümmt sind."

Philipp II. war für Tizian ein geradezu verführerisches Modell und für den flämischen Maler Anthonis Mor (Antonio Moro) eines seiner Lieblingsmotive: der Kronprinz, danach der soeben gekrönte König in voller Rüstung als Sieger von Saint-Quentin. Dagegen zeigen die späteren Porträts von Alonso Sánchez Coello und Juan Pantoja de la Cruz sehr ehrlich einen alt gewordenen König mit fahlem Teint und weißem Bart. Der unverkennbare Elan des Königs hat sich in eine Art trübselige Würde verwandelt. Für Philipp IV. ist Velázquez der privilegierte Zeuge; er war Vertrauter des Königs. Der Maler geht mit seinem königlichen Modell unbarmherzig ehrlich um: Im Jahr 1644 bei Fraga sieht der König in voller Rüstung an der Front von Aragonien und Katalonien trotz der schwierigen Lage noch sehr frohgemut aus, aber die beiden Gemälde von 1657 beschreiben den König in seinen letzten Regierungsjahren mit bedrückenden äußeren Anzeichen: verwüstetes Gesicht, halb geschlossene Augenlider, verkniffener Mund, alle Traurigkeit der Welt im Blick, aber auch die „zeitlose Ruhe" dieses Herrschers wird eindrucksvoll vermittelt. Nach dem Tod seines Sohnes Baltasar Carlos macht er sich offenbar keine Illusionen mehr über sich selbst und die Zukunft seiner Dynastie, auch wenn er noch an die Gräfin von Paredes schreibt: „Dieses kleine Schiff mit Namen Spanien wird wohl nicht untergehen, auch wenn uns das Wasser bis zum Hals steht."

PROFIL VON PHILIPP II.
Von dem Mailänder Künstler Jacopo da Trezzo (1562) stammt diese schöne, in Onyx geschnittene Kamee. Sie zeigt Philipp II. in einem klassischen Harnisch. Der emaillierte Goldrahmen hat eine Öse zum Aufhängen des sorgfältig gefertigten Schmuckstücks.

40

Historiker und Chronisten berichten auf ihre Weise, aber die schriftlichen Zeugnisse der Herrscher sind vorzuziehen. Die ausführlichen Instruktionen Karls V. für seine Gemahlin Isabella und vor allem für seinen Sohn Philipp im Mai 1543 aus Palamós und 1548 aus Innsbruck – immerhin sein politisches Testament – sind keineswegs reine Formalien. Sie verraten die Sorgen des Staatsmanns ebenso wie die des Privatmanns. Er zählt die Namen von vertrauenswürdigen Personen auf – und solchen, denen man nicht trauen dürfe. Mit Philipp spricht er von Mann zu Mann und ganz ohne falsche Scham: „Mein lieber Sohn, Du wirst nun bald heiraten … Ich bin überzeugt, Du hast mir die Wahrheit gesagt über Deine bisherige Lebensführung und dass Du bis zur Verheiratung genauso weiterlebst. Für die Zeit danach muss ich Dir einige Hinweise geben, weil Du noch in zartem Alter bist (Philipp war damals 16 Jahre alt) und weil Du mein einziger Sohn bist und ich keine weiteren Söhne bekommen werde. Deshalb ist es sehr wichtig, dass Du Dich in Acht nimmst und nicht plötzlich in Maßlosigkeit verfällst. Sie schadet der Gesundheit und zieht sehr häufig eine Schwäche nach sich, die auch Deinen Nachkommen schaden kann, ja, sie ist sogar lebensgefährlich, wie es Deinem Onkel Don Juan von Kastilien erging, dessen Tod mich in den Besitz dieser Königreiche brachte. Denk daran, was für ein Unglück es wäre, wenn Deine Schwestern und ihre Ehemänner Dich beerben! (Sie!) So bitte ich Dich und beschwöre Dich: Halte Dich gleich nach dem Vollzug der Ehe von Deiner Gemahlin unter irgendeinem Vorwand fern."

GEISTLICHE MUSIK
Ein Engel hält die vihuela in der Hand, ein lautenähnliches Instrument. Diese Abbildung ist ein Detail aus dem Gemälde Die Vision *von Alonso Rodriguez, das Zurbarán 1630 für die Jesuiten von Sevilla malte. Das Instrument erinnert daran, dass die geistliche Musik der damaligen Zeit dank Cristobal de Morales, Francisco Guerrero und Tomás Luis de Vitoria eine große Verbreitung hatte.*

Die während seines Aufenthalts in Lissabon verfassten Briefe Philipps II. an seine Töchter, vor allem an die jüngste, Katharina Michaela, inzwischen Herzogin von Savoyen und in Turin lebend, verraten nicht nur die Liebe des „klugen Königs" zur Natur, sein Vergnügen an Bäumen und Vögeln, sondern auch seine offen bekundete zärtliche Zuneigung für seine Kinder, die Sorge um ihre Gesundheit, ihre künstlerische Ausbildung („Musik vor allem anderen") und um ihre Frömmigkeit.

Allerdings haben zahlreiche Forschungsarbeiten zur Person Philipps II. mehrere Facetten des Königs ans Tageslicht gebracht. So liegen zumindest äußerlich Welten zwischen dem Kronprinzen der Jahre 1545 bis 1555 und dem einsamen Herrscher im Escorial. Als Kronprinz war er begierig auf sexuelle Abenteuer, und nach dem frühen Tod seiner ersten Gemahlin Maria Manuela unterhielt er eine langjährige Liaison mit Isabel Osorio, der Schwester des Marquis von Astorga, von der er mehrere Kinder hatte. Außerdem war er flüchtigen Liebesbeziehungen nicht abgeneigt und tröstete sich, zum zweiten Mal Witwer geworden, in den Armen flämischer Frauen. Bei seiner Rückkehr nach Kastilien nahm er sich Euphrasia de Guzmán und Madeleine Girón zu Mätressen. Als alter König hingegen wandte er sich vom Glanz der Welt ab, versenkte sich in lange Gebete, sammelte Reliquien; als kranker Mann wirkte er auf seine beiden Kinder Isabella und Philipp wie eine wandelnde Vorwegnahme der berühmten Totendarstellungen von Valdés Leal im Hospital de la Caridad, einem geistlichen Sterbehaus in Sevilla, zu denen auch das skandalöse Bild von einem nackten Leichnam zählt, der von Würmern zerfressen ist, das die Bildunterschrift trägt: „Finis gloriae mundi".

Die 634 Briefe, die Philipp IV. 1643 bis 1665 mit der Nonne Sor Maria de Ágreda wechselte, und die 74 Briefe, die er 1644 bis 1660 an die Gräfin von Paredes, ehemalige Freundin und Vertraute der Elisabeth von Bourbon, richtete, enthüllen den überaus widersprüchlichen Charakter des Königs: Seine Vorliebe für das Theater und die Malerei, sein offenkundiger Schönheitssinn, ein zeitweiliges Interesse an der Politik, von der ihn seine Verantwortungsscheu regelmäßig wieder zurückholt, die Überzeugung, seinen Aufgaben nicht gewachsen zu sein, und ein gewisser Mangel an Selbstvertrauen hinsichtlich seiner Fähigkeiten als Staatsmann hielten den Geist und die Gedanken des Königs gleichzeitig gefangen. Trotz seiner Gier nach Liebesabenteuern ist er keineswegs als Freigeist zu bezeichnen. Er hatte ein Gefühl für die Sünde, er wusste, dass er ein Sünder war, und er sprach es auch aus: „Ich bin ein Sünder … Der Sünder bin ich und nicht meine Untertanen", schrieb er an Sor Maria am 30. September 1656. „Ich habe so gute Vorsätze, aber meine Schwäche hindert mich daran, sie auszuführen."

Obwohl die Könige redlich bemüht waren, unter allen Umständen Haltung und Gleichmut zu wahren, waren sie doch Menschen wie jeder andere; sie suchten die Freuden des Lebens, sie jubelten und litten; sie versuchten, sich von ihren Sünden zu reinigen und ihr Seelenheil durch strenge religiöse Übungen zu sichern; auch Lebensangst war ihnen nicht fremd. Ihr ganzes Leben wurden sie von dem Problem der Thronfolge geplagt. Philipp IV. berichtete in seinen Briefen an Schwester Luisa, Gräfin von Paredes, regelmäßig über seine noch lebenden Kinder; er dementierte eine Fehlgeburt der Königin, scheute sich nicht anzugeben, dass ihre Monatsregel normal eingetreten sei, betete regelmäßig um die „Nachfolge" und glaubte schließlich, am Ziel seiner Wünsche zu sein, als Philipp Prosper am 20. Dezember 1657 geboren wurde und sich recht zufriedenstellend entwickelte – das Kind starb, als es noch nicht ganz vier Jahre alt war.

Die spanischen Könige waren zweifellos verletzlich, aber auch zugleich geheiligte Personen. Die Staatstheoretiker des Goldenen Zeitalters nahmen die Idee vom *corpus mysticum civile* wieder auf und bezeichneten die Könige als „Stellvertreter Gottes in der weltlichen Macht". Das Spektakel bei der Begrüßung des Thronerben als künftiger König zeigt

ELISABETH/ISABELLA
(S. 43) Eine Folge der Eheschließungen zwischen den Königshäusern Frankreichs und Spaniens war es, dass der Vorname Elisabeth von der spanischen Form Isabella abgelöst wurde. Dieses Porträt der Königin Isabella (Elisabeth von Valois) zeigt eine strenge, vorzeitig gealterte Frau, die ihren Verpflichtungen gewissenhaft nachkam.

42

sehr eindrucksvoll den heiligen Charakter der Person des Königs. Der „burgundische" Grundherr Laurent Vital berichtet von der ersten Reise Karls V. nach Spanien: Im Jahr 1517 in Valladolid erhob sich der König, als die Treueide geschworen waren, legte eine Hand auf die Bibel, die ihm Kardinal Adrian entgegenhielt, und schwor seinerseits den Eid. Danach stimmten alle das Te- deum an. Der König wurde ganz sichtbar zum Vermittler zwischen dem Königreich – seinem Adel, sei- nen Repräsentanten – und Gott er- nannt, der durch den hohen kirchli- chen Würdenträger vertreten und durch die Bibel symbolisiert war.

Die Opfer der Heiratspolitik

Mit ihrer Heiratspolitik folgten die spanischen Habsburger ihren Vor- gängern, den Katholischen Königen, und entsprachen auch ganz den In- tentionen Kaiser Maximilians. Karl V. legte in seinem politischen Testament vom Februar 1548 für Philipp eindeutig fest: „Am besten ist es immer, durch die Verbindun- gen seiner eigenen Kinder die Reiche an sich zu binden. Aus diesem Grund müssen Sie eine reiche Nachkom- menschaft haben und ein neues Bündnis schließen."

In der ersten Hälfte des 16. Jh. wurde eine solche Allianz mit Por- tugal konsequent angestrebt. Zahl- reiche Ehen zwischen den beiden Kö- nigshäusern wurden geschlossen. Diese Eheschließungen erlaubten es später Philipp II., als rechtmäßi- ger Erbe der Krone von Portugal aufzutreten, die er im Jahr 1580 er- hielt.

Die Heiratsallianz mit England brachte allerdings nur Enttäuschun- gen. Katharina von Aragonien, die jüngste Tochter der Katholischen Könige, wurde von Heinrich VIII. verstoßen. Mary Tudor, die zweite Gemahlin Phi- lipps II., war unfruchtbar, und das Heiratsprojekt Philipps II. mit Königin Elisabeth I. scheiterte an der Konfessionsfrage.

Viel konsequenter war die Heiratspolitik mit dem Erzfeind Frankreich. Damit sollte der wiedergewonnene Friede zwischen den beiden Staaten gefestigt werden, und man wollte neuen Konflikten zuvorkommen. Auf diese Weise wurden – abgesehen von gescheiterten Heiratsplänen – zwei französische Prinzessinnen Königin von Spanien (Elisabeth von Valois, dritte Gemahlin Philipps II., und Elisabeth von Bourbon, erste Gemahlin Philipps IV.) und zwei spanische Infantinnen, Anna von Österreich und Maria-Theresia, bestiegen den Thron Frankreichs an der Seite Ludwigs XIII. und Ludwigs XIV.

Die Heiratsallianzen mit den österreichischen Habsburgern waren zahlreich und geradezu üblich, zumal Maria, Tochter Karls V. und Isabellas, 15 Kinder mit ihrem Vetter Maximilian II. hatte, dem Sohn Kaiser Ferdinands und der Anna Jagiello. So heirateten drei „Österreicherinnen" nacheinander Philipp II., III. und IV., und Isabella Clara Eugenie, Maria (Tochter Philipps III.) und Margarete Maria (Tochter Philipps IV.) heirateten ihre Vettern, die österreichischen Erzherzöge.

Diese Heiratsallianzen wurden in erster Linie mit dem Ziel geschlossen, beiden Dynastien vor allem männliche Erben zu liefern, denn die Kindersterblichkeit bei den königlichen Nachkommen war so hoch, dass die Thronfolge in direkter Linie nie gesichert schien. Philipp II. hatte aus insgesamt vier Ehen nur einen einzigen Sohn, der fähig war, den Thron zu besteigen, und das war der vierte Sohn aus seiner vierten Ehe! Philipp IV. erlebte eine Identitätskrise, als er nach dem Tod des Thronfolgers Baltasar Carlos 1646 noch zwei weitere Söhne sterben sah; erst 1661 wurde ihm noch ein Sohn, der spätere Karl II., geboren, ein kränkliches, rachitisches Kind, das ihn schließlich überlebte.

Dies war zweifellos der schwerste Defekt im System, und den Zeitgenossen entging keineswegs, dass die illegitimen Nachkommen, mit denen die spanischen Habsburger überreich gesegnet waren, viel besser gediehen als die Kinder aus den legitimen Verbindungen, die regelmäßig zwischen nahen Verwandten wie etwa zwischen Onkel und Nichte geschlossen wurden; so war Anna, die vierte Gemahlin Philipps II., auch seine Nichte. Dasselbe Verwandtschaftsverhältnis bestand zwischen Philipp IV. und Maria-Anna von Österreich. Beide waren 22 und 29 Jahre jünger als ihr Gemahl.

Die Opfer dieses ungesunden Tauschhandels waren die Königinnen. Die Bilanz ist erschütternd. Häufig zu jung verheiratet, wurden sie knapp mit Beginn der Pubertät einer wahren Vergewaltigungsorgie unterworfen, damit sie ihre wichtigste Berufung erfüllten: zahlreiche Infanten und Infantinnen zu liefern und den Heiratsmarkt der europäischen Monarchien zu versorgen. Somit waren sie zum baldigen Opfertod verurteilt.

ELISABETH VON VALOIS, KÖNIGIN DES FRIEDENS

Elisabeth von Valois war die Tochter von Heinrich II. und Katharina von Medici. Sie wurde kurz nach ihrer Geburt mit Eduard VII. verlobt, doch der König von England starb 1553. Nun zog man eine französisch-spanische Eheschließung in Betracht, zunächst zwischen Elisabeth und Carlos, dem Sohn des Prinzen Philipp, dann 1558 nach dem Tod Maria Tudors, der zweiten Gemahlin Philipps, mit diesem selbst. Philipp, der 1558 König geworden war, unterzeichnete 1559 mit Frankreich den Frieden von Cateau-Cambrésis. Eine Klausel des Vertrags sah als Unterpfand für den Frieden die Eheschließung mit Elisabeth von Valois vor. Eine erste Zeremonie fand am 20. Juni 1559 in Paris statt. Hierbei wurde der König von Spanien vom Herzog von Alba vertreten. Die Eheleute trafen sich schließlich am 31. Januar 1560 in Guadalajara. Philipp war 33 Jahre alt, Elisabeth gerade einmal 14. Eine erste

Schwangerschaft 1564 endete mit einer Fehlgeburt, von der sich Elisabeth nur schwer erholte. Im August 1566 brachte sie nach einer weiteren komplizierten Schwangerschaft Isabella Clara Eugenia zur Welt und im Oktober 1567 Catalina Micaela. Doch einen männlichen Thronerben hatte das königliche Paar noch nicht. Elisabeth starb im Oktober 1568 im Alter von 23 Jahren im Kindbett. Das Neugeborene, eine Tochter, überlebte nicht.

Elisabeth, die mit ihrer Mutter in intensivem Briefwechsel stand, spielte eine bedeutende Rolle in den französisch-spanischen Beziehungen. Sie hatte entscheidenden Einfluss beim Zusammentreffen von Bayonne 1565, als sie gegenüber Katharina von Medici die spanische Politik auf dem Gebiet der Religion verteidigte. 1567 dachte Philipp sogar daran, nach Flandern zu reisen und Elisabeth, der „Friedensfürstin", die Regentschaft anzuvertrauen.

Es ist keine Übertreibung: Elisabeth von Valois war gerade 15 Jahre alt, als ihre Ehe mit Philipp II. gewaltsam vollzogen wurde; Margarete und Maria-Anna von Österreich waren keine 15 Jahre alt, als sie in das Ehebett Philipps III. und Philipps IV. gelegt wurden. Gerade der Fall Maria-Annas muss genauer geschildert werden: Als die Heirat abge-

sprochen wurde, befragten einige ältere Frauen das junge Mädchen, und der Graf de Lumiares, Mitglied der spanischen Delegation, die beauftragt war, die Prinzessin nach Spanien zu geleiten, versicherte, sie sei „in jeder Hinsicht Frau". Doch einige Monate später, am 7. März 1650, schrieb der König an die Gräfin von Paredes: „Zweifellos haben Sie mir schon einen Sohn gewünscht. Aber zur Zeit ist meine Nichte (also seine Gemahlin) noch keine erwachsene Frau. Daher die Schwierigkeit, dass sie überhaupt schwanger wird." Wenn man bedenkt, dass das erste Kind der Königin am 12. Juli 1651 geboren wurde, bleibt nur der Schluss, dass es sofort nach der ersten Monatsregel gezeugt wurde. Dasselbe Spiel lief zwischen Philipp II. und Elisabeth von Valois ab: Bei den ersten Anzeichen der Pubertät wurde die Ehe vollzogen. Einige Beispiele sollen den Preis, den die Mütter für die Sicherstellung der Erbfolge zahlen mussten, belegen.

DIE KLEINEN HOHEITEN
Ana Mauricia und ihr Bruder, der künftige Philipp IV., im Jahr 1607. Darstellungen der Königskinder, die sich an der Hand halten, gab es von Alonso Sanchez, Coello, Bartolomé Gonzales und Pantoja de la Cruz (oben).

Zwischen 1490 und 1660 starben neun spanische Königinnen oder Infantinnen, darunter zwei Königinnen von Portugal, eine Herzogin von Savoyen und eine Kaiserin, an den Folgen einer Niederkunft oder, wie Elisabeth von Valois, an unsachgemäßer Pflege während einer Schwangerschaft. Von diesen Frauen starben neun vor Erreichen des 36. Lebensjahrs, fünf wurden keine 30 Jahre alt. Manuela von Portugal und Elisabeth von Valois, die erste und die dritte Gemahlin Philipps II., starben mit 18 und 23 Jahren. Margarete, die einzige Gemahlin Philipps III., starb 1611 mit 26 Jahren, nachdem sie acht Kinder geboren hatte. Isabella von Portugal, eine der wenigen, die mit 23 Jahren in einem angemessenen Alter verheiratet wurde, blieb dank der langen Abwesenheit ihres kaiserlichen Ehemannes Karl V. einigermaßen verschont. Sie hatte nur fünf Kinder und eine Fehlgeburt in 13 Jahren Ehe, also Schwangerschaften in maßvollen Abständen, aber auch sie starb an den Folgen einer Totgeburt.

Die meisten, die nicht an den Folgen einer Schwangerschaft starben, verdanken dies entweder sehr früher Witwenschaft, ihrer Unfruchtbarkeit oder der Scheidung. Die echten Ausnahmen kann man an den Fingern einer Hand abzählen: Johanna die Wahnsinnige starb 1555 im Alter von 76 Jahren – sie wurde mit 27 Jahren Witwe, nachdem sie immerhin sechs Kinder geboren hatte; Maria, die Schwester Philipps II., brachte 15 Kinder auf die Welt und lebte 75 Jahre; von den beiden Gemahlinnen Philipps IV. starb Elisabeth von Bourbon mit 41 Jahren an einer Wundrose, Maria-Anna von Österreich überlebte ihren Mann.

Den unglücklichen Königinnen gelang es oft nicht einmal, ihre Mission zu erfüllen, weil ihre Kinder überwiegend schon in zartem Alter starben. Nur drei der insgesamt zwölf legitimen Kinder Philipps IV. wurden 20 Jahre alt, darunter Karl II., der trübselige Nachfolger, und die Kaiserin Margarete Maria, die schon mit 22 Jahren starb.

Oft kamen die jungen Königinnen während einer schwierigen Schwangerschaft nur knapp mit dem Leben davon. Elisabeth von Valois war 1564 mit 18 Jahren dem Tode nahe, weil sie bei einer Fehlgeburt falsch behandelt wurde. Als Maria Anna von Österreich 1651 im Alter von 16 Jahren ihr erstes Kind zur Welt brachte, war sie vier Stunden lang ohne Bewusstsein. Der König bekannte: „Ich glaubte, sie stirbt in meinen Armen." War er sich wirklich der Gefahr bewusst, in die er dieses junge Mädchen gebracht hatte? Man könnte es fast glauben, denn Maria Anna wurde erst nach fünf Jahren wieder schwanger. Aber des Königs Korrespondenz lässt das Gegenteil vermuten. Er machte sich zwar schwere Vorwürfe wegen seiner zahllosen außerehelichen Affären, aber er hatte offenbar keine Ahnung, wie sich die Ausübung ehelicher Gewalt bei dieser kaum erwachsenen Frau auswirken könnte. Beruhte sein Verständnis auf Staatsraison? In diesem Zusammenhang ist tatsächlich weder von Theologen noch von Medizinern eine Bemerkung überliefert, auch nicht von den Müttern, die ihre Töchter zur Duldsamkeit anhielten. Der gesellschaftliche Konsens schloss alle Individuen ein.

Die Aufmerksamkeit, welche die Könige der ersten Monatsregel ihrer jungen Gemahlinnen schenkten, erhöhte sich noch bei den Infantinnen; zeitgenössischen Zeugnissen zufolge darf man annehmen, dass sich mit Beginn der Pubertät der Heiratsschacher beschleunigte, nachdem er schon in der Kindheit begonnen hatte. In den Briefen an die Gräfin von Paredes vermeldet Philipp IV. den Beginn der Pubertät bei der Infantin Maria-Theresia, und Joaquín Perez Villanueva bemerkte ganz zu Recht, dass sie nun „in den Heiratsmarkt zwischen den Königshäusern einzog"; daher auch die zahlreichen Porträts der Infantin, die Velázquez zwischen 1651 und 1653 malte.

TRAGBARE ORGEL
Wer auf sich hielt, besaß ein solches Instrument, für das im 17. Jh. meisterhafte Stücke geschrieben wurden, u. a. von Antonio Cabezón, Pablo Bruna und dem Valencianer Cabanilles.

Trotz allem ist die Zuneigung, ja sogar Liebe dieser Könige für ihre Frauen nicht zu übersehen. Häufig waren sie bei den Geburten anwesend, so Karl V. bei der Geburt des späteren Philipp II. im Jahr 1527 in Valladolid. Er stand Isabella bei, während sie das Zimmer abdunkeln ließ, damit ihr schmerzverzerrtes Gesicht nicht zu sehen war. Ebenfalls in Valladolid, aber im Jahr 1601, stand Philipp III. bleich am Bett Margaretes, wischte ihr sorgsam die Schweißperlen vom Gesicht, murmelte zärtliche Worte und überschüttete sie mit Liebkosungen. Philipp IV. hielt Maria-Anna während einer schwierigen Niederkunft in seinen Armen. Philipp II. gab sich allzu gern kühl und gleichmütig, aber er verbarg seine Angst nicht, als die junge Elisabeth 1564 beinahe starb.

Es soll hier betont werden, dass die spanischen Habsburger den Frauen aus königlichem Haus eine überragende Rolle zugestanden. Durch eine besonders sorgfältige Erziehung wurden sie auf ihre Rolle vorbereitet: Johanna die Wahnsinnige und Maria von Ungarn beispielsweise waren umfassend gebildet. Karl V. überließ während seiner Reisen durch Europa seiner Gemahlin Isabella die Regierung in Kastilien, gab ihr genaue Instruktionen und weitgehende Vollmachten. Fünf Mal wurde sie auf diese Weise Stellvertreterin ihres Gemahls, und ihre sehr ausführlichen Briefe zeigen, mit wie viel Sorgfalt sie ihrer Aufgabe nachkam. Maria, die älteste Tochter des kaiserlichen Paares, übernahm gemeinsam mit ihrem Gemahl Maximilian II., dem späteren Kaiser, die Regentschaft in Kastilien, als Karl V. und sein Thronerbe Philipp sich gemeinsam in den Niederlanden aufhielten. Auch Marias Schwester Johanna, zuvor Gemahlin des Königs von Portugal Johann Manuel d'Aviz und schon mit 18 Jahren verwitwet, übernahm zwischen 1554 und 1559 die Regentschaft in Kastilien mit viel Engagement, während der Kaiser in den Niederlanden und Philipp II. in England war.

CAROLUS IMPERATOR
Zwischen 1540 und 1545 wurde das erste offizielle Archiv in Kastilien gegründet. Man beschloss, es in der mittelalterlichen Festung Simancas einzurichten, wo man das für die Söhne Franz' I. gezahlte Lösegeld aufbewahrt hatte. In Simancas befindet sich noch heute das kaiserliche Siegel Karls V. (unten).

Der Beruf des Königs

Der venezianische Gesandte Federigo Badoaro beschrieb den Arbeitsstil Philipps II. im Jahr 1557 wie folgt: „Er arbeitet viel und mitunter zu viel, wenn man seine schwache Konstitution in Betracht zieht. Er liest die Memoranden und Abhandlungen, die man ihm vorlegt, dazu die Eingaben, die ihn aus aller Welt erreichen. Er hört sich sehr aufmerksam alles an, was man ihm vorträgt, aber er blickt die Person nicht an, die gerade mit ihm spricht, sondern hält die Augen gesenkt. […] Er antwortet kurz und präzise auf jeden einzelnen Punkt. […] Beim Lever gewährt er eine Stunde lang Audienzen, auch später nach dem Frühstück noch eine Zeit lang. […] Am Abend, vor dem Diner, lässt er sich von seinem Sekretär Gonzalo Pérez die wichtigen Briefe vorlesen, die gerade eingetroffen sind, und manchmal lässt er sich auch ihren Inhalt referieren. Er nimmt am Staatsrat teil, wenn dieser über wichtige Angelegenheiten berät, und bei jedem noch so geringen Anlass lässt er Berater und Schreiber kommen, häufig auch juristische Berater …" Kurz gesagt, er war ein vielfältig begabter Prinz, der Lobreden verdiente.

Philipp II. verfügte über langjährige politische Erfahrung. Im Jahr 1543, er war noch keine 16 Jahre alt, hatte ihm Karl V. die Regierung der spanischen Königreiche anvertraut, und da mehrere Berater, die er seinem Sohn zur Seite stellte, kurz darauf starben, hielt er selbst durch zahlreiche Briefe ständig Kontakt zu seinem Sohn. Danach arrangierte er für Philipp II. eine Reise durch ganz Europa in wohl überlegten Etappen: Die

Ziele waren Aragonien, Italien, Deutschland und die Niederlande. Zwischen 1551 und 1554 konsolidierte Philipp aufs Neue seine Herrschaft in Kastilien, und danach sammelte er seine Erfahrungen als König in England. Sein Allgemeinwissen war erstaunlich, seine einzige erkennbare Schwäche: mangelhafte Fremdsprachenkenntnisse.

Seit 1559 hielt sich Philipp II. mit Ausnahme der Jahre 1581 bis 1583 ständig in Kastilien auf und etablierte den Regierungsstil des „Königs am Schreibtisch". Sozusagen reglos, „wie die Spinne im Netz, ein Mann der Akten", arbeitete er zusammen mit seinen Sekretären und den Ratsgremien der verschiedenen Königreiche. Er las viel und beschäftigte sich mit allem: mit dem Krieg und mit dem Frieden, mit den Weizenlieferungen und dem Wollhandel, mit Fürstenhochzeiten und Ernennungen von Vizekönigen und Statthaltern. Mit der Zeit wurde das Papier der eigentliche König; es informierte und gab Befehle aus: „Der Strom des Papiers fließt reichlicher als je zuvor." Der ständige Aufenthalt des Königs in Kastilien „begünstigte Gewicht und Umfang einer ortsgebundenen

MÖBEL ZUM MITNEHMEN
Bis sich der Hof 1561 endgültig in Madrid niederließ, zog er mehr oder weniger ständig umher. Aus diesem Grund waren die Möbelstücke tragbar – von der Orgel bis zu dem hier gezeigten Schreibpult Karls V.

Verwaltung, deren Gepäck nun nicht mehr wegen notwendiger Reisen erleichtert werden musste".

Seit der Zeit Philipps II. hatte das Papier große Bedeutung. Als sich Philipp IV. etwas verspätet entschloss, „den Beruf des Königs" zu ergreifen, belauschte und beobachtete er zunächst mithilfe von Informanten die Beratungen seiner *consejos*, „bevor er dort auftauchte und an den Sitzungen teilnahm". Später versuchte er die offiziellen Dokumente „über wichtige Angelegenheiten" abzuändern, und ab 1627 machte er sich auf Druck seines Ministers Olivares daran, die *consultas* (Berichte) über Regierungsfragen oder Ernennungen, die ihm vorgelegt wurden, selbst und ohne Sekretär zu lesen.

Wenn der walisische Historiker Richard Stradling seine Leser vom steigenden Interesse Philipps IV. an der Regierung seiner Königreiche überzeugen will, verweist er darauf, dass der König ein immer besseres Verhältnis zum geschriebenen Wort entwickelte. So hat Philipp IV. vor 1624 nur 9 Prozent der wichtigen Dokumente des Rates für Finanzen selbst zur Kenntnis genommen, danach immerhin 15 Prozent. Seitdem überprüfte er auch fast alle *consultas* (1625 waren es 44 von 50), und die Randnotizen auf den Dokumenten werden zahlreicher, nach 1626 auch persönlicher. Diese Vertrautheit mit den Regierungsakten erlaubte es ihm später auch, in Zusammenarbeit mit Luis de Haro in den Jahren 1643 bis 1665 die Richtung der Politik erfolgreich festzulegen. Er verbrachte 40 Stunden pro Woche in seinem Schreibzimmer und konnte schließlich seinen Willen sogar gegen die Mehrheit im Staatsrat durchsetzen.

Natürlich waren für die Ausübung des königlichen Amtes Auswahl und Unterstützung talentierter Mitarbeiter unabdingbar, dies umso mehr wegen der ungeheuren geographischen Ausdehnung und der Vielfalt des spanischen Weltreichs. Zur Zeit Karls V.

spielten der Kanzler Gattinara und danach Kardinal Granvella und andere die führende Rolle, darunter auch der Herzog von Alba. Unter Philipp II. beschränkte sich der Staatsrat auf rein spanische Angelegenheiten, und diese Arbeitsteilung setzte sich durch. Bis zur Zeit Philipps IV. erlaubte die Praxis der *ad hoc* eingesetzten *juntas* (Kommissionen) dem König oder seinem Bevollmächtigten *(valido)*, zu langsame Entscheidungsprozesse der Regierungsräte zu beschleunigen oder rückgängig zu machen.

Aber zwei der fünf Habsburger Herrscher Spaniens entzogen sich ihrem königlichen Beruf: Karl II. durch erwiesene Unfähigkeit und Philipp III., zweifellos ein Ehrenmann (deshalb auch der schmückende Beiname „der Gute"), durch Schwäche oder Desinteresse. Sein Vater Philipp II. fällte über ihn das vernichtende Urteil: „Gott hat mir so viele Königreiche geschenkt, aber einen Sohn, der sie regieren könnte, hat er mir verweigert." Es genügt schon, den Bericht des Luis Cabrera de Córdoba zu lesen, um festzustellen, dass Philipp III. und Königin Margarete nur von Stadt zu Stadt bummelten und sich auf tausenderlei Art amüsierten; zum Beispiel in Valladolid am 23. März 1602: „Seit Ihre Majestäten von ihrer Reise nach León, Zamora und Toro zurückgekehrt sind, ist an einen neuerlichen Aufbruch vor Ostern nicht zu denken. Es geht ihnen gottlob sehr gut; meistens ergehen sie sich auf den Feldern, denn das Wetter ist schön, und bewundern den Flug der Reiher *(garzas)* und anderer Vögel. Manchmal lassen sie sich auf einer Galeere den Fluss hinauf- und hinunterfahren. Morgens spielt der König mitunter Pelota (baskisches Ballspiel), und auf diese Weise vertreiben sie sich die Zeit."

Fast zwanzig Jahre lang, bis 1618, überließ Philipp III. alle Regierungsgeschäfte seinem Minister Francisco de Sandoval y Rojas, der sehr bald zum Herzog von Lerma erhoben wurde. Durch Erlass von 1612 gab ihm der König sogar Zeichnungsvollmacht. Ganz ähnlich verrät der Stoßseufzer „Todo es mío" („Alles muss ich allein machen") des Don Gaspar de Guzmán, Herzog von Olivares, nach der Thronbesteigung Philipps IV. nur zu deutlich seine Überzeugung, dass er die Macht, den „königlichen Beruf", im wahrsten Sinn des Wortes ausübte. Übereinstimmend haben aber bedeutende Historiker festgestellt, dass Olivares das Verdienst zukommt, den König in seinen Beruf eingeführt und zu seiner Aufgabe befähigt zu haben, sodass Philipp IV. diese Aufgaben schließlich während der zweiten Hälfte seiner Regierungszeit immer besser erfüllen konnte.

FAMILIE GRANVELLE, VATER UND SOHN

Die Herren Nicolas (1484–1550) und Antoine (1517–86) de Granvelle spielten bei Karl V. und Philipp II. eine äußerst wichtige Rolle. Sie kamen aus der Familie Perrenot, einer ursprünglich aus Ornans in der Franche-Comté stammenden Bauernfamilie. Nicolas studierte in Dôle, war als Anwalt in Ornans tätig, heiratete eine Tochter der einflussreichen Kaufmannsfamilie Bonvalot und wurde 1518 zum Gemeinderat in Dôle ernannt. Als der Großkanzler Gattinara auf ihn aufmerksam wurde, begann sein kometenhafter Aufstieg. Er wurde Träger des zweithöchsten Amtes im Staatsrat, 1524 Mitglied im Staatsrat Karls V., nach der Entscheidungsschlacht von Pavia Botschafter in Frankreich und 1540 Siegelbewahrer. Vor allem aber hatte er von 1529 bis zu seinem Tod das Amt des Staatsrats für die nördlichen Gebiete des Weltreichs inne. 1527 erwarb er die Grundherrschaft Granvelle.

Antoine, der älteste Sohn Nicolas', trat nach dem Studium ins Kloster ein und wurde mit 23 Jahren Bischof von Arras. Bei der Eröffnung des Konzils von Trient war er Stellvertreter des Kaisers und handelte auch die Vermählung des Prinzen Philipp mit Maria Tudor aus. Nach der Abdankung Karls V. machte Philipp II. Antoine de Granvelle zum Berater der Statthalterin der Niederlande, Margarete von Parma. Später wurde er Erzbischof von Mecheln und Kardinal. Nach Auseinandersetzungen mit Margarete zog er sich nach Besançon zurück, beteiligte sich aber aktiv an der Gründung der Heiligen Allianz, die später die Osmanen bei Lepanto besiegte. 1571 wurde Antoine de Granvelle Vizekönig in Neapel und 1575 Präsident des Rates von Italien. Auch im portugiesischen Feldzug 1580/81 übte er noch großen Einfluss aus. Die Familie Granvelle hatte im gesamten 16. Jh. die Schirmherrschaft über die Franche-Comté.

Vergnügungen des Königs

Da der König frei über seine Zeit verfügen konnte, war es ihm möglich, täglich, von Sonnenaufgang bis Sonnenuntergang, auf die Jagd zu gehen. Alle spanischen Habsburger waren passionierte Jäger, nur Philipp II. fand in höherem Alter mehr Vergnügen daran, auf der Suche nach schönen Bäumen durch die Wälder zu streifen, als das Wild zu hetzen. Doch die anderen – Karl V. in seinen seltenen Mußestunden, Philipp III. hemmungslos und Philipp IV. mit Vorliebe – machten erbarmungslos Jagd auf Hoch- und Niederwild, Pelztier oder Geflügel, die geschützt vor Wilddieben in den ausgedehnten königlichen Forsten rund um den Prado, den Escorial und Aranjuez, in den Wäldern von Segovia, im Rebollar de Tordesillas oder in den *carvajales* bei Zamora reichlich zu finden waren. Philipp III. schätzte vor allem die Waldgebiete von La Ventosilla nahe Burgos, wo er im Herbst in Gesellschaft einiger großer Grundherren dem Röhren der Hirsche lauschte. Der König bei der Jagd, das war auch der Herrscher zu Pferde, eine populäre Gestalt im Dienst einer typisch spanischen Jagdleidenschaft. Velázquez hat sie in den Porträts Philipps III. und Philipps IV. verewigt.

Die allgemeine Sexualmoral galt nicht für die Könige, die spanischen Habsburger ebenso wenig wie Franz I. oder Heinrich II. von Frankreich, Heinrich VIII. oder Karl II. von England. In der Regel begegneten die spanischen Könige ihren Gemahlinnen mit Respekt oder Sympathie, manchmal sogar Liebe. Aber wenn die Königinnen schließlich schwanger geworden waren und später während ihrer Witwerzeit, beglückten die Könige andere junge Frauen mit ihrer Männlichkeit, und das völlig frei nach Lust und Laune. Doch diese königlichen Amouren betrafen weniger verheiratete Frauen als junge adlige oder bürgerliche Mädchen, ja sogar Schauspielerinnen wie die Calderón, die Mutter des Don Juan José de Austria. Im Hinblick auf Karl V. bemerkte Badoaro: „Überall, wo er sich aufhielt, konnte man beobachten, wie er sich hemmungslos in alle möglichen Liebesabenteuer mit Frauen aus allen Gesellschaftsschichten stürzte." Auch Philipp II. hat die Frauen sehr geliebt, bevor er sich in seinem Kloster-Schloss nur noch dem Gebet widmete. Olivares begleitete den König bei seinen jugendlichen Abenteuern und seinen Incognito-Ausflügen in die einschlägigen Viertel von Madrid.

Über diese königlichen Vergnügungen regte sich offenbar niemand auf, zumal die illegitimen Nachkommen häufig ehrenwerte Persönlichkeiten waren und beachtliche Karrieren durchliefen (allerdings nur die Männer, denn für Frauen war das Kloster die übliche Bestimmung), darunter Fernando Valdès, General der Artillerie und Statthalter von Málaga, und Antonio de San Martín, Bischof von Oviedo und später von Cuenca.

RITTERSPIELE DER ARISTOKRATEN

Im Goldenen Zeitalter Spaniens hatten Ritterspiele bei Festlichkeiten einen hohen Stellenwert. Außer Stierkämpfen wurden Ringelrennen, Stechen und Speerkampfspiele veranstaltet. Anlässe waren oftmals kirchliche Feste, Ereignisse, die mit der königlichen Familie zu tun hatten, oder auch die Anwesenheit eines hohen Gastes. Die Disziplinen Ringelrennen und Stechen wurden in der Regel miteinander verbunden. Im ersten Fall musste der Reiter in scharfem Galopp einen auf einem Pfosten angebrachten Ring mit seiner Lanze herunterholen. Das zweite Spiel war ähnlich, nur war das Ziel eine bewegliche Holzfigur.

Am beliebtesten war das Speerkampfspiel, das als eigene Veranstaltung oder im Wechsel mit Stierkämpfen stattfand. Dabei standen sich – hoch zu Ross – Mannschaften von bis zu acht Adligen gegenüber, die an ihren unterschiedlichen Farben erkennbar waren. Die Reiter warfen ihre Speere gegen die Gegner, die sich mit einem Schild schützten. Sie ritten wie arabische Reiter mit kurzen Steigbügeln. Diese simulierten Kämpfe dienten dem kampfbegeisterten Adel als Ventil, aber auch als Konditionstraining für den Krieg. Besonders bemerkenswert war das Speerkampfspiel, das anlässlich der Geburt Philipps II. in Valladolid stattfand.

Aber die Vergnügungen des Königs konnten durchaus auch zur Steigerung der Zufriedenheit seiner Untertanen beitragen – er veranlasste beispielsweise Volksfeste und allgemeine Belustigungen. Bei großen „Einzügen" und Empfängen, die zu seinen Ehren veranstaltet wurden, bot man große Spektakel in vielfacher Form, so etwa 1517 beim Einzug Karls I. (später Karl V.) in Valladolid. Eine derartig umfangreiche Ansammlung von Prinzen und großen Herren hatte das Volk von Kastilien noch nie gesehen. Sogar Laurent Vital, der mit den als pompös bekannten Festlichkeiten am burgundischen Hof vertraut war, hatte noch nie in seinem Leben an einem so großartigen Einzug eines Prinzen teilgenommen, der „zugleich Geck und Triumphator" war, und zwar weder in Gent, Brüssel, Löwen, Mecheln oder Antwerpen noch in Brügge. Zweifellos kannten sich die Kastilier in „Geschichte, Feuerwerk und dergleichen Neuerungen und guten Erfindungen" weniger aus als die Flamen. Aber in Valladolid warteten mehr als 6000 Reiter mit ihren Pferden sowie ebenso viele Fürsten und Adlige, „reich ausstaffiert und in goldene Stoffe gehüllt, andere in Silbertuch, wieder andere in Seide …"

Jedes festliche Ereignis, das die Monarchie beging, gab dem König Gelegenheit, seine Freude mit seinem Volk zu teilen. Als am 31. Januar 1560 in Guadalajara die Hochzeit Philipps II. mit Elisabeth von Valois gefeiert wurde, waren zwar die Stierkämpfe und das Turnier im Speerwerfen vor dem Infantado-Palast ausschließlich dem Adel vorbehalten, doch das Volk feierte durchaus in großem Umfang mit: Wanderkapellen spielten auf den Straßen für jedermann zum Tanz auf, riesige Tische mit Fleisch und allerlei Süßwaren standen für Männer und Frauen, Junge und Alte aus allen Bevölkerungsschichten bereit, Weinbrunnen sprudelten die ganze Nacht. Von Guadalajara wurde das Fest nach Toledo weitergetragen. Von Toledo aus zog es in eine andere Stadt, und so kam das Fest von einer Stadt zur anderen, quer durch ganz Kastilien bis vor die Tore von Madrid.

Auch die dreifache Heiligsprechung im Jahr 1622 (Ignatius von Loyola, Franz Xaver und Teresa von Ávila) und die großen militärischen Siege von 1625 (Cádiz, Breda, Genua, Bahia, San Juan de Puertorico) waren Anlässe für rauschende Feste im ganzen Volk und an allen Orten des Landes.

Natürlich boten solche Feste auch den passenden Rahmen, um einen Herrscher zu feiern, der in den Rang eines olympischen Gottes oder eines mythischen Helden erhoben wurde. Vor allem die kurzlebigen Riesenmonumente wie die Triumphbögen, deren Bildersprache von den Gelehrten für das einfache Volk entziffert wurde, verherrlichten

WER HERRSCHT, MUSS AUCH ESSEN
Dieser große, fein ziselierte Krug aus Silber und Elfenbein erinnert daran, dass Karl V. Speis' und Trank sehr zugetan war und auch gern Bier trank.

den König und die Königin mit barockem Nachdruck. Zum Empfang der Königin Margarete von Österreich 1649 errichtete der Baumeister und Maler Sebastián Herrera Barnuevo auf dem Prado von Madrid ein gigantisches Monument, den „Mons Parnassus", auf dem die Statuen der Könige und der Dichter aller Zeiten die neue Königin krönten, von der ganz Spanien erwartete, dass sie den ersehnten Thronerben zur Welt bringen würde. Eindrucksvolle Aufbauten begleiteten auch die Trauerzüge der verstorbenen Monarchen. Zur Erbauung der Untertanen wurden darauf die Tugenden und die Heldentaten der Dahingeschiedenen gepriesen, auch wenn die so illustrierten Vorzüge nur in der Phantasie der Künstler existierten. In Murcia scheute sich die Stadtregierung im Jahr 1621 nicht, eine Kolossalstatue Alexanders des Großen aufzurichten, um außer den geistlichen Tugenden Philipps III. auch den militärischen Ruhm des Verstorbenen zu preisen.

JAGDLEIDENSCHAFT DES ADELS
Die ländlichen Gebiete in Spanien waren sehr wildreich. Valsaín und el Pardo waren hervorragende Jagdreviere, in denen man königliche Landhäuser erbaut hatte. Die Jagd war ein beliebtes Thema in der Keramikherstellung, vor allem in der Manufaktur von Talavera.

Ein König auf Reisen: Karl V.

Die Heimat Karls V. war ganz Europa. Sein Vater und eine Großmutter stammten aus Burgund, seine Mutter und die andere Großmutter aus Kastilien, der eine Großvater aus Deutschland, der andere aus Aragonien. Er selbst wurde in Flandern geboren und von einer Tante aufgezogen, die am französischen Hof erzogen worden war. Obwohl Karl V. lebenslang eng mit seinem Geburtsland verbunden war, gehörte er, als er 1519 zum Kaiser gewählt wurde, keiner Nation an. Der Grundgedanke des Imperialismus verbot ihm lange Zeit jegliche „nationalistische" Parteinahme. Erst in seinem politischen Testament nahm er ausdrücklich Abschied von seiner Rolle als „Vater der Völker".

Die Kaiserwahl, Beginn und Ausbreitung der Reformation sowie die Vorstöße der Türken nach Mitteleuropa erzwangen ein ständiges Nomadenleben. Karls Biographen haben einen Katalog seiner ununterbrochenen Reisen erstellt. Im Jahr 1515, kaum erwachsen, unternahm er eine Rundreise durch die Niederlande und ergriff mit seinen „freudigen Einzügen" Besitz von seinem Herrschaftsbereich. Als er 1516 vom Tod seines Großvaters Ferdinand von Aragonien erfuhr, musste er die Niederlande verlassen, um sich die Anerkennung seiner Untertanen auf der Iberischen Halbinsel zu sichern; er reiste nach Valladolid, Saragossa und Barcelona. Dort erfuhr er vom Tod seines anderen Großvaters Kaiser Maximilian. Die Kaiserwahl im Juni 1519 erforderte seine Rückreise nach Deutschland; er schiffte sich am 20. Mai 1520 in La Coruña ein, machte Zwischenstation in Dover und reiste über Brüssel nach Aachen zur Krönung als gewählter Kaiser, darauf nach Worms, wo der Reichstag höchst beunruhigt, leidenschaftlich und gespalten durch die gewaltigen Blitzschläge Luthers hitzige Debatten führte (Januar bis Mai 1521). Zur gleichen Zeit erfuhr Karl, dass der Aufstand der *comunidades* seine Macht in Kastilien zu unterhöhlen drohte, und bald danach, dass die Franzosen in Navarra einmarschiert waren. Er reiste zurück über Flandern nach Dover, setzte dort über, um mit Heinrich VIII. in London ein Bündnis zu schließen, reiste von dort zur Küste nach Southampton, um sich am 7. Juli 1522 nach Santander einzuschiffen.

Dieser hektische Beginn seiner Regierung war charakteristisch für das ganze weitere Leben des Kaisers. Zunächst blieb er allerdings knapp sieben Jahre in Kastilien (1522–29) – jene Zeit, in der er seine Macht konsolidieren, Spanisch lernen, Isabella von Portugal heiraten, sich eine Hochzeitsreise nach Granada gönnen und die Geburt seines ersten Sohns Philipp erleben sollte. Aber ab 1529 folgten Reisen in immer kürzeren Abständen: Barcelona, Genua, Bologna, um die Kaiserkrone aus den Händen des Papstes Clemens VII. entgegenzunehmen, danach Innsbruck, Augsburg; Rückkehr nach Italien, quer über Frankreich nach Gent, um die Aufständischen zu maßregeln (1540).

Dieser Reisende führte auch Kriege, insbesondere seit 1532. Er eilte Wien zu Hilfe, das von den Türken belagert war, leitete den Feldzug in die Provence und die Eroberung von Tunis, nahm an der glücklosen Expedition von Algier teil, besiegte bei Mühlberg die protestantischen Fürsten und versuchte trotz heftiger Gichtanfälle, Metz zurückzuerobern, und setzte schließlich 1554 den Krieg im Hennegau fort. Der französische Schriftsteller Brantôme hat diese kriegerischen Unternehmungen beschrieben: „Man betrachte also, wie schwerfällig sich dieser Kaiser beim Tanz des Mars bewegte, aber er hielt sich so tapfer über einen Zeitraum von zwanzig Jahren, dass er schließlich zu den besten Tänzern auf dem Fest der Bellona gerechnet wurde, zumal sie einen großen Ball für ihn ausrichtete; und wenn er nicht von der berüchtigten Gicht so geplagt worden wäre, hätte er noch mehr von sich reden gemacht. Sogar in der Schlacht und beim Treffen von Ranty, wo er sich […] tragen ließ, war er noch nicht trunken genug von Ehrgeiz, der ihn so durstig machte."

Die Künstler haben Karl V. als Krieger und Ritter in Lederrüstung verewigt, als den Herrscher, der dreimal dem französischen Gegner Franz I. in einem einzigartigen Zweikampf trotzte. So malte ihn unter anderem Tizian. Diese Militarisierung der bildlichen Darstellung bezieht sich auf das Ende der Regierungszeit Karls V., als die Bedrohung der Niederlande durch die Franzosen, der Verrat des Kurfürsten Moritz von Sachsen und gleichzeitig die gestiegenen spanischen Territorialansprüche alle Anstrengungen der Diplomatie und das Einvernehmen zwischen den christlichen Fürsten zunichte machten.

Der Kaiser war wegen der Reisen gezwungen, seine Machtbefugnisse zu delegieren. So gab er in seinen Augsburger Instruktionen, die er 1548 an seinen Sohn Philipp richtete, folgenden Rat: „Du kannst nicht überall sein. Ernenne fähige Vizekönige und überwache sie so, dass sie deine Anweisungen nicht übertreten, die du ihnen zukommen lässt …" Obwohl Karl V. allmählich in Spanien heimisch wurde, bewahrte er den multinationalen Charakter seiner Herrschaft über das Reich. Die Mitglieder des Kronrates, die Feldherren und die Vizekönige stammten aus Flandern oder aus der Freigrafschaft Burgund, Italien, Aragonien, Kastilien. Als er in Brüssel abdankte und Titel, Machtbefugnisse und Königreiche zwischen seinem Bruder Ferdinand und seinem Sohn Philipp aufteilte, bedeutete dies den Abschied von einer europäischen Monarchie.

CÄSAR ALS TRIUMPHATOR
Leone Leoni ist der Schöpfer dieses Bronzereliefs, das Antoine Perrenot de Granvelle 1549 bei ihm in Auftrag gegeben hatte. Es stellt Karl V. als neuen, lorbeerbekränzten Cäsar dar.

53

Etwa 50 km nordwestlich von Madrid erhebt sich in 1000 m Höhe am Hang der Sierra de Guadarrama die klösterliche Königsresidenz San Lorenzo el Escorial, ein kubischer Gebäudekomplex in klassischem Stil und von geometrischer Strenge. Die Namen des Bauwerks gehen zum einen auf den Wunsch des Auftraggebers Philipp II. zurück, der des Sieges über die Franzosen am 10. August 1557, dem Laurentiustag, gedenken wollte, zum anderen auf eine Gießerei in der Nähe des Weilers, wo der Escorial errichtet wurde. Das spanische Wort escorial bedeutet „Schlackenberge". Außerdem ist die Grundrissform ein Hinweis auf den Rost, auf dem Laurentius gemartert wurde.

Vorhalle mit der Statue ❶
des hl. Laurentius und
den königlichen Wappen
Bibliothek ❷
Kolleghöfe ❸
Palast ❹
Hauptkirche ❺
Hochaltarretabel ❻
von Giacomo Trezzo
Palast mit Arkadenhof ❼
Thronsaal ❽
Kapelle Philipps II. ❾
Gemach Philipps II. ❿
Königliche Gemächer ⓫
Pantheon der Könige ⓬
Sakristei ⓭
Brunnen der Evangelisten ⓮
Großes Treppenhaus ⓯
Kloster ⓰
Refektorium ⓱
Atrium (Patio de los Reyes) ⓲

Der Escorial

N

Kastilien im Zentrum des Weltreichs

PALAST VON BUEN RETIRO
*Diese Ansicht der Palast-
anlage von Buen Retiro in
Madrid wird Jusepe Leo-
nardo zugeschrieben, einem
der Maler, die an der Ausschmückung des Palastes
beteiligt waren. Der weit-
läufige Komplex mit Garten
und Park war mit zahlrei-
chen Kapellen ausgestattet.
Die Bauarbeiten begannen
1632 und machten unter
der ständigen Aufsicht des
Herzogs von Olivares sehr
schnell Fortschritte.*

Philipp II. brach nicht nur mit den Gewohnheiten seines Vaters, dem die politischen und religiösen Verhältnisse und die Mentalität des Kaisers und Ritters aufgezwungen wurden; er brach auch mit dem Regierungsstil seiner Großeltern: „Die Katholischen Könige waren unaufhörlich durch ihre Königreiche gereist [...]. Die Völker glaubten an die charismatische Gegenwart der königlichen Personen, und der Adel erwartete persönliche Vorteile vom Umgang mit ihnen."

Philipp II. kehrte 1556 nach Spanien zurück und reiste nur noch innerhalb der Iberischen Halbinsel. Er etablierte den modernen Staat, das heißt, er wählte eine Hauptstadt, wo sich die Organe des Staatsapparats mit ihren Schreibstuben und Archiven dauerhaft ansiedelten. Denn die Macht stützte sich auf die Erinnerung des Papiers, auf die zahlreichen Paläste und Herrschaftshäuser, in denen Höflinge, hohe Beamte und ausländische Botschafter untergebracht wurden, und auf ein dichtes Netz königlicher Residenzen.

Zur Zeit Karls V. spielten Valladolid und Toledo, wo sich die vom Kaiser ernannten Regenten abwechselnd aufhielten, die Rolle als Verwaltungszentren und Residenzstädte im Kleinen. Dennoch wählte Philipp II. im Jahr 1561 Madrid als Residenz, damals noch eine kleine Stadt mit 20 000 Einwohnern. Sie hatte ein gesundes Klima, viel Raum für neue Bauten, gute Straßenverbindungen und war dem Einfluss des Hochadels entzogen.

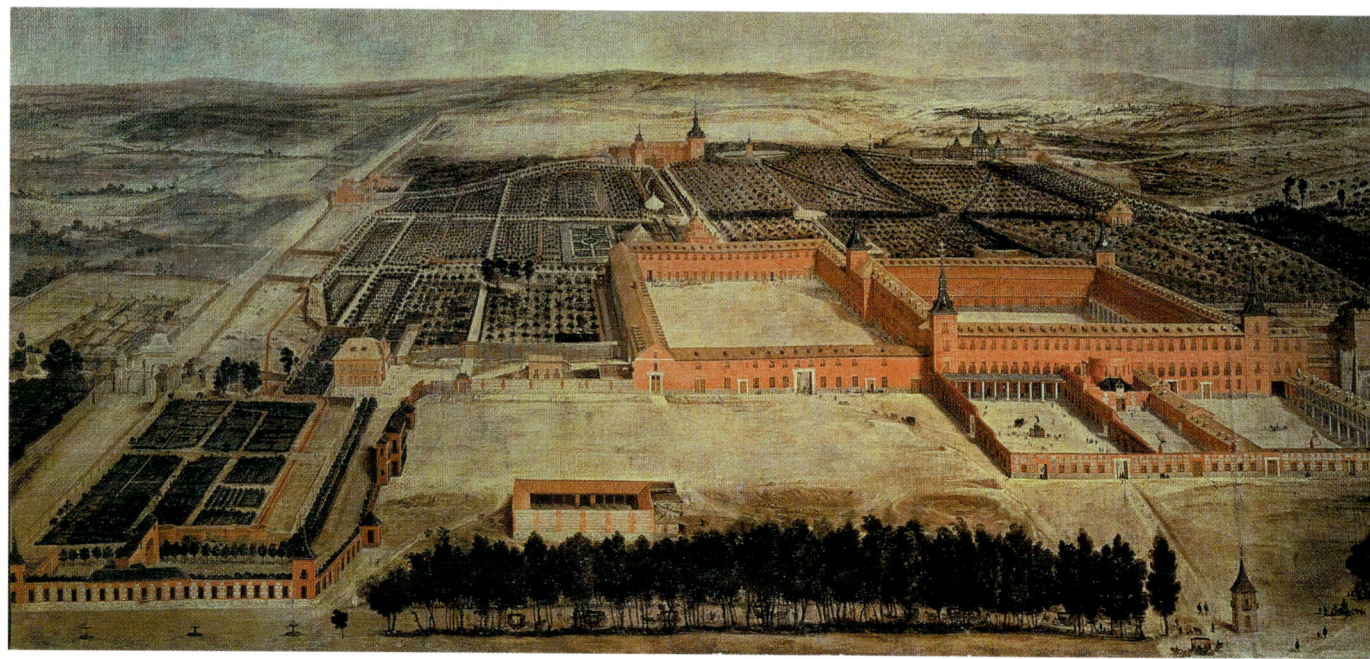

Der alte Alcázar war nach den Anweisungen Karls V. von 1536 unter der Leitung von Alonso de Covarrubias ausgestaltet und vergrößert worden; Philipp II. konnte sich 1561 einen ganz neuen Wohntrakt, die Torre Dorada, darin errichten lassen. Im Jahr 1543 hatte Karl V. den Bau des kleinen Palais Pardo betrieben, das über ein Jagdgebiet mit reichem Wildbestand verfügte. Der Pardo wurde in den Jahren nach 1560 fertig gestellt, zur selben Zeit, als Philipp II. sein ganz großes Werk in Angriff nahm: San Lorenzo, genannt der Escorial. Mit dem Bau wurde im Jahr 1542 begonnen; in Zeiten des Hochbetriebs waren bis zu 3000 Arbeiter beschäftigt, und erst nach über 20 Jahren war das Schloss fertig.

Durch die starke Expansion Madrids in den drei ersten Jahrzehnten des 17. Jh. wurde ein weiteres großes königliches Bauprojekt angeregt: das Lustschloss Buen Retiro, umgeben von Gärten und Wasserspielen, ein Ort, an dem sich die Phantasien der Städtebauer, Zeremonienmeister und der Verantwortlichen für die Feste bündelten. Darüber hinaus besaßen der König und der Hof noch das Schloss in Aranjuez. Karl V. war bei einem Be-

such in der prachtvollen Residenz der Herzöge von Mantua in Marmirolo so begeistert, dass er Aranjuez nach denselben Plänen bauen ließ. Philipp II. verschönerte es noch, indem er lange schattige Alleen und Gärten mit hoch aufschießenden Fontänen anlegen ließ. Nun war das Ensemble der *Sitios Reales* in Madrid und Umgebung der Hauptstadt eines Weltreiches angemessen. Philipp II. richtete in Kastilien mit Konsequenz und Beharrlichkeit den Regierungsapparat für die spanischen Monarchien ein.

Seinen politischen Ausdruck fand dieser Regierungsapparat in der Kompetenzverteilung auf zahlreiche Gremien. Der Kastilienrat war schon 1385 gegründet und von den Katholischen Königen gründlich reformiert worden. In der Folgezeit schufen sie den Rat für Aragonien, den Inquisitionsrat, den Rat für die Militärorden und den Kreuzzugsrat. Karl V. berief 1521 den Staatsrat; durch die Ordonnanzen von 1523 entstand ein Rat für Finanzen. Die Zusammensetzung und die politische Rolle dieses Gremiums gaben ständig Anlass zu Streitigkeiten. Schließlich wurde 1524 der Indienrat offiziell eingerichtet, erhielt aber erst 1542 seine spezifischen Kompetenzen. Im Jahr 1525 entstand noch der Rat für Navarra.

Philipp II. und seine Mitarbeiter reformierten die Räte von Grund auf. Um sie in moderne Verwaltungsbehörden umzuwandeln, unterzogen sie die Räte regelmäßigen Leistungskontrollen, „Visiten" genannt; so erhielt der Rat für Finanzen 1593 eine Rechtsprechung und einen Präsidenten, und der Kastilienrat wurde 1598 in zwei Kammern (*salas*) aufgeteilt, um die Bearbeitung der Angelegenheiten zu beschleunigen. Philipp II. vervollständigte das Arsenal der Ratsgremien, um den politischen Verhältnissen Rechnung zu tragen; der Italienrat wurde 1556 bis 1559 aufgebaut und nach einer langwierigen Visite 1579 reformiert. Der Rat für Portugal wurde eingerichtet, als Philipp II. als König von Portugal anerkannt war. Der Flandernrat erhielt nach langjährigem Schattendasein erst 1588 umfassende Handlungsvollmachten; der Kriegsrat war für lange Zeit nur ein Ausschuss des Staatsrats und wurde erst 1586 autonom.

Dieses Ratssystem entwickelte sich zu einem Regierungsapparat von 13 Räten, deren Aufgaben nach zwei Gesichtspunkten definiert waren – dem geographischen, damit den Besonderheiten der einzelnen Reichsteile Rechnung getragen war, und dem thematischen, damit politische, militärische, finanzielle und religiöse Belange koordiniert werden konnten. Trotz der unterschiedlichen Entstehungszeit bildeten diese Räte ein geschlossenes System, denn sie arbeiteten nicht wie voneinander isolierte Einheiten mit unterschiedlicher Struktur. Der institutionelle Aufbau jedes einzelnen Gremiums folgte im Wesentlichen vielmehr einem einheitlichen Modell; außerdem gehörten die Mitglieder eines Rates häufig auch einem anderen Rat an. Der größte Rat, der Kastilienrat, bestand 1555 aus einem Präsidenten, 13 Ratsmitgliedern und zwei *procuradores* (Bevollmächtigten).

DER ESCORIAL BEHERRSCHT DIE LANDSCHAFT
Überragt wird die klösterliche Königsresidenz von der Kirche, deren Türme sich 73 m hoch in den Himmel erheben, und von der Kuppel, die in 95 m Höhe von einer Pyramide mit einem eisernen Kreuz gekrönt ist.

Philipp II. nahm nicht an den Sitzungen der Räte teil, auch nicht im Staatsrat, obwohl er der rechtmäßige Präsident war. Aber der Sekretär des Staatsrats war zugleich „Staatssekretär" und garantierte eine enge Verbindung zwischen Herrscher und Rat. Obwohl der Sekretär in diesem Gremium nur einen untergeordneten Rang hatte, nahm er in seiner Rolle als Sprecher des Königs innerhalb des Rates eine herausragende Position ein. Nach Untersuchungen verschiedener Forscher waren die Sekretäre um die Mitte des 16. Jh. die bekanntesten Persönlichkeiten im Staatsapparat. Ihre Macht und ihr Einfluss beruhten auf einer unbezweifelten Professionalität; fast alle erhielten ihre Ausbildung im Umgang mit ihren Vorgängern im Amt oder nach deren Anweisungen.

Die Sekretäre bewältigten eine ungeheure Arbeitslast. Neben ihrer Vermittlerrolle zwischen König und Ratsgremium waren sie für die Korrespondenz zuständig. Sie nahmen sämtliche Briefe und Depeschen zur Kenntnis, die aus allen Teilen des Weltreichs eintrafen. Nachdem die Texte von Spezialisten dechiffriert waren, lasen die Sekretäre jeden einzelnen genau, fassten das Wesentliche daraus zusammen, formulierten eine Einschätzung, bevor sie alles dem König vorlegten, der entweder zustimmte oder korrigierte. Die mündlichen Unterredungen (*a boca* genannt) zwischen dem König und den Sekretären waren von großer Wichtigkeit. Aufgrund ihrer Position überschütteten die spanischen Granden die Staatssekretäre mit Liebenswürdigkeiten und Zuvorkommenheit.

Das offenkundige Desinteresse Philipps III. an den „Angelegenheiten" seiner Königreiche förderte und beschleunigte die Entwicklung des Systems und den Vormarsch der *validos* (Günstlinge). Aber es wäre oberflächlich, den Erfolg dieses Systems nur mit der Unfähigkeit der Herrscher zu erklären. Die fast ununterbrochene Kontinuität (1598–1679) dieses Regierungsstils betraf drei Herrscher und sechs *validos*: nacheinander Lerma, Uceda, Olivares, Haro, Nithard und Valenzuela. Francisco Tomás y Valiente hat festgestellt, dass alle sechs den Erfordernissen ihrer Funktion entsprachen; sie genossen persönliche Freundschaft und griffen direkt in die Regierung des Königreichs ein.

Zu Beginn des 17. Jh. hielt in Spanien trotz gelegentlicher Unmutsäußerungen die Idee vom absoluten Königtum von Gottes Gnaden Einzug. Im Jahr 1600 bemerkte Martín Gonzáles de Cellorigo, sonst ein kritischer Kopf und kühner Neuerer, trotz allem: „Alle Fürsten und Könige, wer sie auch seien, dürfen von ihren Untertanen nicht angetastet wer-

DER UNAUFHALTSAME AUFSTIEG DES HERZOGS VON LERMA

Als Mitglied einer Familie des spanischen Hochadels, die mit wirtschaftlichen Schwierigkeiten zu kämpfen hatte, absolvierte Francisco de Sandoval y Rojas (1553–1625) seine gesamte Laufbahn am königlichen Hof. 1575 wurde er Marquis von Denia und entwickelte sich um 1580 zu einem einflussreichen Höfling. Zunächst war er als Kammerjunker des Königs tätig. 1585 trat er dem Hofstaat des Infanten Philipp bei, über den er rasch Einfluss gewann. Nachdem er 1595 den Hof verlassen hatte und Vizekönig von Valencia geworden war, kehrte er 1597 als Oberstallmeister des Prinzen nach Madrid zurück. Beträchtliche Macht erhielt der Marquis, der 1599 der erste Herzog von Lerma wurde, mit der Thronbesteigung Philipps III. Als *valido* (Günstling) schaltete er alle seine Gegner aus, förderte Eheschließungen zwischen Mitgliedern seiner Familie und Personen von edler Abstammung und häufte ungeheure Reichtümer an.

20 Jahre lang wurden alle wichtigen Entscheidungen von seinem Rat beeinflusst. Er bewegte Philipp III. dazu, den Hof 1601–06 nach Valladolid zu verlegen. Die von ihm eingeleitete Friedenspolitik führte zum zwölfjährigen Waffenstillstand mit den Vereinigten Niederlanden. Auch sprach er sich entschieden für die Vertreibung der Morisken im Jahr 1609 aus. Die Ratsgremien der Regierung wurden kaum noch um Rat gefragt. 1612 erhielt Lerma sogar die Unterzeichnungsvollmacht. Allmählich aber schwand seine Macht. Bereits 1606 und 1607 wurden zwei seiner Angehörigen der Korruption beschuldigt und verhaftet. Der Widerstand formierte sich um seinen eigenen Sohn, den Herzog von Uceda. Lerma wurde zum Kardinal von San Sixto ernannt, und durch dieses Amt musste er auf alle Ämter am Hof verzichten. 1618 fiel er in Ungnade. Er suchte Zuflucht auf seinen Ländereien in Lerma, wo er Jahre später starb.

den, weil sie geheiligt und von Gott gesandt sind [...]. Wie berechtigt die Beschwerden gegen sie auch sein mögen, sie können nicht zulassen, dass der Untertan die Augen zu seinem König aufschlägt oder seine Stimme gegen ihn erhebt."

Ein Beauftragter des Königs, der mit oder ohne Titel die Rolle des Ersten Ministers übernahm, wurde zur öffentlichen Notwendigkeit, als in dieser Epoche eine Wirtschaftskrise auf die andere folgte, als die fortschreitende Inflation die Rückkehr zum Kupfer-

geld erzwang, die ersten militärischen Niederlagen zu verkraften waren, die allgemeine Unzufriedenheit wuchs und gelegentlich sogar die Opposition radikaler wurde. Er diente als Zielscheibe oder wenigstens als „Sicherung". Mindestens zweimal vor 1665 und noch zweimal unter Karl II. gestalteten sich die Verhältnisse im Land nach dem Prinzip: „Es lebe der König, nieder mit der schlechten Regierung." Der *valido* war zunächst die „nicht sakralisierte Instanz menschlicher Herrschaft". Er bot ferner die Möglichkeit, die schlechte Regierung zu personalisieren, während es schwierig war, die Ratgeber verantwortlich zu machen, gleichsam anonyme Kollektive, deren Zuständigkeiten unklar waren: 1618 war der Herzog von Lerma der Sündenbock, 1643 der Graf-Herzog von Olivares, 1669 Nithard, 1678 Valenzuela.

Die Aristokratie gewann im 17. Jh. wieder an Einfluss. Karl V. und Philipp II. hatten die spanischen Granden zugunsten der *letrados* in den Ratsgremien und der Staatssekretäre aus der Politik verdrängt, und sie mussten sich mit Gesandtschaftsposten und Vizekönigtümern zufrieden geben. Auf dem Umweg über den *valido* errangen sie einen Teil ihrer Macht zurück; die ersten vier *validos* gehörten dem Hochadel an. Tomás y Valiente bemerkt: „Der Adel begnügte sich nicht damit, neben dem Klerus die beherr-

schende Gesellschaftsschicht zu sein. Es gelang ihm, sich in eine herausragende Fraktion der Führungsschicht zu verwandeln." Es war nicht so entscheidend, dass sich bei der Eroberung der *valimiento* (Günstlingsstellung) zwei große Adelsfamilien gegenüberstanden: Sandoval (Lerma, Uceda) und Gúzman-Zuñiga (Olivares, Haro) denn die *validos* kehrten später innerhalb des Hochadels in wichtige politische Ämter zurück. Nithard und Valenzuela wurden deshalb abgelehnt, weil sie nicht dem Hochadel angehörten.

Natürlich ist damit noch nicht alles gesagt. Wer den *valimiento* anstrebte, war nicht durch eine Opferhaltung motiviert, hatte nicht das geringste Bedürfnis, den Hass seiner Zeitgenossen auf sich zu ziehen. Wenn auch die Absichten Lermas reichlich unehrenhaft waren (Vetternwirtschaft, persönliche Bereicherung, Verteilung von Gunstbezeigungen des Königs), so hat er immerhin das Verdienst, eine Friedenspolitik betrieben zu haben, die Spanien so dringend brauchte. Olivares' Absichten reichten höher, weil die Struktur der Monarchie verändert werden musste. Er war nicht habgierig in dem Sinn, dass er den König drängte, besondere Vergünstigungen zu verteilen. Da er sich so viel Mühe gab,

MACHTMENSCH
Von dem Conde-Duque de Olivares fertigte Velázquez mehrere Bilder an. Dieses Porträt (Detail) von 1624 ist das erste, auf dem der Günstling von vorn gesehen dargestellt ist. Er trägt den Schlüssel des Haushofmeisters, Sporen und Reitgerte sowie das Kreuz des Ritterordens von Calatrava auf seiner breiten Brust.

den König zum Arbeiten zu bewegen, richtete er eine Art Arbeitsteilung zwischen dem König und sich selbst ein. Außerdem war er bestrebt, die Gerichtsverfahren mithilfe von *juntas ad hoc* (Sonderkommissionen) zu beschleunigen. Die *Junta de Estado*, die in Olivares' Privaträumen beriet, könnte als Modell für diese Einrichtung gedient haben. Sie hatte den Auftrag, die Entscheidungen des Staatsrats zu beeinflussen und zu beschleunigen.

Der abwesende König

Philipp II. war mehr als zwei Jahre lang nicht in seinem von ihm gewählten Königreich Kastilien anwesend. Von Dezember 1580 bis März 1583 residierte er in Lissabon. Möglicherweise plante er, aus Lissabon die Hauptstadt einer Universalmonarchie zu machen, die Europa, Afrika, Amerika und Asien umfassen sollte. Aber vor allem wollte er eine brüchige Machtstellung konsolidieren, die von einem überwiegenden Teil der portugiesischen Bevölkerung infrage gestellt wurde.

In den übrigen Königreichen war die Abwesenheit des Königs seit dieser Zeit strukturbedingt. So mussten stellvertretende Gremien der königlichen Macht aufgebaut werden, um Autorität und Leistungsfähigkeit durchzusetzen.

Die Könige waren überall sorgfältig darauf bedacht, mit den Repräsentanten ihrer Untertanen im jeweiligen Königreich zusammenzutreffen. Sie beriefen die Cortes von Katalonien, Aragonien und Valencia ein, die ihre Abgeordneten in drei oder vier *brazos* (Stände) aufgeteilt hatten, nur Aragonien hatte zwei Adelsstände. Die Cortes boten dem König die Gelegenheit, Geistliche, den Adel und Abgeordnete der Städte jedes Königreichs zu treffen, 21 Städte in Aragonien, 32 in Katalonien, im Königreich Valencia nur die Stadt Valencia selbst.

Die Cortes hatten weit reichende Kompetenzen. Aber sie wurden im Lauf der Zeit immer seltener einberufen. Karl V. hat die Cortes sechsmal einberufen, wobei er oder sein Sohn zugegen war; Philipp II. ließ sie nur zweimal tagen, 1564 und 1585, Philipp III. einmal, 1599, und Philipp IV. zweimal, 1625 und 1632.

Der Widerwillen, die Cortes einzuberufen, hat sicher mit dem kämpferischen Charakter der Versammlungen zu tun, vor allem in Katalonien. Sie verweigerten regelmäßig vom König beanspruchte „Dienste" und brachten zahllose Forderungen vor. Seit Philipp II. zogen es die Könige offenbar vor, sich auf eine indirekte Regierung durch die Vizekönige zu verlegen, deren Aufgabe es war, mit den einzelnen Institutionen der Königreiche zu verhandeln. Die Cortes von Navarra traten alle drei Jahre in Abwesenheit des Königs zusammen.

Nach der Abdankung Karls V. und der langen Abwesenheit Philipps II. in Lissabon verließen die Könige Kastilien nicht mehr, zumal die Cortes ihren Versammlungsort in den Königreichen von Aragonien immer wieder verlegten. Sie besuchten niemals die Balearen, Sizilien oder Sardinien, Neapel oder Mailand. Eine Reise Philipps II. in die Niederlande wurde mehrfach geplant, fand aber nicht statt. Eine Überfahrt nach Neuspanien oder sogar Peru verbot sich wegen der riesigen Entfernungen und der Gefahren ei-

STÄNDEVERSAMMLUNG
Die Versammlung von Vertretern der königlichen Städte wird hier von Vincent Mestre, einem Maler aus Valencia, dargestellt.

nes solchen Unternehmens. Die Regierungsgeschäfte wurden Stellvertretern übertragen. Dabei musste man allerdings die einheimischen Institutionen und Traditionen jedes Königreichs beachten, die sich von denen Kastiliens stark unterschieden.

Die Vizekönige oder die Statthalter (in den Niederlanden und in Mailand) standen an der Spitze der Regierung und der Verwaltung der einzelnen Territorien und verfügten über eine unabhängige Rechtsprechung in Zivil- und in Strafsachen. In den Königreichen galten sie als die außerordentlichen Repräsentanten des abwesenden Königs, als dessen „Alter Ego", weil sie „über die Herrschergewalt verfügten, die nicht den Gesetzen unterworfen ist". Außerdem besaßen sie umfassende Vollmachten im militärischen Bereich und trugen vor allem im 16. Jh. den Titel „Vizekönig Generalkapitän". Als oberste Gerichtsherren hatten sie den Vorsitz in den Audiencias.

Ihre Machtfülle war also ungeheuer groß. Trotz allem betrachtete die Krone sie eher als ausführende Organe und begrenzte ihre Initiativen. Sie mussten sich ständig um die Zustimmung des Hofes und der Cortes bemühen, sogar von den fernen amerikanischen Territorien aus. Darüber hinaus war ihre Amtszeit grundsätzlich auf drei, häufiger auf fünf oder sechs Jahre beschränkt, um einen möglichen Machtmissbrauch zu unterbinden. Nur bei ungewöhnlichen Erfolgen und absoluter Loyalität des Amtsträgers konnte das Mandat verlängert werden, so etwa bei Pedro de Toledo in Neapel, ein Einzelfall mit einer Amtszeit von über 20 Jahren (1532–53). Der Italiener Ferrante Gonzaga wirkte mehr als 10 Jahre in Palermo (1535–46), wie auch der Graf von Ságasto, ein Aragonier, in Saragossa (1576–88) oder der Erzbischof Don Fernando de Aragon y Gurrea, ein Nachkomme Ferdinands des Katholischen, der neun Jahre (1566–75) im Amt blieb. In Valencia behielt der Marquis von Caracena dank seiner Erfolge im Kampf gegen das gefährliche Räuberunwesen neun Jahre lang sein Mandat (1606–15). Karl V. genehmigte seinen Vizekönigen offenbar längere Amtszeiten, als dies seine Nachfolger taten. Andererseits misstrauten Lerma und Olivares Amtsträgern, die aus gleichem oder höherem Adel stammten wie sie selbst und ihnen nicht den nötigen Respekt als unantastbare Personen entgegenbrachten. Während ihrer Zeit als Günstlinge des Königs wurde der dritte Herzog von Osuna, Pedro Girón, genannt „der Große", zunächst Vizekönig von Sizilien (1610–15), danach von Neapel (1615–20). Er war ein starker Charakter mit ungeheurem Ehrgeiz, der sich wenig um die Anweisungen des Hofes kümmerte und seine eigene Politik betrieb. Im Jahr 1621 wurde er wegen Anzettelung eines Komplotts mit der Hilfe Venedigs angeklagt und starb 1624 im Gefängnis.

Die Ernennungen der Vizekönige im Lauf der Jahrzehnte zeigen auch, wie die Monarchie zunehmend hispanisiert wurde. Karl V. hatte noch ausgesprochen persönliche Vorlieben bei der Wahl der Personen bewiesen: In Neapel gehörte einer der Vizekönige zu seinen ehemaligen Gefährten am Hof von Burgund, Charles de Lannoy, siegreicher Feldherr von Pavia. Als dessen Nachfolger bestimmte er einen anderen bedeutenden Feldherrn: Hugo de Moncada, Repräsentant einer katalanisch-aragonesischen Adelsdynastie, danach den italienischen Kardinal Colonna. Die ersten drei Statthalter des Herzogtums Mailand waren Italiener: Kardinal Carraccioli, der Marquis del Vasto und der Fürst Gonzaga. Aber seit der Regierungszeit Philipps II. machte sich der spanische, insbesondere kastilische Vorrang bemerkbar, und das so deutlich, dass sogar für Katalonien Vizekönige aus dem kastilischen Hochadel vom König ernannt wurden: Manrique de Lara, Álvarez de Toledo, Hurtado de Mendoza. In Valencia stammten die Vizekönige bis zur Mitte des 16. Jh. aus den Ländern der Krone Aragonien. In der Folgezeit erhielt der kastilische Hochadel die meisten Mandate, und die Vertreter der vornehmsten Familien folgten einander im Amt. Den Aragoniern, die „ausländische Vizekönige" scharf ablehnten, gelang es fast im gesamten 16. Jh., Vizekönige aus dem eigenen Land zu stellen, mit zwei Ausnahmen. Im 17. Jh. teilten sich Kastilier, Katalanen, Valencier und sogar Italiener die Mandate. Die großen aragonesischen Adelsfamilien tauchen erst unter Karl II. wieder auf.

Der Posten des Generalleutnants (Äquivalent zum Vizekönig) auf Mallorca war eine Art Sonderamt für die *caballeros* aus dem mittleren Adel des Königreichs Aragonien, die sich durch ihre Treue zur Krone auszeichneten. Die Familien aus Valencia kamen am häufigsten in den Genuss dieses Amtes, das sie ohne Unterbrechung zwischen 1583 und

GEFÜRCHTETE BESUCHER

Die großen Entfernungen machten die Verwaltung des Weltreichs schwierig. Deshalb griff die Monarchie zu einer Kontrollmöglichkeit, der Visitation, einem einfachen und zugleich effizienten Instrument. Die Amtsinhaber mussten sich am Ende ihrer Amtszeit einer Beurteilung ihrer Tätigkeit unterziehen. Nach der Anhörung eventueller Beschuldigungen und der Überprüfung der Bücher wurde eine Bilanz ihrer Arbeit erstellt. Derartige Kontrollen fanden auch bei Tribunalen, Kanzleien und Gerichtshöfen statt. Im Königreich Neapel, in Sizilien und dem Herzogtum Mailand fanden sogar mehrjährige Generalvisitationen statt. Die Arbeit aller, mit Ausnahme der Vizekönige, wurde genauestens überprüft. Unterstützt wurde der Besucher oder Kontrolleur, der immer eine hohe Persönlichkeit war, von Sekretären, Notaren und Kommissaren. Es kam durchaus vor, dass Beamten eine Geldstrafe auferlegt wurde oder dass man sie vom Dienst suspendierte. Die Ratsgremien der Regierungen gaben Anweisungen zur Verbesserung der Verwaltungsarbeit. Zwar konnten die Kontrollbesuche nicht alle Missstände oder Fehler beseitigen, dennoch waren sie äußerst wirksam. Das belegt die Tatsache, dass dieses Instrument zwei Jahrhunderte lang beibehalten wurde.

1621 versahen. Der Generalleutnant residierte in dem prachtvollen Stadtschloss, der Almudaina; er ernannte die Statthalter von Ibiza und Menorca.

Die begehrtesten Vizekönigsposten waren die von Neapel und Sizilien. Sie waren mit hohem Ansehen verbunden, garantierten ein angenehmes Leben in prachtvoller Umgebung und boten offenkundige Möglichkeiten, sich persönlich zu bereichern. Dank königlicher Unterstützung fielen diese Ämter ausschließlich dem kastilischen Adel zu. Zwischen 1582 und 1647 bekleidete das Amt des Vizekönigs von Neapel stets ein kastilischer Grande. In Palermo verhielt es sich bei seltenen italienischen Interims genauso: Die Herzöge von Medinaceli, Feria, Escalona und Osuna besetzten den Posten zusammen mit den

Grafen Olivares und Alba de Liste. Auch die amerikanischen Vizekönigsposten, die ein abenteuerliches Leben versprachen, waren zu allen Zeiten kastilisches Monopol.

Die Aufgabe der Vizekönige bestand darin, bei den örtlichen Machthabern die Politik Madrids durchzusetzen: die Forderung nach Geld und Menschen. Sie mussten lange und schwierige Verhandlungen mit den Vertretern der einzelnen Reiche führen. Vor allem in den Staaten Italiens stellte die Existenz mehrerer Arme (Staaten) den Vizekönig vor eine heikle Aufgabe, bei der das politische Gleichgewicht gewahrt werden musste.

Dabei wurde er unter anderem vom Rat von Neapel unterstützt. Die Schwierigkeiten wurden durch den Hochmut von Prälaten wie den Erzbischöfen von Neapel und Palermo, durch die manches Mal unerfüllbaren Forderungen der Inquisitoren und durch die Notwendigkeit, in den jeweiligen Gebieten die Sicherheit aufrechtzuerhalten, noch verstärkt.

In Portugal mussten Philipp II. und seine Nachfolger während der sechzig Jahre dauernden spanischen Herrschaft ständig in Erinnerung rufen, dass dieses Land ihr rechtmäßiges Erbe war. Jede Bezugnahme auf eine spanische Eroberung war verpönt. Deshalb waren sämtliche Ämter, auch das des Vizekönigs, den Portugiesen vorbehalten. Der Rat für Portugal tagte in Madrid, aber seine Mitglieder stammten ausnahmslos aus Portugal. Die negativen Aspekte dieser Politik trugen zur Zeit von Olivares, der seine Macht ausdehnen wollte, zur Revolution von 1640 bei.

Die Niederlande, für die Karl V. immer als der „natürliche Herrscher" galt, nahmen einen besonderen Platz im spanischen Habsburgerreich ein. Sie waren „kaiserliches Stammland" und durch das Interim von Augsburg von 1548 gelang es Karl V., die „burgundischen" Provinzen (Niederlande und Freigrafschaft) von der Gesetzgebung des Reichstags auszunehmen. Diese und die sechs angeschlossenen Provinzen verwalteten sich

AUF DEN AZOREN
Die Insel Terceira war eine der Bastionen des Widerstandes der Anhänger des Priors von Crato, die der Thronbesteigung Philipps II. in Portugal feindselig gegenüberstanden. Die Spanier errichteten dort eine Festung zur Überwachung der Hauptstadt Angra, einem Bischofssitz.

selbst mit einer weitgehend autonomen Regierung, an der – unter dem Vorsitz einer Habsburgerprinzessin – auch Adlige und Juristen aus Flandern, Burgund und der Freigrafschaft beteiligt waren. Diese direkte Beteiligung von Angehörigen einer Dynastie „burgundischer Herkunft" war sicher eine wohl überlegte Geste. Darüber hinaus waren die Mitglieder des Großen Rats von Mecheln, der 1504 eingerichtet wurde, und die Mitglieder der drei beigeordneten Räte (1532 ins Leben gerufen) ausnahmslos in den Niederlanden geboren, aus dem Hochadel oder umfassend gebildet. Außerdem hatte jede Provinz ihre eigene Ständevertretung. Als Beispiel sei die Freigrafschaft Burgund angeführt, deren Treue zur Monarchie unverrückbar war: Die Statthalter der Provinz wurden aus den einheimischen Adelsfamilien ausgewählt, desgleichen die drei Zivilrichter. Und das Parlament von Dôle, seit 1542 aus zwei Kammern bestehend, war mit einheimischen Juristen besetzt und mehr als ein Gerichtshof: „Die gesamte Verwaltung der Provinz liegt in seinen Händen."

In einigen Königreichen konnte die Inquisition als Trojanisches Pferd der Monarchie dienen. Die Rechtsprechung des Rats der Obersten und Generalinquisition hob sie von allen anderen Gewalten ab, weil es sich um „Glaubensangelegenheiten" handelte oder weil ihr Personal betroffen war. Es genügten wenige Tricks, um das Feld der Glaubensangelegenheiten in den Ländern auszuweiten, wo es die spanischen Tribunale des Heiligen Offiziums gab, wie in Aragonien, Sardinien und Sizilien. Philipp II. griff auf das Tribunal von Saragossa zurück, um seinen treubrüchigen Sekretär Antonio Pérez verfolgen zu lassen, der 1591 nach Aragonien geflüchtet war, aber dann doch entkam. Drei Jahre lang verwendete dasselbe Tribunal ohne Unterbrechung fast alle Anstrengungen darauf, die Personen zu verfolgen, die an dem Aufruhr teilgenommen hatten. Immerhin handelte es sich nicht um „Glaubensangelegenheiten", sondern um einen politischen Umsturzversuch. Die Tribunale des Heiligen Offiziums entlang der Mittelmeerküste, auf Sardinien, Sizilien, Mallorca und auf den Kanarischen Inseln verwandelten sich in eine politische Polizei bei der Verfolgung von Renegaten und angeblich Bußfertigen, die Spione sein konnten. Die Tribunale von Saragossa, Logroño und Barcelona überwachten den Grenzübergang nach Frankreich und jagten Waffenschmuggler und Pferdediebe. Das Tribunal von Barcelona verfolgte die falschen Salzhändler zwischen den Balearen und der katalanischen Küste.

EIN VERRÄTER DER SPANISCHEN KRONE

Antonio Pérez ist eine der umstrittensten Persönlichkeiten der spanischen Geschichte. Er wurde 1540 in Aragonien als Sohn von Gonzalo Pérez geboren, Staatssekretär Karls V. und Philipps II. Er studierte an verschiedenen Universitäten, wobei ihn ein Aufenthalt in Italien besonders prägte.

Als Antonio Pérez 1566 die Nachfolge seines Vaters antrat, wurde er mit der Führung der Amtsgeschäfte in Italien beauftragt. Unverzüglich gewann er das Vertrauen Philipps II., doch seine Lust am Intrigieren wurde ihm bald zum Verhängnis. Perez löste neue Meinungsverschiedenheiten zwischen dem Herrscher und seinem Halbbruder Don Juan de Austria, dem Gouverneur der Niederlande, aus. Er versuchte, Philipp II. wegen der Ermordung Juan Escobedos, des Sekretärs Don Juans, bloßzustellen. Als sein Doppelspiel ans Licht kam, wurde Pérez 1579 ins Gefängnis geworfen, und man leitete einen langwierigen Prozess gegen ihn ein. 1590 konnte Pérez nach Aragonien fliehen. Philipp II. ließ ihn jedoch unter dem Vorwurf des Protestantismus von der Inquisition verfolgen. In Saragossa kam es zu Tumulten, in welche die königliche Armee eingriff. In diesen Wirren gelang Antonio Pérez die Flucht nach Frankreich.

Von dieser Zeit an führte er das Leben eines Verbannten und regte feindliche Militäraktionen gegen Spanien an. Dem Grafen von Essex, dem Günstling der Königin von England, ließ er Informationen über den Angriff auf Cadiz (1596) zukommen. Auch verfasste er Pamphlete, darunter die 1594 in London veröffentlichten und in Paris neu herausgegebenen *Relaciones*. Nach dem Friedensvertrag von 1598 schwand sein Einfluss. Antonio Pérez starb 1611 verarmt in Paris. 1615 wusch die Inquisition seinen Namen von dem angeblichen Verbrechen der Ketzerei rein.

Der abwesende König verfügte über ein zweifelhaftes, aber oft wirksames Mittel, um den Gebrauch der delegierten Machtbefugnisse, die er immer häufiger einsetzen musste, zu kontrollieren und im einschlägigen Fall zu korrigieren: die Visite. Sie wurde offiziell von den Cortes von Toledo im Jahr 1480 eingesetzt. Der König ernannte eine Person seines Vertrauens, meist einen Geistlichen oder einen *letrado*, und stattete ihn mit umfassenden Vollmachten aus. Die Inspektion konnte eine einzelne Person betreffen, mehrere Beamte, eine Administration, eine Provinz. Sie konnte auch zum Ziel haben, einen Streit zu schlichten. Sie konnte sich auf einige Wochen beschränken, ein Jahr dauern oder sich über mehrere Jahre hinziehen. Der *visitador* wurde von zahlreichem Personal unterstützt (Sekretären, einem Notar, Gerichtsdienern, Wächtern, Garden).

In den amerikanischen Besitzungen war es aufgrund der Entfernungen unmöglich, langwierige und genaue Visiten anzusetzen. Die Inspekteure waren in der Regel beauftragt, die Audiencia insgesamt zu überprüfen, in Ausnahmefällen auch ein ganzes Königreich. Sie kontrollierten, ob die königlichen Gesetze auch angewendet wurden; sie nahmen Denunziationen entgegen und verhörten Zeugen. Während des 16. und 17. Jh. gab es über 60 Visiten bei den elf Audiencias, die es damals gab.

Der König als Gerichtsherr

In den europäischen Monarchien lag die Macht zu überwachen, zu richten und zu strafen in den Händen des Monarchen. Das galt auch für Kastilien. Auf der Theaterbühne des Goldenen Zeitalters trat die Figur des richtenden Königs in *Fuenteovejuna*, in *Peribáñez* und *Der Kommandeur von Ocaña* (beide von Félix Lope de Vega) und in *Der Richter von Zalamea* (Calderón de la Barca) auf. Er vertritt das Wahre und Richtige gegen den Machtmissbrauch der privilegierten *comendadores* und einen Eingeborenenführer, und zwar im Namen der Edelmänner, die ebenso gläubige wie gute Untertanen sind.

BÜCHERVERBRENNUNG
Im 16. Jh. hatte die Inquisition auch die Verbrennung von Büchern angeordnet. Möglicherweise schildert dieses Nussbaumrelief (1510) von Juan de Juni eine solche Szene. Es kann sich aber ebenso gut um einen Streit zwischen Angehörigen zweier Schulen handeln.

Aber zur Zeit der spanischen Habsburger wurde die königliche Justiz mit unterschiedlichem Nachdruck ausgeübt. In Kastilien war die Rechtsprechung des Königs am effektivsten. Aufsteigend von der ersten Instanz, die von normalen *alcaldes* besetzt war, Mitgliedern des Stadtrats mit einer Amtszeit von einem Jahr, bis zum Kastilienrat, der die Berufungen der niederen Gerichte prüfte und dem über die besonders schweren Fälle berichtet wurde, bot die Hierarchie der Gerichte ein einheitliches Modell. Zwischeninstanzen waren zunächst das Gericht des *corregidor*, der bei Bedarf von einem juristisch ausgebildeten *letrado* unterstützt wurde, darüber angesiedelt waren die Kanzleien oder Audiencias von Granada und Valladolid, beide unterteilt in drei Kammern: Zivilkammer, Strafkammer und die Kammer für *hidalgos*. Die Kanzlei von Valladolid verfügte außerdem über eine Kammer für das Baskenland, der ein Oberrichter vorsaß. Die weniger bedeutenden Audiencias für Galicien, Sevilla und die Kanarischen Inseln vervollständigten die kastilische Gerichtslandschaft.

Diese Harmonie wurde durch Eingriffe der Sondergerichtsbarkeit gestört, wie etwa die bischöflichen Gerichte, dann gab es das Tribunal der großen Ritterorden und vor allem die Inquisitionsgerichte, die der königlichen Justiz einen Streitfall aus der Hand nahm, sobald eine Person betroffen war, die dem Heiligen Offizium angehörte. So konnte die Inquisition je nach Lage der Dinge als Hilfsinstrument der königlichen Macht auftreten oder ihr zuwiderlaufen. Für bestimmte Verbrechen wie Hexerei waren beide Gerichtsinstanzen zuständig.

Im Königreich Aragonien stieß die königliche Justiz auf klare Grenzen. Die Institution der *Justicia mayor de Aragón*, deren Ursprünge dunkel sind, wurde bis zu den Unruhen von 1591 von der Familie Lanuza dominiert. Das Gericht gab vor, die Rechte des Volkes von Aragonien gegen die Willkür ausländischer, das heißt kastilischer Monarchen zu schützen. Dieser Richter war offensichtlich der Verteidiger der Interessen Aragoniens, aber nach der Hinrichtung des jungen Juan de Lanuza 1591 wurde das Amt mit Königstreuen besetzt. Andererseits hatte in Aragonien ein mächtiges Feudalsystem überlebt mit eigenen grundherrlichen Gerichten, die es sogar noch unter Philipp II. wagten, Todesurteile zu verkünden und zu vollstrecken. Immerhin ernannte der König in Aragonien die Richter der ersten Instanz in den Städten, und vor allem überwachte er die Ernennung der Richter der Audiencias von Barcelona, Saragossa und Valencia, die unter Philipp II. mit einer Strafkammer und später noch mit einer Zivilkammer ausgestattet wurden.

Die Audiencias arbeiteten so erfolgreich, dass Philipp II. und seine Nachfolger ihre Methoden gern zum Vorbild für die Regierungen mehrerer Königreiche übernahmen. Ein ganzes Netz von Audiencias wurde geschaffen. Es entsprach einem umfassenden Prozess der Rationalisierung des spanischen Staatsapparats mithilfe neuer bürokratischer Tech-

GELEHRTE GEGEN SPANISCHE GRANDEN

In der Politik und Verwaltung der spanischen Monarchie des 16. und 17. Jh. spielten die *letrados* eine maßgebliche Rolle – Rechtskundige, die in Staatsräten, Gerichtshöfen und Kanzleien tätig waren.

Ihr überragender Einfluss wird aus der Tatsache deutlich, dass Erzbischöfe, Großmeister der Ritterorden und Mitglieder des Hochadels zu Beginn des 16. Jh. zwar im Rat von Kastilien mitarbeiten durften, jedoch nicht stimmberechtigt waren. Dieses Recht war einem Dutzend spezieller Berater vorbehalten, von denen acht oder neun *letrados* waren. Diese Gelehrten hatten hervorragende Lateinkenntnisse, waren sattelfest im Recht und Absolventen oder Doktoren einer Universität – meistens einer der vier angesehensten wie Salamanca, Valladolid, Alcalá de Henares oder des Kollegiums San Clemente in Bologna, das seit seiner Gründung 1369 von Spaniern besucht wurde. Die Herrscher schätzten die Erfahrung dieser Gelehrten hoch. Sie galten als Adlige und waren von der Steuer befreit. Ihr aufgrund der persönlichen Fähigkeiten erworbener Adelstitel wurde anerkannt, er war jedoch – zumindest theoretisch – personengebunden und damit nicht erblich. Im 17. Jh. kam es oft zu Reibereien zwischen *letrados* und Angehörigen des Hochadels.

niken und moderner Verwaltungsmethoden. Im Jahr 1564 wurde die königliche Audiencia auf Sardinien geschaffen, die mehr als ein Berufungsgericht für Urteile der Gerichte in erster Instanz war; sie wurde mit so weit reichenden politischen und administrativen Kompetenzen ausgestattet, dass der Statthalter nicht mehr ohne ihre Zustimmung regieren konnte. Die Richter stammten aus Sardinien; ihre Ausbildung hatten sie an den neuen Universitäten von Sassari und Cagliari erhalten.

Philipp II. konnte 1571 den Widerstand auf den Balearen brechen. Auf Mallorca richtete sich die Audiencia ein. Vorsitzender war ein Regent aus Katalonien oder Aragonien, und zwei von vier Mitgliedern waren Einheimische. Andererseits hieß die Regio Gran Curia auf Sizilien, die 1569 reformiert wurde und mit sechs Richtern besetzt war, nicht Audiencia, arbeitete aber mit denselben Methoden.

Die wichtigste Rolle spielten die Audiencias zweifellos in den amerikanischen Territorien, denn sie stiegen rasch zur mächtigsten Institution in diesem Teil des Weltreichs auf. In Amerika gab es nur zwei Vizekönige. Für das Volk, das oft sehr weit von Mexiko oder Lima entfernt lebte, waren die Vizekönige unnahbare Persönlichkeiten, vergleichbar dem König von Spanien oder dem Papst. Aber die Mitglieder der Audiencia waren zahlreicher. Sie wurden im 16. und 17. Jh. in elf neu geschaffenen Gerichtshöfen zusammengefasst. Fast alle stammten aus Spanien, lebten auf großem Fuß, rollten in der Kutsche vorüber und ließen sich mit Ehrenbezeigungen überhäufen. Sie waren die Verkörperung der Kolonialmacht, der spanischen Oberhoheit. Ihre Machtbefugnisse waren ungeheuer; sie kontrollierten nach eigenem Gutdünken die Budgets und die Arbeitsweise der Stadtverwaltungen, sie mussten die Einhaltung der Gesetze überwachen und die Streitfälle zwischen Einzelpersonen und Gruppen schlichten. Sehr viele Auditoren wurden ihren Aufgaben nicht gerecht, aber viele andere erfüllten sie auch gewissenhaft.

Der König verfügte über ein juristisches Verfahren, um Machtmissbrauch bei seinen Beamten zu bestrafen: das „Rechenschaftsurteil". Diesem waren alle Bevollmächtigten des Königs, auch die Vizekönige, nach Ablauf ihrer Amtszeit unterworfen. In den Ländern Amerikas wurden vom Indienrat Inspekteure ernannt, die die Untersuchung leiteten. In einer ersten Phase wurden die Rechenschaftsberichte geprüft, in einer zweiten Zeugen aufgerufen. Das Verfahren zog sich manchmal über mehrere Monate hin. So wurde nach einer Überprüfung des Grafen von Castellar, Vizekönig von Peru, ein Protokoll von 37 000 Folioseiten erstellt, darunter Zeugenaussagen gegen den Spanier von Mestizen, Indianern und Schwarzafrikanern. Die Witwe des Grafen wurde zu einer hohen Geldstrafe verurteilt. Die Justiz des Königs hatte sich durchgesetzt.

KLEIDER MACHEN LEUTE
Die Historiker besitzen verschiedene Verzeichnisse von Kleidungsstücken, die belegen, was bei den hohen Mitgliedern der spanischen Regierung des 16. und 17. Jh. modern war.

Soldaten Seiner Majestät

Eis auf die spanischen Gebiete in Italien waren alle Grenzen des Reiches zu irgendeinem Zeitpunkt bedroht, ob in Flandern, Portugal, Nordafrika, Norditalien, Brasilien oder Chile. Um die Grenzen zu schützen, war der Einsatz vieler tausend Menschen notwendig, die gleichzeitig eine Randgesellschaft mit eigenen Verhaltensweisen darstellten. Wer hätte die Vielgestaltigkeit des Reiches auch besser gekannt als diese Soldaten, von denen einige auf drei Kontinenten gekämpft hatten?

Die Soldaten hatten die Welt rund 150 Jahre beherrscht, von Gonzalo Cordoba, der Ende des 15. Jh. das spanische Heer reformierte, bis zur schmählichen Niederlage von Rocroi 1643. Obwohl sich allmählich Feuerwaffen durchsetzten, waren die Soldaten vor allem Pikeniere, Träger der Pike, die ihnen mit stolzen 5,50 m Länge große Selbstsicherheit verlieh, weil sie länger war als die Stoßwaffe des Feindes. Geschützt war der Pikenier mit Helm und Brustharnisch. Der gesamte Harnisch war weiß, damit der Soldat als wandelnde Lichtquelle den Gegner in Angst und Schrecken versetzte.

Die Armee glich einer umherziehenden Stadt. Sicherlich konnte man die Soldaten in Privatquar-

tieren unterbringen, doch man musste in Katalonien wie in Andalusien mit Feindseligkeit oder Aufständen der Bevölkerung rechnen. Deshalb wurden meistens Feldlager aufgeschlagen. Blieb die Armee ziemlich lange an demselben Ort, errichtete man *barracas*, die mehr Bequemlichkeit boten und die Solidarität untereinander stärkten.

Weil der Soldat im Prinzip weder verheiratet sein noch in wilder Ehe leben durfte, waren für eine Kompanie von 200 Mann vier bis acht Prostituierte vorgesehen. Tatsächlich aber waren die Truppenangehörigen zum Teil verheiratet, und ihre Frauen folgten der Armee. Außerdem wurden viele Soldaten von Bediensteten begleitet. Ein *capitán* hatte in der Regel vier oder fünf, mitunter auch 20 oder 30 Dienstboten. Marketender lieferten neben den notwendigen Lebensmitteln auch Kriegsmaterial und gewährten Kredit. Verwundete wurden im Lazarett versorgt. Die Feldgeistlichen schließlich kümmerten sich um die Aktivitäten der Bruderschaften und begleiteten die Sterbenden, für die sie auch die Testamente verfassten. Doch es gab nur wenige Soldaten, die bis auf rückständigen Sold überhaupt Vermögen zu vererben hatten.

EISERNER MASSANZUG
Philipp II. war ein Liebhaber von Prunkrüstungen aus der Werkstatt der Familie Helmschmid. Für den stolzen Betrag von 3000 Goldtalern machten sich Schmied, Brünierer, Vergolder, Tauschierer und Graveur ans Werk.

BEDROHUNG AUS DEM ORIENT
Im 16. und 17. Jh. kämpften die Habsburger fast ununterbrochen gegen Muslime, Osmanen und Berber. 1529 stand Süleiman der Prächtige vor Wien. 1683 bedrohten die Osmanen die Stadt erneut.

PRACHTVOLLE WAFFEN
Dieser Schild, einer der schönsten aus dem Besitz Karls V., wurde von Filippo Negroli (um 1510–79), dem besten Waffenschmied seiner Zeit, angefertigt. In seiner Werkstatt in Mailand, wo auch seine Brüder, insbesondere Francisco, tätig waren, entstanden großartige Kunstwerke.

TRIUMPH IN PAVIA

Die Entscheidungsschlacht bei Pavia am 24. Februar 1525, dem Geburtstag von Karl V., war einer der ganz großen Siege des Kaisers. 1521 hatten die Franzosen das Herzogtum Mailand besetzt. Karl V. reagierte unverzüglich. Seine Armee rückte in die Lombardei ein und siegte 1522 in La Bicocca. Franz I. traf Vorbereitungen für einen Vergeltungsschlag, während der Vizekönig von Neapel, der Marquis von Pescara und der Konnetabel von Bourbon, der den König von Frankreich verraten hatte, ihre Streitkräfte neu formierten. Franz I. hatte die Absicht, Pavia zu belagern, doch die Spanier überraschten ihn in seinem befestigten Lager und nahmen ihn gefangen. Auf sieben Wandteppichen, die schon 1531 entweder Karl V. oder seiner Schwester Marie als Geschenk überreicht wurden, schildert der flämische Maler Bernaert van Orley dieses Ereignis.

RUHM UND MITLEID
Dieses Bild von Fray Meno gedenkt nicht der Sieger, sondern der Opfer des Krieges. Die Fürsorge für die Verwundeten steigerte den Ruhm des mit Lorbeer bekränzten Philipp IV. und seines Günstlings Olivares.

KUNST UND ALLTAG
In der spanischen Gesellschaft des 16. und 17. Jh. war der Soldat allgegenwärtig. In Talavera de la Reina, 120 km südwestlich von Madrid, befand sich das Zentrum der spanischen Keramikkunst.

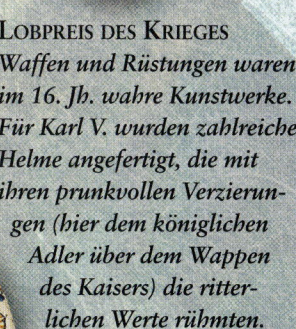

LOBPREIS DES KRIEGES
Waffen und Rüstungen waren im 16. Jh. wahre Kunstwerke. Für Karl V. wurden zahlreiche Helme angefertigt, die mit ihren prunkvollen Verzierungen (hier dem königlichen Adler über dem Wappen des Kaisers) die ritterlichen Werte rühmten.

KAPITEL 3

Stärken und Schwächen des Weltreichs

EDELMANN UND
BÜRGER
*Während sich der Edel-
mann durch erlesene
Kleidung, einen gepfleg-
ten Bart und das Tragen
des Schwertes auszeich-
nete, war der Bürger
lediglich mit einem gro-
ben Leinwandumhang
und Sandalen bekleidet.*

Die meisten Historiker sind immer noch der Ansicht, das spanische Weltreich sei der größte politische Machtkomplex in seiner Epoche gewesen, ein Reich, „in dem die Sonne nicht unterging". Diese Redensart traf nur nach der Eroberung der Philippinen zu und für die Zeit, als Philipp II. auch König von Portugal war, also seit 1580. Man könnte erwidern, dass das Osmanische Reich sich ebenfalls über drei Kontinente erstreckte und über eine Militärmacht zu Lande und zur See verfügte, die der spanischen mindestens ebenbürtig war, wie die ausgewogene Bilanz der spanisch-türkischen Zusammenstöße beweist. Sogar in Westeuropa stieß die spanische Macht sehr rasch an ihre Grenzen. Auf dem Gipfel seines militärischen Ruhms konnte Philipp II. weder die „Wassergeusen" besiegen noch gelang es ihm, in England einzufallen. Eine kurze Untersuchung der Stärken und Schwächen des Weltreichs lässt diese Grenzen deutlich werden.

„Das Volk ist das Königreich"

Diese Aussage von Sancho de Moncada, die er in der *Restauración política de España* (1621) formulierte, brachte in zugespitzter Form zum Ausdruck, was alle politischen Schriftsteller zu jener Zeit dachten. Jean Bodin äußerte sich ähnlich: „Es gibt nur einen Reichtum, und das sind die Menschen." Mehrere zeitgenössische „Arbitristen" waren derselben Ansicht: Pedro Fernández de Navarrete schloss einen seiner Diskurse in *Conservación de monarquías* (erschienen 1626) mit der einfachen Feststellung: „Die Größe der Könige besteht in der Menge seines Volkes."

In Europa hatten die spanischen Habsburger trotz der großen Ausdehnung ihrer Territorien, die nur knapp die Fläche Frankreichs übertraf, weniger Untertanen als der König von Frankreich. Zur Zeit der größten Bevölkerungsdichte im 16. Jh., nach 1580, lebten in Spanien rund 8 Millionen Menschen, in Spanisch-Italien 5–6 Millionen, davon über 3 Millionen in Neapel, je 1 Million auf Sizilien und im Herzogtum Mailand und noch 3 Millionen in den Niederlanden. Zu diesen etwa 16–17 Millionen kommt noch gut 1 Million Portugiesen nach 1580. Um 1560 lebten in Frankreich schätzungsweise 18–20 Millionen Menschen. Robert Mantran beziffert die Bevölkerung des Osmanischen Reiches im 16. Jh. auf 20 Millionen. Spanien hatte also bezüglich seiner Bevölkerungszahl keinen Vorteil gegenüber seinen größten Rivalen. Außerdem empfanden die italienischen, vor allem die portugiesischen Untertanen nicht dieselbe bedingungslose Ergebenheit gegenüber ihren Königen wie die Spanier. Die Niederländer wurden ab 1566 abtrünnig.

Allerdings konnten die spanischen Könige dank des festen Bündnisses mit den österreichischen Habsburgern in Deutschland mühelos Soldaten rekrutieren, vor allem deshalb, weil durch die Arbeitskraft der Indianer in Amerika riesige Mengen von Gold und Silber

70

nach Spanien flossen. Regelmäßig trafen diese Reichtümer, die lange als unerschöpflich galten, in Sevilla ein; dies lieferte der spanischen Politik Argumente, die den Franzosen und dem türkischen Sultan fehlten. So kann man auch die unterschiedlichen Bevölkerungszahlen dieser Länder nicht rein rechnerisch gewichten.

Fast das ganze 16. Jh. hindurch stieg die Zahl der Untertanen der Monarchie. Auch den Zeitgenossen fiel diese Bevölkerungszunahme auf. Als Philipp II. im Jahr 1575 in Neukastilien vorbereitende Befragungen für die *Relaciones topagráficas* anstellen ließ, gaben 234 von 370 ausgewählten Dörfern an, so viele Bewohner wie nie zuvor zu haben, auch wenn ihnen eine gegenteilige Erklärung eine Steuererhöhung erspart hätte. Nur 99 stellten einen Rückgang ihrer Bewohnerzahl fest. Die zahlreichen Untersuchungen zur historischen Demographie aus den letzten dreißig Jahren bestätigen diesen Bevölkerungszuwachs im Königreich Kastilien; sie berichten nur von zeitlichen und quantitativen Unterschieden. Zwischen 1530 und 1590 betrug die Bevölkerungszunahme durchschnittlich zwischen 45 und 47 Prozent. Auch sehr abgelegene und kaum vergleichbare Regionen wie Galicien oder Niederandalusien verzeichneten genau die gleichen Wachstumsraten. Andererseits nahm die Bevölkerung des Baskenlands und Altkastiliens, wo die Bevölkerungsdichte von jeher hoch war, nur um 20 Prozent zu, während das „Königreich" Murcia und die südliche Levante, die zu Beginn des 16. Jh. eher dünn besiedelt waren, ihre Bevölkerungszahlen in weniger als 100 Jahren verdoppelten.

Im Schutz der *pax hispanica*, die nur durch Überfälle von Türken und Barbaresken gestört wurde, erlebte das Königreich Neapel eine noch raschere Bevölkerungszunahme von mindestens 80 Prozent, in den beiden kalabresischen Provinzen sogar eine Verdoppelung. Im gesamten Königreich ging die Tendenz seit 1560 zurück, doch wenn man nur die Zahl der Haushalte nimmt, war der Zuwachs beachtlich. Auf Sizilien stieg die Zahl der Haushalte von 120 864 im Jahr 1501 auf 244 000 im Jahr 1636; seit 1575 verlangsamte sich allerdings der Aufschwung. Das Herzogtum Mailand, nach dem Frieden von Cateau-Cambrésis ebenfalls von dem fünfzigjährigen Krieg verschont geblieben, hatte keine vergleichbare demographische Entwicklung: In der ersten Hälfte des 16. Jh. war kaum eine Zunahme zu verzeichnen; nach 1550 – mit einer Unterbrechung um 1590 – beschleunigte sie sich, betrug aber nie mehr als insgesamt 30 Prozent. Die Niederlande kamen nie in den Genuss einer langen Friedenszeit; mit Ausnahme von Luxemburg war der Bevölkerungszuwachs eher bescheiden. Bestimmte Regionen wie der Hennegau erlebten zwar einen bemerkenswerten

VERGOLDETES WEIHWASSERBECKEN
Der florentinische Bildhauer Domenico Fancelli schuf dieses Weihwasserbecken in der Kathedrale von Toledo. Es zeigt die heilige Familie, deren Darstellung von reichen Verzierungen umgeben ist.

71

Aufschwung in der zweiten Hälfte des 15. Jh. und mindestens bis in die 40er-Jahre des 16. Jh., doch zum Beispiel in Brabant wurden die Zugewinne bei den Einwohnerzahlen gegen Ende des 16. Jh. durch die Kriegsereignisse wieder zunichte gemacht. In der Freigrafschaft Burgund dagegen waren zwischen 1493 und 1635 fünf Generationen ohne Krieg, ein wahrer Glücksfall, der sich in einer sprunghaften Bevölkerungszunahme äußerte: von 240 000 Bewohnern im Jahr 1474 auf 410 000 im Jahr 1614.

Die positive Bevölkerungsentwicklung brachte der spanischen Monarchie allerdings keinen großen Vorteil gegenüber dem französischen Nachbarn, weil während des 16. Jh. auch in Frankreich die Bevölkerungszahlen anstiegen. Aufgrund der Religionskriege und wegen der hohen Löhne in Spanien gab es jedoch eine starke Auswanderungswelle in Richtung Süden; junge Männer aus dem Languedoc, aus Aquitanien und der Auvergne suchten in Nordspanien Zuflucht und Arbeit. Dies war für Spanien zunächst von Vorteil, doch die Bevölkerungskurve senkte sich in der Folgezeit wieder. Abgesehen von den Ereignissen zwischen 1591 und 1600, die sich auf ganz Europa verheerend auswirkten, brachen Hungersnöte und Pestepidemien über Spanien, Frankreich und England herein und dezimierten die Bevölkerung so stark, dass die Bereitschaft zu Verhandlungen und Friedensverträgen wuchs. In Spanien und offenbar auch in Italien gab es zu Beginn des 17. Jh. keine Anzeichen für eine demographische Erholung.

Berichten von Zeitzeugen zufolge wurde Spanien geradezu entvölkert. Um das Jahr 1600 stellte der kastilische Rechtsgelehrte Martín González de Cellorigo die These auf, das untrüglichste Zeichen für den Niedergang Spaniens sei „der katastrophale Bevölkerungsschwund". Als Grund nannte er die Pestepidemie, die damals in Kastilien wütete, aber er kam auch zu dem Schluss, dass die Ursachen des Übels noch vor dem Ausbruch der Epidemie zu suchen seien. Dies seien weniger die Kriege als die schlechten Ernten und die gesunkene Bodenrente; sie hätten die Kastilier von ihrer produktiven Tätigkeit abgebracht und „in ein Volk von Traumtänzern verwandelt, die außerhalb der natürlichen Ordnung lebten".

Zwanzig Jahre später stellten Sancho de Moncada und Pedro Fernández de Navarrete die Situation als noch viel besorgniserregender dar, vermutlich weil sie

KRANKHEITEN AUF DEM VORMARSCH

Der intensive Austausch zwischen den verschiedenen Teilen des spanischen Weltreichs trug entscheidend zur Verbreitung von Pestepidemien bei. Zwischen 1596 und 1603 breitete sich, aus Nordeuropa kommend, eine weltweite Epidemie aus, die praktisch nur Katalonien verschonte. Zunächst waren England und Frankreich betroffen, dann griff sie von Flandern aus auf die kantabrische Küste über. Von Santander führte ihr Weg in Richtung Lissabon und Sevilla bis zum Königreich Valencia. Umgekehrt rollten die Wellen der Epidemien 1647–52 und 1676–85 von Nordafrika her ins Land. Die erste wütete in Andalusien und Aragonien und erreichte Sardinien und das Königreich Neapel. Auswirkungen von beispielloser Tragweite hatten in Amerika die von den Europäern eingeschleppten Krankheiten, die bei den Eingeborenen unbekannt waren. So breiteten sich in Mexiko ab 1519 die Pocken aus, die Lungenpest griff 1548–55 von Neu-Spanien bis Peru um sich, wo Pocken, Pest und Grippe zusammen die Bevölkerung der Andenländer dezimierten. Die Einwohnerzahl Mexikos verringerte sich von 25 Mio. im Jahr 1519 auf 1 Mio. im Jahr 1605, die Bevölkerung des Inka-Reiches betrug 1530 noch 10 Mio. und schrumpfte im Jahr 1590 auf 1,5 Mio.

wiederholt eine grundsätzliche Regierungsreform einforderten. Moncada widmete den gesamten zweiten Diskurs seines Werkes *Restauración* der Analyse dieser Entvölkerung. Er konstatierte, dass das Königreich Kastilien innerhalb weniger Jahre ein Drittel seiner Bewohner verloren habe. Er beschönigte keineswegs die Einwirkungen der Kriege, Hungersnöte, Pestepidemien, die Folgen der Vertreibung der Morisken und der Auswanderungswelle nach Amerika, die alle zu dieser Entvölkerung beigetragen hatten, aber er machte ebenso wie Cellorigo auch das Wirtschaftssystem, nämlich den Export von

Rohstoffen, dafür verantwortlich. Eine Weiterverarbeitung im eigenen Land hätte viel mehr Arbeitsmöglichkeiten für die Bewohner geboten. Er beklagte eine regelrechte Heiratskrise: Zu viele Menschen träten in Kloster ein, nicht aufgrund einer Berufung, sondern aus Scheu vor der Arbeit und den Pflichten des Ehestands.

Unsere modernen Forschungen zur historischen Demographie haben ergeben, dass diese populistische Angstmacherei nicht ganz berechtigt war. Zwischen 1605 und 1620 wurden wieder mehr Kinder geboren, und die Bevölkerungszunahme in den Randgebieten Spaniens glich zum Teil den demographischen Tiefstand in der Meseta wieder aus. Im Übrigen haben Moncada und Fernández völlig zu Recht auf die falsche Wirtschafts- und Finanzpolitik der Monarchie und die fehlende Verantwortungsbereitschaft der Menschen hingewiesen: Hochzeits- und Tauffeiern waren in einigen Pfarrgemeinden die seltene Ausnahme.

Zweifellos haben sie die Auswirkungen der Hungersnöte und Pestepidemien unterschätzt, weil diese damals zum allgemeinen Klagelied über die schrecklichen Zeiten gehörten. Aber an der Schwelle vom 16. zum 17. Jh. schlug die Pest mit einer Wucht zu, wie man es seit dem Beginn des 15. Jh. nicht mehr erlebt hatte. Die „atlantische" Pest raste zwischen 1597 und 1602 durch Alt- und Neukastilien und Kantabrien, die „mittelmeerische" entvölkerte zwischen 1647 und 1652 die Levante, Andalusien, Katalonien und Aragonien. Vicente Pérez Moreda hat die Stationen ihres Vormarschs und die Kalenderdaten ihres Auftauchens festgehalten. Beide

Epidemien bedeuteten für Spanien eine wahre Katastrophe. In Italien wüteten sie nicht weniger: Die Pest von 1630 übersprang alle politischen Grenzen, tötete zunächst ein Drittel der Einwohner Venedigs, danach fast die Hälfte der Mailänder, zwei Drittel der Bevölkerung von Verona, drei Viertel in Cremona und Mantua.

Zwischen 1656 und 1658 war das Königreich Neapel an der Reihe. Die Stadt Neapel selbst verlor etwa die Hälfte seiner Bevölkerung, obwohl 60 000 Personen vor der Pest aus der Stadt geflohen waren. Auch die Vorstädte wie Eboli und ein Nachbardorf namens Bonea wurden hart getroffen. In Bonea wurden nach den Schätzungen von Gérard Delille 738 Menschen zu Grabe getragen, das sind 75 bis 85 Prozent der Bewohner!

KINDER DES ELENDS
Der junge Bettler von Murillo verdeutlicht das Interesse des Künstlers am Leben der einfachen Menschen. Dieses sehr naturalistisch wirkende Gemälde ist von tiefer Hoffnungslosigkeit geprägt.

VORRATSHALTUNG
Der horreo, *eine aus Stein oder Holz errichtete Scheune, war häufig in Nordwestspanien zu finden und diente zur Lagerung der Ernte. Da er auf Pfählen stand, war das Getreide darin gegen Feuchtigkeit geschützt. Das galt auch für die Lagerung von Mais, dessen Anbau sich im 17. Jh. entwickelte und dazu beitrug, die immer wieder auftretenden Hungersnöte in den Griff zu bekommen.*

Im 17. Jh. stagnierten in den europäischen Territorien des spanischen Reiches die Bevölkerungszahlen, oft waren Rückgänge von 10 bis 20 Prozent zu verzeichnen. Gleichzeitig gab es bei der amerikanischen Bevölkerung, die den Schock der aus Europa eingeschleppten Krankheiten aushalten musste und vor allem in den Minen grausam ausgebeutet wurde, eine einzigartige demographische Katastrophe, durch die auch die Macht des spanischen Weltreichs empfindliche Einbußen erlitt. Man kann sich also gut vorstellen, wie schwierig es im 17. Jh. war, Soldaten zu rekrutieren; die Steuereinnahmen sanken, und auch die Silbermengen, die über den Atlantik angeliefert wurden, gingen zurück. Aber das waren nur zum Teil die Auswirkungen des Bevölkerungsschwunds. Hungersnöte und Pestepidemien waren wieder an der Tagesordnung, und es wurde immer schwieriger, Nahrungsmittel zu produzieren und zu verteilen.

Unsichere Autarkie

Im 16. Jh. trat ein Nahrungsmangel in Spanien fast immer nur zeitlich und lokal begrenzt auf. Auf der Iberischen Halbinsel und in Italien gelang es meist, das Getreide für die Bevölkerung aus den Überschuss produzierenden Regionen zu beschaffen. Der Kornhandel funktionierte nach dem Prinzip der kurzen Wege, denn durch größere Entfernungen, vor allem auf dem Landweg, stieg der Preis um ein Vielfaches. Normalerweise bezog die Stadt Toledo ihre Nahrungsmittel aus dem benachbarten Sagra, Burgos, Valladolid und andere Städte aus der nördlichen Meseta und aus der Tierra de Campos, Sevilla aus der Aljarafe und der Campiña de Córdoba, Valencia und Murcia aus der Mancha.

Der riesige Bedarf der Stadt Neapel dagegen konnte nicht allein durch Überschüsse aus der Region Kampanien gedeckt werden; am Ende des 16. Jh. wurde Weizen aus Sizilien und Apulien importiert. Bei kleineren Engpässen ließen Großstädte wie Sevilla, Valencia, Neapel oder Genua Weizen aus Übersee kommen. Der Weizen aus Nord- und Osteuropa, insbesondere aus Polen, war in Italien erst nach 1590 gefragt, als die Krise allgemein übergreifend wurde und man nicht mehr mit Importen aus Sizilien oder aus dem türkischen Reich rechnen konnte.

Lange Zeit glichen die Überschüsse aus bestimmten Regionen die Defizite aus. In der kastilischen Tierra de Campos, einer bedeutenden Kornkammer des Landes, wurden schon zwischen 1510 und 1515 große Mengen Getreide geerntet; Sizilien konnte im Lauf des 16. Jh. 500 000 bis eine Million Quintal (1 Quintal = etwa 46 Kilogramm) Weizen exportieren, im 17. Jh. immerhin noch 300 000 Quintal, nachdem die Krise der 1590er-Jahre überwunden war. Die Insel war Hauptlieferant für Italien, von Genua bis Mailand, Neapel und Venedig, außerdem für die spanische Ostküste und für Andalusien. Die Niederlande und die Freigrafschaft („der dritte Getreidespeicher Burgunds") verfügten über ausreichend Getreide.

Jede größere Stadt besaß eine Weizenbehörde, die neben ihrer Funktion als Versorgungsinstrument in den italienischen Städten Venedig, Florenz, Como und Neapel auch ein Politikum darstellte; der Vizekönig ernannte deshalb persönlich den Präfekten für diese Einrichtung und überwachte dessen Arbeit; das galt ebenso für Spanien. Man weiß heute recht genau, wie diese Getreidekammern geführt wurden. Als städtische Dienstleistung brachten sie meist Verluste ein, aber die öffentliche Ordnung war damit gesichert. Bis zum Jahr 1575 glichen die Einkünfte aus den *alcabalas* (Verbrauchssteuern) die entstandenen Verluste sehr gut aus. Danach setzten bedenkliche Nahrungsengpässe in Burgos, Murcia, Sevilla, Valencia und Valladolid ein.

Außerdem fehlte es nicht nur an Getreide. Mit dem Versorgungssystem bildete sich eine Gruppe von Vertragshändlern – so genannte *obligados* –, Einzelpersonen oder Kompanien, die sich durch einen Vertrag mit der Stadt verpflichteten, im Tausch gegen ein Liefermonopol verschiedene Sorten Fleisch und Fisch, Wurstwaren, Öl, Honig oder Kerzen zu festgesetzten Preisen heranzuschaffen. Dieses System war zwar unvollkommen und barg Konfliktstoff, aber die Bevölkerung der spanischen Städte und der italienischen Territorien war meist gut versorgt. Daher brachen auch nur selten Hungerrevolten aus, bis dieses Versorgungssystem um die Mitte des 17. Jh. endgültig zusammenbrach.

Es ist überraschend, dass die Fischmärkte überall, sogar mitten in Kastilien, ein so reiches Angebot hatten. In Toledo gab es Hecht, Kabeljau, Thunfisch, Meeraal, Hering, Goldbarsch, Seezungen und Maifisch zu kaufen, dazu Aale aus dem Tajo. Außerdem wurden beachtliche Mengen Fleisch verzehrt. In den Städten mit den günstigsten Verhältnissen (Valladolid, Toledo, Oviedo) standen jedem Einwohner jährlich 20 bis 30 Kilogramm Fleisch zur Verfügung.

Dieses System geriet Mitte des 17. Jh. aus den Fugen; Teuerung und Hunger, Landflucht, schwere Unruhen wie der Aufstand des Masaniello in Neapel im Jahr 1647 und die Revolten in Andalusien, ebenfalls 1647 und danach noch einmal 1652, waren die Folge. Gründe dafür gibt es viele: Die rasche Bevölkerungszunahme im 16. Jh. war von relativem Wohlstand begleitet, weshalb der Nahrungsmittelbedarf stark anstieg. Da es keine „Agrarrevolution" durch Erhöhung der Ernteerträge gab, blieb nichts anderes übrig, als die kultivierten Bodenflächen zu vergrößern; wie bedeutsam diese Entwicklung war, lässt sich anhand vieler Beispiele nachweisen. Auch Brachland, also Böden von minderer Qualität, die nach wenigen ertragreichen Jahren immer weniger Ernten einbrachten, wurden wieder unter den Pflug genommen.

Als weiterer Grund wird angeführt, dass die königliche Steuer – bis dahin sowohl in Kastilien als auch im Königreich Neapel moderat – nach 1575 stark angehoben wurde. Die Städte hatten bisher die *alcabalas* oder andere Steuern eingenommen, mit denen sie teure Lebensmittel, insbesondere Getreide, einkauften, welche sie aber jetzt nicht mehr bezahlen konnten. Das Versorgungssystem verschwand und die Produzenten bekamen in einem Mangeljahr plötzlich nicht mehr so hohe Preise wie früher. Sie konnten ihre Schulden nicht mehr begleichen, und da sie selbst auch die hohen Steuern entrichten mussten, waren sie mitunter gezwungen, ihren Grund und Boden zu verkaufen oder aufzugeben.

KÖSTLICHE ANANAS
Die aus Paraguay stammende Ananas gelangte erstmals um 1530 nach Spanien. In Italien und den Niederlanden lernte man sie erst Ende des 16. Jh. kennen.

KARTOFFELN UND
MILDTÄTIGKEIT
*Dieses Gemälde von Barto-
lomé Esteban Murillo über
die Speisung der Armen
zeigt Don Diego de Alcala,
der zum Gebet niederkniet.
Es ist die erste Darstellung
der Kartoffel in der europäischen Malerei.*

Außerdem wurden durch die Epidemien ganze Familien ausgelöscht und die Erben fehlten – die landwirtschaftliche Produktion geriet in Unordnung. In den Niederlanden wurden
die Verluste durch Krieg, Truppendurchmärsche und Räubereien noch vervielfacht.

In Andalusien schlugen die Grundherren eine neue Richtung ein: Wegen der hohen Gewinne, die Olivenöl und Wein auf den amerikanischen Märkten einbrachten, begannen
sie damit, ihre Weizenfelder in Weingärten und Olivenplantagen umzuwandeln. Auch auf
Neukastilien griff dieser neue Trend über, und sogar in Altkastilien wurde jetzt Wein
angebaut. Vergleichbare Umwandlungen von Erbpachtverträgen konnte man auch in
Katalonien beobachten. Als logische Folge ging das Getreideangebot zurück.

Offensichtlich sind die Versorgungskrisen nicht das traurige Privileg der Monarchie
der spanischen Habsburger gewesen. Frankreich hatte im 17. Jh. viel schwerere Notstände
über sich ergehen lassen. Aber auch in Spanien war der verhältnismäßig große politische
und soziale Konsens, den Karl V. und Philipp II. genießen konnten, nun bedroht.

Handelsprivilegien ohne Merkantilismus

Durch den aufblühenden Amerikahandel *(carrera de Indias)* eröffneten sich den Spaniern großartige Möglichkeiten. In den 30er-Jahren des 16. Jh. mussten sie auf die steigende Nachfrage in der Neuen Welt reagieren, wo die neureichen Konsumenten gierig auf europäische Produkte und bereit waren, hohe Preise für Wein, Schnäpse, Olivenöl, Essig, Rosinen, Mandeln, Konfitüren und Gewürze wie Zimt, Sesam und Pfeffer zu bezahlen. Hochwertige Stoffe (Samt, Seide, Spitze), ledernes Zaumzeug und Sättel, Lederstiefel, Federhüte und Perücken sollten in der Öffentlichkeit Eindruck machen und die unterworfenen Völker verblüffen. Außerdem wurden Waffen, Werkzeug und Nägel, Wachs, Seife, Glaswaren und Geschirr, Papier und einige Bücher, auch Drogen und Medikamente, sogar Musikinstrumente, Gemälde, Kupferstiche, Statuetten oder Platten für Altaraufsätze für die amerikanischen Gotteshäuser verlangt. Die Spanier waren allein nicht in der Lage, diese Fülle von Waren zu liefern. Aber im Schutz des Liefermonopols von Sevilla und trotz des unvermeidlichen Schmuggels importierten sie die fehlenden Güter aus anderen Teilen Europas, vor allem aus spanischen Reichsteilen wie Italien und den Niederlanden, um sie von Sevilla aus wieder zu exportieren. Aus dem Überseetransport zogen sie beträchtliche Profite.

Einige Überblicksstudien zur Handelsschifffahrt in Richtung Amerika haben ergeben, dass der Anteil der landwirtschaftlichen Produkte bei den Schiffsladungen immer hoch,

KOSTBARES TABLETT
Die spanischen Kathedralen sammelten im Goldenen Zeitalter beispiellosen Reichtum an. Die Schatzkammer von Toledo vermittelt einen Eindruck von der hohen Qualität der Goldschmiedearbeiten.

ELDORADO

Christoph Kolumbus notierte Ende 1492 in seinem Tagebuch: „Möge es unser Herr in seiner Güte möglich machen, dass ich diese Goldmine finde." Tatsächlich waren alle Europäer, die im 16. Jh. nach Amerika gelangten, vom Gedanken an die Entdeckung von Edelmetallen besessen. Anfänglich beuteten sie die Ablagerungen der Flüsse auf den Antillen und in Mexiko aus, plünderten jedoch auch die Schatzkammern der Azteken und Inka. Nach 1530 wurden beträchtliche Vorkommen an Edelmetallen entdeckt, darunter die Goldminen von Buritica im Königreich von Neu-Granada, dem heutigen Kolumbien, die den Mythos vom Eldorado ins Leben riefen, und die Silberminen von Neu-Spanien in den Anden.

An der Grenze zwischen dem feuchten Süden und dem trockenen Norden Mexikos waren Orte wie Guachinango, Guanajuato, Durango, Zacatecas, San Luis Potosí um die Mitte des Jahrhunderts geschäftige Zentren. Potosí im heutigen Bolivien entwickelte sich zu einem lebhaften Handelszentrum, denn allein von dort stammten 70 % der von Spanien importierten Edelmetalle. Das Silber aus Potosí wurde im Geleitzug zum Hafen von Callao und von dort zum Isthmus von Panama transportiert. Die Edelmetalle aus Neu-Granada wurden im südamerikanischen Cartagena verladen, die aus Neu-Spanien in Vera Cruz. Alle diese Schiffe wurden in Havanna zu einem Konvoi zusammengestellt, der nach Sevilla auslief. Dort gab es seit 1503 die *Casa de Contratación*, die für die Kontrolle der einlaufenden Schiffe und der Verkäufe zuständig war. Vom Anfang des 16. Jh. bis 1650 wurde der Eingang von etwa 180 t Gold und 16 440 t Silber registriert. Das freilich war nur ein kleiner Teil der in Amerika abgebauten Edelmetalle. Der größte Teil kam Privatleuten zugute, die verschiedene Schmugglernetze versorgten.

wenn auch variabel war: Im Jahr 1584 betrug der Anteil von Mais an der Nutzlast 22 Prozent, 1598 nur 11 Prozent; das ganze 17. Jh. hindurch lagen Weine und Öl in dieser Hinsicht klar an erster Stelle. Andererseits wurden auch industriell gefertigte Produkte auf den Weg geschickt, deren Gesamtwert weit höher war. Textilien machten allein 80 Prozent der Fertigprodukte aus, darunter Leinen, vor allem französische Wäsche aus Rouen und dem Anjou und zusätzlich fertig genähte Kleidung aus Garnen.

Auch die Importe aus Amerika brachten Gewinne ein. Die Edelmetalle standen unter strikter Kontrolle der Krone und machten zwischen 1560 und 1650 auch den größten Teil, etwa vier Fünftel, der Schiffsladungen aus. Aber mit amerikanischen Kolonialwaren

OBST UND GEMÜSE AUS DER NEUEN WELT
Dieses Abendmahl, ein naives Gemälde aus dem 17. Jh., stellt Obst und Gemüse aus Mexiko dar. Man erkennt Nahrungsmittel, die man in Europa übernommen hat, etwa Paprika und Tomaten.

konnte man ebenfalls ein lukratives Importgeschäft betreiben, vor allem mit Farbstoffen (Cochenille, Indigo, Farbhölzer) sowie mit Leder. Die Heilpflanzen Ingwer, Salsaparilla und Mechoacan waren zuerst noch beliebter als Tabak, Kakao und Zucker, bevor diese in größeren Mengen importiert wurden.

So überrascht es nicht, dass Kaufleute aus Genua und Antwerpen Vertreter und Kommissionäre in Sevilla angesiedelt hatten, um den größten Gewinn aus dem Fernhandel abzuschöpfen. Die kaufmännischen Bindungen trugen viel zum Zusammenhalt des spanischen Reiches bei; bis 1627 waren auch die Genuesen treue Bündnispartner. Zugleich trug dieses Handelsnetz aber auch Mitschuld am Niedergang der spanischen Wirtschaft.

Schon seit dem 16. Jh. hatte sich dieser Widerspruch im spanischen Europahandel, vor allem bei der Wolle, schädlich ausgewirkt. In Kastilien wurde Wolle von ausgezeichneter Qualität *(merina)* hergestellt, die in flämischen, später in toskanischen und vor allem in lombardischen Manufakturen reißenden Absatz fand. Eine recht undurchsichtige Interessengruppe von Kaufleuten aus Burgos, Reedern aus Bilbao, Laredo, Castro-Urdiales, Alicante und Valencia, den Versicherern aus Burgos und Bilbao und schließlich den Kompanien der Wagen- und Maultierbesitzer wickelte den Wolltransport ab und hielt diesen Handel erfolgreich in Gang. Auch der Staat hatte daraus Einkünfte, da er für die Wanderherden Gebühren einzog, die im 16. Jh. immer wieder angehoben wurden; außerdem hatte er das Zollrecht auf die Wolle. Auf der anderen Seite beklagten die Tuchhändler der Wolle verarbeitenden Zentren Segovia, Cuenca, Ávila und Córdoba diesen Wollexport, weil das Rohmaterial dadurch verknappt wurde. So stiegen die Preise, und die Exporteure gerieten in eine schwierige Konkurrenzsituation, zumal auch die Löhne der Wollarbeiter in Spanien höher waren.

Diesen Widerspruch hat Sancho de Moncada im Jahr 1619 im Rahmen einer umfangreichen Befragung sehr überzeugend dargelegt; sie führte schließlich zu einer politischen Reform im Land. Moncada und andere Staatsrechtler forderten eine merkantilistische Politik mit Schutzmaßnahmen für die einheimische Fertigung sowie mit Importbeschränkungen. Sie empfahlen, die Rohstoffe, insbesondere Wolle und Seide, im Land zu behalten und sie dort auch zu verarbeiten, mit dem doppelten Vorteil, dass es wieder mehr Arbeitsplätze gab und dass Fertigprodukte mehr Gewinn einbrächten.

Doch trotz einiger Ansätze gab es in dieser Epoche keine merkantilistische Politik. Angel Garcia Sanz hat dies bestätigt: Spanien war alles andere als ein Nationalstaat, und „der Verteidigungskrieg in anderen Territorien des Reiches bedingte einen massiven Abfluss von Geld aus dem Königreich Kastilien, dem Sammelbecken für die amerikanischen Edelmetallströme". Das spanische „Bürgertum", das sich im 16. Jh. formierte (Kaufleute in Burgos, Medina del Campo, Sevilla; Reeder in den Häfen von Kantabrien und am Mittelmeer), zog seine Gewinne hauptsächlich aus Aktivitäten, die den Empfehlungen des Merkantilismus diametral entgegenliefen: Es exportierte Rohstoffe und importierte Fertigprodukte. Sogar die Tuchhändler von Segovia exportierten unter bestimmten Bedingungen Rohmaterialien. Und auch die Cortes vertraten ausschließlich Verbraucherinteressen: Sie wollten die Preise möglichst niedrig halten. Nur zwischen 1615 und 1625, als Moncada sich zu Wort meldete und Olivares die Situation erkannte, schien sich eine merkantilistische Orientierung der Politik abzuzeichnen, aber wegen der notwendigen Militärausgaben im Jahr 1628 und danach scheiterten die Reformpläne.

So gab es einen Merkantilismus in Spanien erst im 18. Jh., als die spanische Monarchie in Europa zerfallen war. Man versteht jetzt auch besser, warum spanische Historiker heute die territoriale Erbschaft und die Kaiserwahl als Unglück für Spanien bezeichneten, denn das Land wurde gezwungen, Menschen und Ressourcen für kriegerische Unternehmen zu opfern, die mit Spanien überhaupt nichts zu tun hatten.

Starke Währung, schwache Banken – das ewige Defizit

Über ein Jahrhundert lang gehörten die Münzen aus dem Königreich Kastilien zu den besten in ganz Europa. Ihr Feingewicht (reines Gold oder Silber) brachte auf der ganzen Welt Gewinne ein. Allein der Schatz des Atahualpa, der 1532 geraubt wurde, umfasste 5600 Kilogramm Gold und fast 12 Tonnen Silber. Zwischen 1541 und 1550 trafen in Sevilla 30 Tonnen und zwischen 1551 und 1560 über 42 Tonnen Gold ein. Die importierten Goldmengen gingen später zurück, fielen aber nie unter 10 Tonnen im Jahrzehnt. Dagegen schwoll der Zustrom von Silber in enormem Maß an: Waren es zwischen 1551 und 1560 im Jahresdurchschnitt lediglich 30 Tonnen, so stieg die Importmenge am Ende des 16. Jh. bis 1620 auf 250 Tonnen an. Der Anteil der königlichen Kasse betrug immer 20 Prozent. Damit konnten in den Prägestätten von Segovia, Sevilla und Madrid Münzen geschlagen werden.

Der *excelente* von Granada von 1504, *dukat* genannt wegen seiner Ähnlichkeit mit dem venezianischen Dukaten, war eine fast reine Goldmünze (23,75 Karat) mit einem Münzgewicht von 3,52 Gramm. Die Cortes von Kastilien meinten – und konnten auch Karl V. davon überzeugen –, dass diese Münze mit ihrer im Vergleich zu ausländischen Prägungen viel zu hohen Qualität aus Spanien abfließen werde. Seit 1537 wurden also nur noch *escudos* mit geringerem Fein- und Münzgewicht geprägt; der Dukaten war nur noch Rechengeld mit einem Gegenwert von 375 *maravedís*. Der Escudo wurde im Wert in Recheneinheiten auf 400 Maravedís eingestellt und blieb eine sehr solide Münze. Die gängigste Goldmünze war der Doppelescudo (*doblón*).

ENTWICKLUNG DES GELDES
Der 1497 geprägte Golddukaten (oben) wog 3,52 g. Aus der Zeit Philipps II. stammt die Silbermünze (unten) im Wert von 2 Real. In der Mitte sieht man eine Kupfermünze aus der Regierungszeit Karls II., die nach der radikalen Deflation von 1680 geprägt wurde. Gold- und Silbermünzen waren nun nicht mehr im Umlauf.

Der Silberreal behielt zwischen 1497 und 1686 immer dieselben Richtwerte: 11 Denar 4 Gran und 3,43 Gramm. Die meistgebrauchte Münze war zunächst der Doppelreal und später, seit 1566, der *real de a ocho,* ein Stück zu 8 Real mit einem Gewicht von etwa 27 Gramm. Er diente als Modell für den Silberdollar. Der Wert des Real betrug in Rechengeld 34 Maravedís; er verbreitete sich überall, von Europa bis nach Asien.

Die *blancas,* Kupfermünzen mit Silberrand, waren für kleine Handelsgeschäfte bestimmt; ursprünglich hatten sie nur den Wert von einem halben Maravedí, und sie wurden im Zuge der Münzverschlechterungen durch Kupfermünzen ersetzt. Diese Manipulationen begannen zunächst maßvoll im Jahr 1599, mündeten aber in massenhafte Münzemissionen zwischen 1617 und 1626, die zwar für unredliche Spekulationen geeignet waren, dem Fiskus aber große Erträge brachten.

Für Karl V. und Philipp II. war die starke Währung das beste Argument, um bei deutschen (Fugger, Welser), später genuesischen Bankiers (Grimaldi, Centurione) Anleihen aufzunehmen, weil nur diese in der Lage waren, die Herrscher bei den ungeheuren Staatsausgaben für diplomatische und militärische Zwecke in Italien, den deutschen Ländern oder in den Niederlanden zu unterstützen. Es gab zwar auch Bankiers in Kastilien, Sevilla oder Katalonien, aber sie konnten nur begrenzte Unternehmen innerhalb Spaniens oder Italiens finanzieren. So konnten die Herrscher in Spanien die Mannschaft und die Ausrüstung für ihre Flotten mit dem Ziel Genua finanzieren, den Sold für die Truppen aber im Herzogtum Mailand auszahlen lassen. Doch die bedeutenden ausländischen Bankiers gingen das Risiko von umfangreichen Krediten an Spanien *(asientos)* nur in der Erwartung auf Rückzahlung in harten spanischen Münzen ein – einschließlich üppiger Zinsen.

Das Geld lockte auch ausländische Arbeitskräfte an, die in den spanischen Territorien dringend gebraucht wurden: Landarbeiter, Holzfäller, französische Handwerker, deutsche Buchdrucker oder portugiesische Lotsen.

Am 15. September 1598, als Philipp II. die Cortes von Kastilien einberief, war die Finanzlage der Monarchie katastrophal. Die Staatskrisen von 1557 und 1575 waren noch nicht überwunden; der Zusammenbruch vom November 1596 hatte die königliche Kasse geleert. Es musste ein Vergleich *(medio general)* mit den Bankiers geschlossen werden, um die Konten zu bereinigen. Von 8 Millionen Dukaten an „normalen" Einnahmen jährlich verschlang die Bedienung des *situado,* der Obligationen auf die

DIE GENUESEN ALS BANKIERS VON SPANIEN

An den Staatsangelegenheiten des spanischen Reiches hatten ausländische Geschäftsleute großen Anteil. Am stärksten vertreten waren die Genuesen, die im Verlauf des Mittelalters ein eigenes Kolonialreich im östlichen Mittelmeerraum begründet hatten. Durch den Vormarsch der Türken im 15. Jh. waren sie von dort vertrieben worden und hatten sich in zahlreichen Hafenstädten Westeuropas niedergelassen – auch auf der Iberischen Halbinsel. Dort entwickelten sie die Techniken des Wechsels und der Seeversicherung weiter.

Anfang des 16. Jh. war die Republik Genua ein schwacher Staat, der ein Bündnis mit den Franzosen oder Spaniern eingehen musste. Das 1528 beschlossene Abkommen mit Karl V. sicherte der Republik ihre Autonomie und die Herrschaft über Savona, die Nachbarstadt und Rivalin. Ab dieser Zeit waren die Genuesen ein Jahrhundert lang die Bankiers von Spanien. Auch auf anderen Gebieten zeichneten sie sich aus. So war der Genuese Fürst Andrea Doria einer der bedeutendsten Kapitäne seiner Zeit, und sein Sohn Gian Andrea unterstützte Don Juan de Austria 1571 in der Seeschlacht von Lepanto. Ambrosio de Spinola war der General der spanischen Armee, die 1625 in Breda den Sieg errang.

Staatseinnahmen, über 6 Millionen. Nur der Anteil an den Edelmetallen, die aus Amerika eintrafen, etwa 2 Millionen Dukaten, stand zur Verfügung. Aber die „unumgänglichen" Ausgaben bewegten sich in einer Größenordnung von 3 300 000 Dukaten pro Jahr.

Ein Friedensschluss war also dringend geboten. Daher traf es sich gut, dass auch die übrigen Krieg führenden Nationen erschöpft waren. Nach dem Vertrag von Vervins mit

Frankreich (1598) mündeten die Verhandlungen mit England in den Vertrag von London (1604). Nach Verhandlungen mit den niederländischen Provinzen der Union von Utrecht wurde 1609 ein Waffenstillstand für zwölf Jahre vereinbart. Die Türken waren in Kämpfe an ihren Ostgrenzen verwickelt. Zwischen 1609 und 1621 herrschte fast völliger Friede, auch wenn Spanien seit Ausbruch des Dreißigjährigen Krieges den Kaiser finanziell unterstützte. Der Friede allein reichte aber nicht aus. Wenn der Staat einen *desempeño*, eine Befreiung von einem Teil der Schuldverschreibungen *(juros)*, erhalten sollte, die einen größeren Anteil der Ressourcen verfügbar gemacht hätte, musste mehr geschehen.

Durch die ungebremsten Kupfergeldemissionen zwischen 1599 und 1606 flossen dank der Spanne zwischen realem und staatlich festgelegtem Wert dieser Münzen 22 Millionen Dukaten in die Staatskasse. Außerdem erhielt Philipp III. von den Cortes noch eine „Gefälligkeit": für sechs Jahre 1 740 000 Dukaten pro Jahr, die zum *desempeño* beitragen sollten. Doch im Hinblick auf die finanzielle Lage war dies nur ein Tropfen auf den heißen Stein. Eine Entschuldung war unmöglich und – noch schlimmer – Philipp III. musste mit Ottavio Centurione eine der größten Finanztransaktionen dieses Jahrhunderts abschließen: Centurione half ihm innerhalb von drei Jahren mit 9 400 000 Dukaten aus, die aber 10 400 000 Dukaten kosteten. Im Jahr 1609, als Spanien endlich den absoluten Frieden genießen konnte, war die königliche Finanzlage schlimmer als im Jahr 1599.

81

Also mussten noch zahlreiche weitere Notlösungen her: Der Zinssatz für die *juros* wurde auf 5 Prozent gesenkt; diese Maßnahme sollte 11 Millionen Dukaten einbringen und wurde im Jahr 1621 durchgesetzt. Danach wurden Adelsbriefe und ganze Dörfer mit königlicher Gerichtsbarkeit und ihren *alcabalas* verkauft, wozu sich nicht einmal Philipp II. durchgerungen hätte. Schließlich genehmigten die Cortes gegen die Zusage, in den nächsten 20 Jahren kein Kupfergeld mehr prägen zu lassen, weitere 17,5 Millionen Dukaten in sieben Jahren. Durch diese Maßnahmen und dank des anhaltenden Friedens konnte schließlich innerhalb von 19 Jahren eine Schuldenbefreiung erreicht werden. Eine eigens dafür eingerichtete Behörde verwaltete diese Entschuldung.

Eine rigorose Finanzpolitik hätte eine unvollständige, aber wirksame Entschuldung bewirkt und mehr Geld freigesetzt, zumal einige zweifelhafte Manipulationen – wie die Wertverfälschung des Kupfergeldes – der Staatskasse zugute kamen. Zudem wurde im Rückgriff auf die eingeführte „Prämie auf Silber" ein Teil des gehorteten Silbers dem Staatsschatz entnommen.

DIE FREMDEN – EINWANDERER AUS FRANKREICH

Spanien war im 16. und 17. Jh. ein wichtiges Einwanderungsland. Es gab dort Gebiete mit geringer Bevölkerungsdichte, gut entlohnte Arbeit und gesicherten Frieden. Portugiesen, Italiener, Marokkaner und Franzosen strömten herbei. Am zahlreichsten waren die Franzosen vertreten. Aus allen Gebieten des Languedoc, Aquitanien, dem Béarn, dem Limousin und der Auvergne kamen junge Männer, oft Tagelöhner aus der Landwirtschaft, die das dort herrschende Elend und die Religionskriege vertrieben hatten. Die meisten kamen aus der Gascogne und der Auvergne. Speziellen Berufen gingen sie nicht nach, sondern sie arbeiteten als Dienstboten, Lastträger, Kesselschmiede, Hausierer, Wasserträger oder Scherenschleifer. Anzutreffen waren sie überall in Spanien, vor allem in Katalonien und Aragonien, aber auch im Königreich Valencia, in Madrid und auf den Hochebenen Neu-Kastiliens in der Gegend von Guadalajara sowie in Andalusien. Einige sparten sich eine kleine Summe zusammen und kehrten in ihr Heimatland zurück, andere wurden in Spanien heimisch. Am Ende des 16. Jh. war ein Fünftel der Einwohner Kataloniens französischer Herkunft. Und das Zusammenleben funktionierte – trotz des Argwohns, den die Fremden mitunter bei den Spaniern weckten.

Doch trotz aller Bemühungen war die Chance vertan. Die erreichte Entschuldung blieb ganz und gar unvollständig, und die Monarchie zeigte, dass sie unfähig war, ihre Schulden in den Griff zu bekommen. Als der Krieg im Jahr 1621 wieder ausbrach, gab es keinen anderen Ausweg als eine erneute Anleihe, und das war nur der erste Akt eines katastrophalen Niedergangs.

Die Folgen sind klar. Neue Bankiers mussten gefunden werden, die in der Lage waren, die Nachfolge der Genuesen anzutreten: Dieses Mal waren es die portugiesischen *conversos* in den Jahren 1625, 1626 und vor allem nach 1627, kurz nach einer neuerlichen Zahlungsunfähigkeit der Krone. Zusätzliche Steuern wie die Salzsteuer lösten Widerstand in Asturien und Galicien und einen regelrechten Aufstand im Baskenland aus, wo sich die Bevölkerung wütend gegen die Zahlung wehrte; gestempeltes Papier kam in Umlauf, und nach ungewöhnlich heftigen Debatten in den Cortes wurden 1632 die *millones* erhoben, eine neue Steuer, die vor allem die Reichen treffen sollte und auf Schokolade, Wachs, Seide und Papier zu zahlen war. Aber auch die Einkünfte aus den *millones* blieben stets hinter den Erwartungen zurück.

Darüber hinaus gelangten die Cortes im Jahr 1622 zu der Überzeugung, dass das Königreich Kastilien nicht mehr die gesamte Last der gemeinsamen spanischen Politik tragen sollte. Portugal, Aragonien, Katalonien, die Balearen, Navarra und das Baskenland wurden jetzt als „nicht Steuerpflichtige" herangezogen. Der Plan einer Waffenunion, den Olivares 1625 vorlegte, ist im Rahmen dieser Umorientierung zu verstehen. Die Versuche, dieses Projekt umzusetzen, lösten im Jahr 1640 den Aufstand in Katalonien und den Unabhängigkeitskrieg in Portugal aus – und das war der Anfang vom Ende.

KAPITEL 4

Das spanische Kernland

*I*m ersten Kapitel wurde die militärische Eroberung beschrieben, die zur Entstehung des spanischen Weltreichs beitrug, vor allem im Zusammenhang mit dem Herzogtum Mailand und natürlich Amerika. Allerdings haben die spanischen Könige in der Neuen Welt nie selbst die Initiative zur Eroberung ergriffen; Cortés, Jiménez de Quesada, Pizarro, Almagro und andere waren so etwas wie private Kriegsunternehmer, und die Krone nahm ihnen unter verschiedenen Vorwänden die eroberten Gebiete wieder ab.

Der Begriff „Universalmonarchie", der bereits genannt wurde, ist mit Sorgfalt zu interpretieren. Er stammt aus dem Mittelalter und wurde in der Neuzeit zu einem politischen Schlagwort mit wechselnder Zielrichtung. Der Kanzler Mercurino Gattinara legte diese Idealvorstellung Karl V. in den 1520er-Jahren nahe. Hundert Jahre danach warf Richelieu in seinen Memoiren dem König von Spanien vor, er strebe eine „Universalmonarchie" an; 1643 brachte Mazarin dieselbe Anklage vor. 1510 hatte Ferdinand der Katholische behauptet, Ludwig XII. von Frankreich trachte nach einer „Universalmonarchie wie ein Tyrann", weil er ohne jede Rechtsgrundlage die Länder anderer Fürsten an sich reißen wollte; 1641 richtete der deutsche Staatsrechtler

Wunefried Alman von Warendorff denselben Vorwurf an Ludwig XIII., und im Jahr 1667 enthüllte Baron von Lisola, ein rühriger Diplomat in kaiserlichen Diensten, „die offen zutage liegenden Pläne, eine Universalmonarchie zu errichten, unter dem haltlosen Vorwand bestimmter Ansprüche der Königin von Frankreich". Es wäre also verfehlt, die Außenpolitik Spaniens im Licht dieses heiklen Begriffs zu betrachten.

Dagegen sollte man sich die wesentlichen Zielsetzungen der Habsburgermonarchie klar machen. Es ging darum, die riesigen ererbten Territorien zu halten und zu verwalten, anstatt sie zu vermehren. Modern gesprochen verfolgten die Habsburger eine Politik

VERTEIDIGUNG
DER STADT CADIZ
In diesem Gemälde zeigt Zurbarán, wie die Spanier 1625 die Engländer zurückdrängten und sich auf diese Weise für die Plünderung der Stadt 1596 rächten.

83

des *containment*, erkennbar an der Regierungszeit Philipps III. und Philipps IV. Pedro Fernández de Navarrete hat im zweiten Diskurs seines Werks *Conservación de monarquías* für seinen Herrscher zweifellos das Recht beansprucht, „die zahllosen Königreiche […] in legitimer Nachfolge" zu bewahren. Doch am Ende der Regierungszeit Philipps II., als sich der kräftezehrende Krieg in Flandern so lange hinzog, sprachen sich zwei hoch angesehene Mitglieder der Cortes, Jerónimo de Salamanca und Francisco de Monzón, ausdrücklich dafür aus, die Niederlande freizugeben. Allerdings konnten die großen Siege von 1625 neue Weltmachtsphantasien nähren – aber das war nur ein Augenblick in der Geschichte. In den nachfolgenden schwierigen Jahren waren die Träume vom „Herrscher des Planeten" rasch ausgeträumt.

Natürlich darf man hier keinesfalls *containment* mit Pazifismus verwechseln. Das war am Ende der Regierungszeit Philipps III. klar zu erkennen. Als sich herausstellte, dass die Friedenspolitik des Herzogs von Lerma zum Nutzen und Profit der Holländer ausschlug, indem sie sich mitten im spanischen Weltreich starke Handelspositionen verschafften, empfahlen die tüchtigsten spanischen Diplomaten ihrer Zeit eine energische, interventionistische Politik. Allerdings musste das Geld für eine solche Politik da sein.

Geopolitische Tatsachen und Zusammenhänge

Karl V. hatte schon in den Jahren nach der Kaiserwahl von 1519 Gelegenheit, über die geopolitischen Schwierigkeiten nachzudenken. Seinem Reich fehlte der territoriale Zusammenhalt vollständig, als auch die kostbare Landbrücke der Lombardei verloren gegangen war. Richelieu bemerkte in seinem *Politischen Testament*: „Gottes Vorsehung, die alles im Gleichgewicht halten will, hat offenbar auch gewollt, dass Frankreich mit seiner geographischen Lage die Territorien des spanischen Reiches voneinander trennt, um es zu schwächen, indem es sie aufteilt." Die wichtigen Schiffsverbindungen zwischen Spanien und Italien wurden immer wieder durch die Barbaresken unsicher gemacht.

Dagegen konnte sich der Kaiser dank einer guten Überwachung der Straßen in den deutschen Ländern auf die stabilen Verbindungen zwischen Norditalien, der Freigrafschaft und den Niederlanden verlassen. Als er das Reich zwischen seinem Bruder und seinem Sohn aufgeteilt hatte, konnten diese Straßenverbindungen aufrechterhalten werden. Wichtig war es, die Lombardei fest in der Hand zu behalten, als Basis für das Militär und für den freien Zugang zu den Alpenpässen. Deshalb waren auch das Veltlin (das Hochtal der Adda) mit seiner wichtigen Verbindungsstraße zwischen Mailand und Wien über Innsbruck und die Route zwischen Mailand und den Niederlanden über Chur und das Rheintal schon zu Beginn des 17. Jh. und erst recht während des Dreißigjährigen Krieges zwischen Franzosen und Spaniern heiß umkämpft. Frankreich trennte zwar die Einzelstaaten des spanischen Reiches voneinander, war aber zugleich von ihnen eingekesselt. Man konnte nur erahnen, dass die spanischen Habsburger eine europäische Vormachtstellung anstrebten, und daher versuchten die Franzosen, ihnen nach Kräften zu schaden. So hat denn auch Karl V. in seinen „Instruktionen" von 1548 an seinen Sohn Philipp Frankreich als seinen schlimmsten Gegner bezeichnet.

Gleichzeitig bildete die spanische Monarchie durch die Kaiserwürde, die deutschen Erblande und durch den Besitz des Königreichs Neapel die wichtigste Barriere gegen die Expansion des Osmanischen Reiches in Richtung Westen. Denn die erste große Herausforderung für diese Monarchie war der Vorstoß türkischer Armeen auf Mitteleuropa, flankiert von räuberischen Überfällen der Türken und Barbaresken im Mittelmeer. Selim I. hatte Syrien, Palästina, einen Teil der Arabischen Halbinsel und schließlich Ägypten im Jahr 1517 erobert. Sein Nachfolger Soliman I. richtete seine Offensiven auf den Balkan;

1521 nahm er Belgrad ein; 1526 vernichteten seine Truppen bei Mohács das ungarische Heer Ludwigs II., der in der Schlacht fiel. Im September 1529 tauchten die Türken vor Wien auf und versetzten das gesamte Abendland in Angst und Schrecken. Sie konnten Wien nicht einnehmen, aber zwischen 1530 und 1540 eroberten sie ganz Ungarn und die Anrainerländer des Schwarzen Meeres. Außerdem hatten sie Rhodos besetzt (1522). 1566 nahmen sie den Genuesen Chios ab, danach den Venezianern Zypern.

Allerdings konnten die Türken trotz der Einnahme von Otranto und Umgebung (1480/81) nie ernsthaft an eine Eroberung Italiens denken. Aber ihre Vorstöße ins westliche Mittelmeer mit Überfällen auf Sizilien, Sardinien, Korsika oder die Balearen, auf die Küstengebiete von Apulien und Kalabrien, Andalusien, Valencia, Katalonien oder Genua erklären die Angst vor der „türkischen" Gefahr, von der die ganze Bevölkerung ergriffen war.

Die Auseinandersetzung mit den Türken war seit 1520 vorauszusehen, aber weder Karl V. noch seine Nachfolger konnten erahnen, welche Umwälzungen die Reformation im Reich bewirken würde. Im Jahr 1517 hatte Martin Luther in Wittenberg seine

HELM VON SOLIMAN
Das Osmanische Reich besaß erhebliche Macht, vor allem im 16. Jh. während der Regierungszeit Solimans des Prächtigen (1520–66). Unter den Reichtümern des Sultans war auch dieser mit Rubinen und Türkisen besetzte goldene Helm, der den Vergleich mit den prächtigsten Habsburger-Rüstungen nicht zu scheuen braucht.

95 Thesen angeschlagen, die sich nicht nur in den deutschen Ländern, sondern auch in den Niederlanden, in den Schweizer Kantonen, in ganz Skandinavien, auf den Britischen Inseln und in Frankreich rasch verbreiteten. Unbegreiflich war das passive, fast gleichgültige Verhalten der Päpste, obwohl sich die Reformation stürmisch ausbreitete; unbegreiflich auch, dass sie dem Kaiser nahezu die ganze Verantwortung überließen, um auf die protestantische Herausforderung zu reagieren. Außerdem intrigierten die Päpste so heimtückisch gegen den weltlichen Herrscher, dass die kaiserlichen Truppen schließlich an einem Tag des Jahres 1527 die Ewige Stadt in Schutt und Asche legten.

Die Glaubensspaltung löste weitere Krisen aus. Die deutschen Territorien und viele deutsche Fürsten gerieten zu Beginn des 17. Jh. in einen gefährlichen Gegensatz zu Kaiser und Reich, der schließlich zum Dreißigjährigen Krieg führte. In den Niederlanden wüteten die Bilderstürmer, und seit 1566 wurde die Konfessionsfrage zum politischen Widerstand genutzt, auch wenn einige eher liberale Adlige wie Wilhelm von Oranien an seiner Spitze standen. Jedenfalls unterstützte dieser Widerstand die schon erkennbare Feindseligkeit der Engländer. Frankreich dagegen war fast vierzig Jahre lang keine Bedrohung mehr; wegen der Religionskriege konnte Philipp II. zwischen 1560 und 1594 die Politik Frankreichs entscheidend beeinflussen, ohne Gegenwehr befürchten zu müssen.

Spanien und Portugal unterhielten bis 1580 gute Beziehungen zueinander. Als aber die portugiesische Thronfolge im Jahr 1580 zugunsten Philipps II. geregelt wurde, entstand eine Partei unversöhnlicher Portugiesen; die Begehrlichkeiten der Engländer und Holländer mit Blick auf das spanisch-portugiesische Doppelimperium verzehnfachten sich von Brasilien bis zu den Sunda-Inseln.

Angesichts der vielen Bedrohungen, die zum Glück für Spanien nie gleichzeitig auftraten (als Frankreich wieder zur Kriegsmacht aufstieg, wurde das Osmanische Reich weniger gefährlich), schlugen die Könige und ihre Räte etwa folgende Strategie ein: 1. Die Landgrenzen und die Küsten Spaniens und Italiens sollten mit starken Festungen zum Schutz der beiden „Kernländer" gesichert werden. 2. Der Krieg sollte auf Distanz gehalten und auf gegnerischem Boden geführt werden: „Das Glück Spaniens liegt in der Aufgabe, den Krieg fern zu halten und mit seinem Silber die Sicherheit zu kaufen." 3. Die wichtigsten Verkehrslinien zu Lande und zu Wasser mussten in der Hand behalten werden, zur Not auch mit hohem Kostenaufwand. 4. Eine erstklassige Interventionsarmee für den raschen Zugriff auf möglichen Kriegsschauplätzen sollte bereit stehen. 5. Ein diplomatisches Corps und leistungsstarke Nachrichtendienste sollten dabei helfen, Bündnisse zu schließen oder aufrechtzuerhalten und gegnerische Allianzen zu zermürben.

DIE FESTUNGSSTADT SANTO DOMINGO
In der ehemaligen Börse von Sevilla (16. Jh.) sind die Dokumente über die Neue Welt aufbewahrt. Dieses Aquarell eines anonymen Malers von 1619 stellt die Verteidigungsanlagen von Santo Domingo dar. Wie alle Städte auf den Antillen war auch diese Stadt mit Befestigungsanlagen zum Schutz gegen Angriffe von Piraten und Freibeutern umgeben.

Der Schutz des Kernlands und die Verteidigung der übrigen Territorien

Karl V. ging rechtzeitig daran, beiderseits der Pyrenäen die Grenzen gegen mögliche Angriffe auf Spanien zu sichern. Im Jahr 1503 widerstand Salses, das Einfallstor zum Roussilon, siegreich einem Vorstoß der Franzosen. Dennoch entschloss sich der Kaiser, seine Verteidigungsbauten mit einigen Neuerungen zu verstärken: Horchstollen zum Schutz gegen unterirdische Sprengversuche, geschützte Laufgänge zwischen den Böschungen des Hindernisgrabens und vorgeschobene Verteidigungsstellungen. Salses wurde erst 1639 eingenommen. Es wurde durch weitere Festungen unterstützt: Perpignan, Elne und Collioure.

Im Baskenland hatten die Franzosen 1513 und 1521 relativ mühelos Fontarabie eingenommen, 1524 fiel es wieder an die Spanier. Karl V. ließ die Festung umbauen, sodass sie mit sechs Bastionen ausgestattet und nach Osten durch den Flusslauf der Bidassoa geschützt war. Ihre Mauern waren 3 Meter dick und viele Meter hoch. Im Jahr 1638 erlitt Condés Armee vor dieser Festung eine vernichtende Niederlage. Zwischen 1524 und 1639 wurde die spanische Pyrenäengrenze an keiner Stelle von feindlichen Truppen überschritten.

Als Karl V. das Herzogtum Mailand annektiert hatte, ließ er mehrere befestigte Plätze mit spanischen Garnisonen einrichten, die als Stützpunkt für die Infanterie *(tercios)* dienen sollten, wenn sie in der Lombardei stationiert war: Alexandria, Cremona (als Außenposten), Como, Pavia, Trezzo und Pizzighettone. Befehlshaber *(castellani)* dieser Forts waren angesehene spanische Offiziere mit umfassender Kriegserfahrung. Die entscheidende Schwäche dieses Systems war, dass der Sold zu spät ausgezahlt wurde – Anlass für zahlreiche Revolten. Die Stadtmauern von Antwerpen waren mit fünf Bastionen versehen, die der Herzog von Alba hatte bauen lassen. Ostende, Blankenberge, Breda, Den Haag, Maastricht, Wesel, Lippstadt, Grol und Lingen waren ebenfalls stark befestigt und dienten als Stützpunkte oder Quartier für spanische Truppen.

Im Mittelmeer mussten vor allem die Raubzüge der türkischen Flotten abgewehrt werden. Es war ein glänzender Einfall Karls V., im Jahr 1530 auf Malta die Ritter vom Heiligen Johannes von Jerusalem (Johanniter) zu stationieren, die die Türken zuvor von der Insel Rhodos vertrieben hatten. Innerhalb kurzer Zeit hatten die Ritter Malta befestigt und Birgu (Borgo) anstelle von Medina als Hauptstadt eingerichtet. Die große Belagerung von 1565 überstanden sie siegreich. Seitdem war die Hauptstadt, die oberhalb der Steilküste wieder aufgebaut und von drei Festungen, dem Fort San Elma und dem Fort Ricasoli geschützt wurde, bis mindestens zum 18. Jh. uneinnehmbar.

Nach der schweren Niederlage der venezianischen Flotte bei La Prevesa im Jahr 1537 zettelte der Vizekönig von Neapel, Pedro de Toledo, ein Großprojekt an: Wachtürme *(atalayas)* sollten die gesamte Mittelmeerküste von Reggio di Calabria bis Manfredonia und Barletta (Apulien) schützen. Zwischen 1538 und 1567 ließ er 313 Türme errichten. Schon bald folgte sein Amtskollege auf Sizilien, Ferrante Gonzaga, seinem Beispiel; er ließ über 100 Türme bauen, die mehrfach restauriert wurden, vor allem seit 1611 unter dem Vizekönig Osuna. Auch die Küsten von Valencia, Murcia, Andalusien und beiderseits der Straße von Gibraltar wurden mit Türmen und Geschützstellungen ausgestattet, seit 1580 auch Korsika. Die Hauptfunktion der Türme war, für rechtzeitige Warnung zu sorgen, aber sie konnten auch kurzzeitig als Fluchtburgen genutzt werden. Die Bewachung der Straße von Gibraltar wurde zudem durch die Miliz des Herzogs von Medinasidonia verstärkt, zu dessen Territorien sie gehörte: 1600 Mann (1609) und eine Abteilung Küstenwache zu Pferd.

Dieses Wachturmsystem wurde von Festungen in Cartagena, Cádiz, Puerto de Santa María, Vigo und anderen unterstützt. Es entstanden eine Festung auf der Insel Elba

FREIHEIT GEGEN LÖSEGELD

Wer an den Küsten des Mittelmeers zu Hause war oder die Meere befuhr, lebte nicht ungefährlich, denn den Bewohnern der Barbareskenstaaten und den Osmanen boten sich viele Gelegenheiten, Menschen in ihre Gewalt zu bringen. Diese Vorgänge waren im Übrigen nur ein Pendant zu den Unternehmungen von christlicher Seite. So organisierten die Soldaten von Oran oder Melilla alljährlich mehrere „Razzien", durch die sie beträchtliches Beutegut nach Hause schleppten, darunter oft auch mehrere hundert Männer, Frauen und Kinder. Die Gefangenen wurden als Sklaven gehalten, und man machte Geschäfte mit ihnen. Um 1600 konnte ein gewöhnlicher Untertan des Königs von Spanien für durchschnittlich 50 Dukaten zurückgekauft werden, das entsprach dem Lohn eines Landarbeiters für 250 Arbeitstage. Wesentlich größere Beträge waren für die Befreiung eines Adligen oder Geistlichen fällig. Dieser Handel wurde meist von den Privatleuten selbst organisiert, doch die Krone versuchte hier Einfluss zu nehmen, indem sie sich an Mittelsmänner wandte, u. a. an die Mercedarier und Trinitarier, die sich dem Loskauf christlicher Gefangener verschrieben hatten. Cervantes, der als Gefangener in Algier war, wurde 1580 nach einer Mission der Trinitarier befreit.

sowie die Forts an der Küste der Toskana und in Nordafrika: Oran (1509), Le Peñón de Vélez, Ceuta und Melilla. Aber das größte Befestigungssystem baute man im 16. Jh. in Amerika. Die spanischen Niederlassungen und die Häfen, wo die Edelmetalle bis zum Abtransport nach Spanien gelagert wurden, galten als bevorzugte Angriffsziele für Korsaren und Piraten aus aller Welt. Die Überfälle von Sir Francis Drake im Jahr 1586 zeigten, wie schutzlos die amerikanischen Küsten gegen Angreifer waren, zugleich aber auch, wie wirkungsvoll ein solides Verteidigungssystem sein konnte: Drake verzichtete darauf, Havanna anzugreifen, weil die Stadt eine sehr gute Artillerie hatte. Philipp II. entsandte die Festungsbauer Juan de Tejeda und Giovanni Battista Antonelli zu einer Inspektionsreise nach Amerika. Als sie 1588 nach Spanien zurückkehrten, bereiteten sie ein Programm von Festungsbauten vor, dessen Ergebnisse sich sehen lassen konnten: Portobelo wurde im Tausch gegen Nombre de Dios als Marktzentrum auf dem Isthmus von Panama ausgewählt und zum ersten Festungsort mit starken Geschützstellungen

ausgebaut. Auch Santo Domingo (1586 erobert und verwüstet), Havanna, Puerto Rico, San Juan de Ulloa in Mexiko und Cartagena de Indias profitierten von diesem Befestigungsvorhaben. Die Niederlagen von Francis Drake und John Hawkins (1595) beweisen, dass dieses System zumindest relativ wirkungsvoll war. Später entstand in Cartagena das berühmte Fort San Felipe, ein Glanzstück der Militärarchitektur im Zeitalter der Aufklärung – es konnte nie gestürmt werden. Auch auf den Kanarischen Inseln musste man die Festungen verstärken und ausbauen, vor allem auf Las Palmas und Gran Canaria, weil sie unentbehrliche Zwischenstationen für die Schiffe auf der Amerikaroute waren.

Krieg auf fremdem Boden

Hier eine Liste der wichtigsten Schlachten zu Land und zu Wasser zwischen 1520 und 1640, an denen die Spanier beteiligt waren: Fontarabie (1521, 1524), Bicocca (1522), Pavia in der Lombardei (1525), Tunis (1535, dann 1573/74), Algier (1541), Ceresole im Piemont (1544), Mühlberg an der Elbe (1547), Metz (1552), Saint-Qentin (1557), Gravelines (1558), Oran (1558), Djerba (1560), Malta (1565), Lepanto (1571),

FESTUNGSMAUERN IN SAN JUAN
Die Befestigungsanlagen von San Juan in Puerto Rico gehören zu den imposantesten im karibischen Raum. Im Gegensatz zu den unbefestigten Städten auf dem amerikanischen Festland waren die karibischen gut geschützt.

89

Gembloux (1578), Fontaine-Française (1595), Ostende (1604), Krieg um die Pfalz (1618), Schlacht am Weißen Berg bei Prag (1620), Breda (1625), Nördlingen in Schwaben (1634), Corbie (1636), les Dunes bei Calais (1639). Der Kommentar ist einfach: Spanien war nach 1524 nicht mehr betroffen, Italien nicht mehr nach 1557. Nordfrankreich, die Niederlande und die deutschen Länder waren die üblichen Schauplätze der Auseinandersetzungen mit den Mittelmeeranrainern. Mit Ausnahme von Ceresole, Metz, Fontaine-Française und der Seeschlacht vor Calais, die gegen die Niederländer verloren wurde, endeten sämtliche Waffengänge mit einem Sieg der spanischen Truppen. Anders war die Lage am Mittelmeer: Die Spanier mussten vor Algier eine verheerende Niederlage einstecken; Tunis verloren sie im Jahr 1574. Insgesamt war die Strategie, den Krieg auf fremdem Boden zu führen, erfolgreich; Spanien genoss eine lange Friedenszeit im eigenen Land. Trotzdem blieb die Gefahr von Raubzügen, Kaperfahrt, Versklavung oder Mord präsent. In 150 Jahren erlebten die Häfen von Valencia (Cullera, Denia, Oropesa), auf den Balearen (Alcudia, Andraitx, Ciudadela, Mahón), die Häfen von Neapel, Kalabrien, Sizilien und Genua einige mörderische Übergriffe durch türkische Flotten oder Korsaren.

Mit der Eroberung von Salses 1639 und dem Einmarsch der Truppen Ludwigs XIII. in Katalonien bis nach Lerida kündigten sich Verfall und Zusammenbruch der spanischen Verteidigungsstrategie an. So war es kein Zufall, dass die Spanier einige Jahre später von den Franzosen bei Rocroi (1643) und bei Lens (1648) geschlagen wurden. Als die Pyrenäen überwunden waren, gab es nach den Niederlagen im Norden starke Anzeichen für ein verändertes militärisches Kräfteverhältnis und eine neue politische Rangordnung in Europa. Katalonien und Portugal erhoben sich gleichzeitig (1640) gegen die Herrschaft Philipps IV. Der katalanische Aufstand endete zwar nicht mit einer Abspaltung von Spanien, doch Portugal kündigte seine Zugehörigkeit zu Spanien mit einem langwierigen Grenzkrieg, der León und die Extremadura verwüstete, endgültig auf. 1647 musste sich Spanien außerdem mit dem Aufstand des Masaniello in Neapel auseinander setzen.

Aber die letzte Niederlage kann nicht den langen Erfolg der Strategie vergessen lassen, deren talentierteste Interpreten Männer wie Emmanuel-Philibert, der Herzog von Alba, Alexander Farnese, der Graf Fuentes, Ambrosio Spinola und der Kardinal-Infant Ferdinand waren.

DIE BRÜDER BARBAROSSA

Die vier Brüder Barbarossa waren gebürtige Griechen von der Insel Lesbos, die um 1490 zum Islam übertraten. Berühmt wurden der älteste, Horuk (Aruj), geboren 1473, und der 1476 oder 1484 geborene Chaireddin (Cheir-ed-Din). 1502 ließen sie sich auf Dscherba im westlichen Mittelmeer nieder, später in La Goulette. 1504 kaperte Horuk zwei Galeeren des Papstes und verbündete sich mit dem Bey von Tunis. Vergeblich versuchte er 1512 und 1514 Bougie (Bejaia) zu erobern, 1512 verlor er bei der Expedition den linken Arm. Aus Rache nahm er Djijelli ein. Als die von den Spaniern bedrohte Stadt Algier ihn zu Hilfe rief, verteidigte er sie 1516 erfolgreich und ließ sich zum Sultan von Algier ausrufen. Nun versuchte er, seine Herrschaft auf den gesamten Maghreb auszudehnen, indem er Tenes und Cherchell sowie Tlemcen unter seine Kontrolle brachte. 1518 jedoch konnten Spanier aus Oran ihn ergreifen und töten.

Chaireddin war der Nachfolger seines Bruders. Er unterstellte seine Streitkräfte klugerweise dem osmanischen Sultan, der ihn zum Großstatthalter von Algier ernannte. Chaireddin wehrte 1519 einen Angriff der Spanier ab, kämpfte gegen feindliche kabylische Stämme, eroberte 1521 Collo, 1522 Bône und 1525 Tenes. 1529 schließlich zerstörte er die Festung der Spanier auf einem Felsen gegenüber der Stadt Algier. Von da an griff Chaireddin, den Süleiman der Prächtige 1533 zum Großadmiral ernannt hatte, überall im Mittelmeerraum an. Nach dem Sieg Karls V. in Tunis 1535 gelang ihm die Flucht, und er zerstörte die Stadt Mahon auf Menorca. 1538 errang er bei Preveza einen bedeutenden Sieg über Andrea Doria. 1541 verteidigte er erfolgreich Algier, verbündete sich 1544 mit Frankreich und lebte kurze Zeit in Toulon. Nachdem er die Küste der Toscana verwüstet hatte, ließ er sich in Istanbul nieder, wo er 1546 starb.

Die wichtigsten Verbindungsstraßen

Das spanische Imperium brauchte für seine Verteidigung Landstraßen und Seerouten, auf denen Truppen, Ausrüstung, Kuriere und Geld zwischen den weit auseinander liegenden Territorien hin- und hergeschickt werden konnten. Die Landverbindungen zwischen Italien und den Niederlanden blieben dank der Allianz mit Genua und dem Herzogtum Savoyen bis zum Beginn des Dreißigjährigen Krieges immer problemlos. Von Ligurien ins Piemont und dann in die Freigrafschaft Burgund waren die Alpen rasch zu überqueren. Die vorhandene Straße wurde ausgebaut und mit Leuchtfeuern versehen. Für Halteplätze, Unterbringung, Verpflegung und Austausch von Lasttieren sorgten ortsansässige Agenten. Auf dieser Straße konnte die Infanterie, die in der Lombardei stationiert war, bei dringendem Bedarf rasch in die Niederlande verlegt werden. Im Jahr 1568, als Wilhelm von Oranien versuchte, in die katholischen Provinzen einzumarschieren, bewältigten die Fußtruppen, die dem Herzog von Alba zur Unterstützung gesandt wurden, den Anmarsch in 17 Tagen – eine logistische Meisterleistung.

Die Lage änderte sich nach einer Umkehrung der Bündnisse; der Herzog von Savoyen, Karl-Emmanuel I., wandte sich Frankreich zu. 1625 drang er mit Unterstützung des französischen Heeres nach Montferrat ein und belagerte Genua. Die Spanier reagierten sofort

DIE BEFREIUNG GENUAS
Das Gemälde Antonio de Peredas zeigt den zweiten Marquis von Santa Cruz bei der Befreiung Genuas 1625. Der Maler lässt große Sorgfalt in der Ausführung von Details erkennen, etwa bei der Darstellung der reichen Kleidung und der Stadt im Hintergrund. Das Bild war für den Buen-Retiro-Palast bestimmt.

mit einer gemeinsamen Aktion der Truppen des Herzogs von Feria und einer großen Flotte unter dem Kommando von Álvaro de Bazán. Denn Genua war die unentbehrliche Landbrücke zwischen Spanien, Italien und den Niederlanden; außerdem mussten die Verbindungen mit Barcelona geschützt werden, und durch die Untreue des Savoyers blieb den Spaniern nur die Route über die Alpen durch das Veltlin.

Im Mittelmeer waren vier Flottenverbände damit beauftragt, die Routen frei und sicher zu halten. Kommandant war ein Generalkapitän zur See, der für die Koordinierung zu sorgen hatte. Das genuesische Geschwader war zahlenmäßig meist das größte, aber auch die Geschwader von Spanien, Neapel und Sizilien bestanden immer aus zehn oder oft auch mehr Galeeren. Die spanische Abteilung musste von Gibraltar bis zu den Balearen, nach Sardinien und zur französischen Küste das Meer überwachen. Außerdem gab es ein kleines Geschwader von vier Galeeren unter der Führung des Ordens von Santiago, das die Aufgabe hatte, einzelne versprengte Korsaren zu jagen.

Für die Überwachung der Atlantikküste hatte Spanien seit 1580 eine eigene Flotte, die „Armada des Atlantiks" eingesetzt, deren erster Generalkapitän Álvaro de Bazán war. Sie bestand aus Galeonen und Karavellen, verstärkt durch zwei Geschwader von Galeeren, die westlich der Straße von Gibraltar und vor der portugiesischen Algarve Patrouille fuhren. Die eigentliche Armada zählte 30–40 und sogar 100 Schiffe beim missglückten Landungsversuch in England im Jahr 1588. Unter Philipp III. wurde sie auf 30 Schiffe reduziert.

KÖNIGIN DER MEERE
Die gewöhnliche Galeere hatte auf jeder Seite 25 Bänke mit je drei Ruderern, also 150 Mann, meistens Kriegs- oder Strafgefangene. Hinzu kamen Soldaten und Gerät. Die Abbildung zeigt die Rekonstruktion der Kapitänsgaleere aus der Seeschlacht von Lepanto.

Obwohl die Armada im Atlantik häufig von Korsaren angegriffen und dezimiert wurde, bewies sie ihre wahre Stärke beim Geleitschutz der Schiffe, die den Atlantik zwischen Spanien und Amerika in beiden Richtungen überquerten. Dies war eine notwendige Voraussetzung für den transatlantischen Handel und lebenswichtig für die königlichen Finanzen, die ständig auf die Edelmetall-Lieferungen aus Amerika angewiesen waren. Die Methode der Konvoifahrt unter dem Schutz der Armada bis vor die europäische Küste erwies sich als sehr erfolgreich. Zwischen 1560 und 1650 segelten 79 Flotten in Richtung Mexiko und 69 in Richtung Tierra Ferma (Isthmus) mit Verbindung nach Peru über den Atlantik; dazu kamen 94 Geleitzüge zurück nach Spanien – insgesamt rund 15 000 Schiffe. Nur 402 gingen durch Schiffbruch verloren und 62 durch Krieg oder Piraterie, also 0,5 Prozent.

Das Heer – Größe und Verfall der „tercios"

Zu Beginn des 16. Jh. kam die spanische Infanterie *(tercios)* in Italien unter dem Oberbefehl von Gonzalvo de Córdoba, der Symbolfigur für den militärischen Ruhm des spanischen Imperiums, in den Ruf, unbesiegbar zu sein. Die umfangreichen Ordonnanzen (Regelungen zur taktischen Gefechtsaufstellung) von 1503 und 1504 wurden durch die von Genua (November 1536) gekrönt, ein rühmlicher Beginn für die *tercios.* Jedes Regiment (2500 Mann) war in zehn Kompanien und diese in zehn Einheiten zu 25 Mann aufgeteilt. Die Männer erhielten als Berufssoldaten einen festen Sold, zuzüglich mehrerer Prämien (Dienstalter, technische Fertigkeiten, mit unterschiedlichen Prämien für jede Einheit) und mit Abzügen für verschiedene Dienstleistungen: Jeder *tercio* hatte seinen Arzt, seinen Feldscher, seinen Apotheker und seine Barbiere (diese besorgten auch die Prostituierten, die den *tercio* begleiteten). Damit war ein stehendes Heer als notwendige Vorbedingung für den Zusammenhalt des spanischen Habsburgerreichs geschaffen.

Bewaffnung und Kampfmethoden dieser Infanterie zeigen, dass die Spanier ihre Erfahrungen aus den Kriegen in Italien zu nutzen wussten. In jeder Einheit galt es, die beiden grundsätzlich verschiedenen Kampfmethoden mit der Handwaffe (Pike) und mit der Feuerwaffe (Hakenbüchse) zu vereinen. Natürlich verschob sich mit der Weiterentwicklung der Kriegstechnik das Verhältnis zwischen Hand- und Feuerwaffen; im Jahr 1540 kamen fünf Pikeniere auf einen Büchsenschützen, 1571 nur noch drei auf einen; 1603 war die Hälfte der Soldaten mit Feuerwaffen ausgestattet. Außerdem bestand die Infanterie je nach Anforderung aus beweglichen Gruppen unterschiedlich großer Einheiten. Sie konnte als einheitlicher Block auftreten oder bis zum Kampf Mann gegen Mann aufgeteilt werden.

Dank dieser Beweglichkeit konnte die Militärverwaltung in Italien ständige Garnisonen mit vier Infanterieregimentern stationieren, in der Lombardei, in Neapel, auf Sardinien und Sizilien. Die besten Kompanien aus Neapel und von den Inseln wurden in die Lombardei beordert, damit sie im Notfall am Standort oder in den Niederlanden eingreifen konnten.

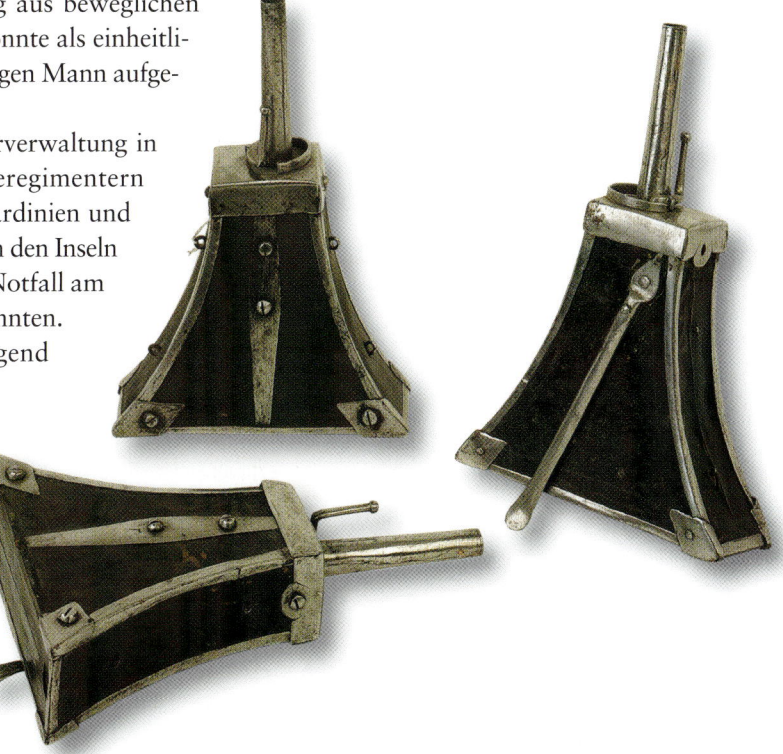

SCHIESSPULVERBEHÄLTER

Schießpulver besteht aus Salpeter (Kaliumnitrat), Schwefel und Holzkohle. Da die Mischung nicht ganz einfach herzustellen war, wurde es problematisch, wenn die vor der Schlacht vorbereitete Menge aufgebraucht war.

Die Soldaten der Infanterie waren überwiegend spanischer Herkunft und bildeten nur die Elitetruppe des Heeres. Als der Herzog von Alba im Jahr 1573 sein Heer seinem Nachfolger Luis de Requesens übergab, war es 57 000 Mann stark; davon gehörten nur 7900 zu den *tercios,* also 14 Prozent. Die *tercios* bildeten den Stoßtrupp; bei Gemingen waren sie mit 7500 Mann bei einer Truppengesamtstärke von 16 000 Mann vertreten, bei Harlem mit nur 6000 von insgesamt 12 000 Mann.

Alles in allem bestand das Heer des spanischen Reiches nur zum geringeren Teil aus Spaniern. Der englische Historiker I. A. A. Thompson hat geschätzt, dass der Kriegsrat zwischen 1580 und 1640 jährlich im Durchschnitt etwa 9000 Soldaten verschiedener Nationalitäten einstellte: Italiener, Deutsche, Wallonen, Iren, Ungarn und Polen. Da die Verluste bei den *tercios,* die immer an vorderster Front kämpften, sehr viel höher waren, musste mindestens ein Drittel der 9000 neu angeworbenen Soldaten bei ihnen einrücken, weil ihre Mannschaftsstärke gleich bleiben sollte. Unter Philipp II. war es noch leicht, Soldaten auszuheben; nach 1620 und vor allem nach 1640 wurde es sehr schwierig. Während des langwierigen, blutigen Krieges mit Portugal desertierten immer mehr Soldaten, zumal sie ohne Schwierigkeiten nach Hause zurückkehren konnten.

René Quatrefages, ein französischer Historiker, bezeichnete die *tercios* als Spezialtruppe und zugleich als Mikrogesellschaft. Anhand der erhalten gebliebenen Korrespondenz der Soldaten konnte er viel über ihre Mentalität aussagen. Viele waren bescheidene *hidalgos* (zumindest zwischen 1567 und 1577 kam die Mehrheit aus dem niederen Adel), die sich von dem Armeedienst außer einer reichhaltigen Ernährung auch einen bescheidenen Wohlstand dank des regelmäßigen Solds erhofften. Dieser konnte trotz der ständigen Abwertung sowohl durch einen günstigen Wechselkurs verbessert werden als auch durch reiches Beutemachen. Als Einheit verbunden, ertrugen sie gemeinsam die Gefahren und die Feindseligkeit der Bevölkerung; sie kämpften nahe bei ihren Offizieren und waren überzeugt, dass Gott, der katholische Glaube, der König von Spanien und schließlich die persönliche Ehre die höchsten Ideale seien. Unter ihnen waren altgediente Soldaten, die auf 20 bis 25 Jahre Kampferfahrung zurückblicken konnten. Lange Zeit konnte sie kein Gebirge abschrecken, sie stürmten jede Stadtmauer und verhöhnten jeden Gegner. Brantôme erlebte sie als „großartig, [...] tapfer und in gewisser Hinsicht wie Fürsten; sie hielten ihr Schwert immer gezückt und ihre Schnurrbärte hochgezwirbelt [...] Sie fürchteten weder die Justiz noch die Inquisition" und waren arrogant gegenüber Zivilpersonen und Geistlichen, die sie gern verspotteten. Sie trugen den barocken Zeitgeschmack zur Schau, mit Federhüten, bunten Gürteln, Bändern und Mänteln aus Tuch und – bei festlichen Anlässen – Seidensamt.

Einzelne Männer konnten sich als Gefolgsleute der römisch-katholischen Kirche mit ihren Aufträgen, die Häretiker zu züchtigen, aber auch in wahre Teufel verwandeln; in Mecheln und Walcheren 1568 und in Antwerpen 1576 hatten sie vor nichts Respekt, nicht vor den Kirchen und Klöstern und nicht einmal vor dem Schloss der früheren Statthalterinnen der Niederlande, Margarete von Österreich und Maria von Ungarn. Den Leichen schnitten sie Finger und Ohren ab, sie marterten kleine Kinder vor den Augen ihrer Eltern und vergewaltigten die Frauen. Häufig waren sie erbost über rückständige Soldzahlungen; sie waren selbst schrecklichen Gewalttaten vonseiten der Calvinisten ausgesetzt und sahen ständig dem Tod ins Auge: Zwischen 1568 und 1577 hatte diese Elitetruppe jährlich den Verlust von rund 3000 Gefallenen, Schwerverwundeten, Amputierten oder Invaliden zu kompensieren – also ein Drittel ihrer Gesamtstärke.

DIE PLÜNDERUNG ANTWERPENS

Der Krieg in Flandern, eine Misere, in der die katholische Monarchie unterging, war von Plünderungen gekennzeichnet. Die Soldaten der spanischen Armee, der Feindseligkeit der einheimischen Bevölkerungen und dem unwirtlichen Klima ausgesetzt, erhielten ihren Sold oft erst mit großer Verspätung. Die steinreichen Städte Flanderns weckten ihre Gier. Schon 1568 war Mechen mit der Residenz der Statthalterinnen Margarete von Österreich und Maria von Ungarn Ziel einer regelrechten Plünderung, 1563 war Harlem an der Reihe.

Ein Objekt der Begierde war natürlich auch die Handelsstadt Antwerpen. 1574 meuterten die spanischen Streitkräfte. Nach vergeblichen Verhandlungen wurden die Rebellen des Landes verwiesen, verfolgt und schließlich eingekreist. Am 4. November 1576 gelang es ihnen jedoch, Antwerpen im Handstreich einzunehmen und Beutegüter im Wert von schätzungsweise 20 Mio. Dukaten einzuheimsen. Die Beute bestand aus Gold, Silber, Schmuck, Tieren, Mobiliar, Archiven sowie Menschen, die gezwungen wurden, sich ihre Freiheit zurückzukaufen. Unter diesen Umständen gelang es einigen Soldaten, ein so großes Vermögen zusammenzuraffen, dass es für den Erwerb eines herrschaftlichen Anwesens ausreichte.

Im Lauf der Jahre wurden diese Kämpfer, die ständig von Spanien sprachen, auch wenn die meisten nie dorthin gekommen waren, nahezu Fremde in ihrem eigenen Herkunftsland. Seit 1630 erhärtete sich bei ihnen langsam der Verdacht, Spanien interessiere sich gar nicht mehr für ihre Kämpfe, dass es gegenüber den Kriegen auf fremdem Boden gleichgültig geworden sei und nur noch die horrenden Kosten für die Kriege zur Kenntnis nehme. Die Überlebenden kehrten mit wenigen Ausnahmen nicht mehr nach Spanien zurück, sondern ließen sich in Italien nieder, wo sie auch während der Kriegspausen gelebt hatten.

Der Verfall der Infanterie stellte sich also weniger überstürzt ein, als einige Autoren annahmen. Zur „Militärrevolution" zwischen 1560 und 1660, die Michael Roberts vor 40 Jahren untersucht hat und von ihr behauptete, die neue Kriegstechnik nach holländischem und schwedischem Vorbild habe die ältere Strategie und Technik völlig verdrängt, hat Geoffrey Parker, ein Spezialist für den Dreißigjährigen Krieg, die Frage gestellt: Wenn das „schwedische Modell" die neue Form der modernen Kriegführung war, warum wurde dann das schwedische Heer 1634 bei Nördlingen unter dem Kommando tüchtiger Offiziere von den spanischen und kaiserlichen Truppen, die angeblich hoffnungslos altmodisch waren, so vernichtend geschlagen? Von den 25 000 Soldaten der schwedischen Armee wurden 15 000 getötet oder verwundet und 4000 gefangen genommen.

Geoffrey Parker hat betont, dass zahlreiche „Innovationen", die Michael Roberts den Holländern und Schweden zuschrieb, schon lange zuvor bei der spanischen Infanterie und leichten Kavallerie eingesetzt wurden. Entscheidend sei die gute Ausbildung der spanischen Rekruten gewesen: Seit 1530 wurden sie nicht mehr sofort an die Front geschickt, sondern erhielten zunächst in den italienischen oder nordafrikanischen

MIT BLANKER WAFFE
Dieses Werk von Tadeo Zuccaro stellt die Truppen des Kardinals Alexander Farnese und Karls V. beim Aufbruch zum Krieg gegen die Protestanten dar. Obwohl man bereits über Kanonen verfügte, zeigt die Ausstattung der Männer mit Rüstung und Helm, dass noch der Einsatz blanker Waffen vorherrschte.

Garnisonen eine ein- oder zweijährige Grundausbildung an der Waffe und in den Kampf-disziplinen, bevor man sie für kriegstauglich erklärte. Nach Parker war dies „ein außerordentlich leistungsfähiges System, das die Kampfqualitäten und den guten Ruf der *tercios* erklärt. Alles in allem waren sie es, die das ‚neue Modell' der schwedischen Armee bei Nördlingen zu Fall brachten." Im Übrigen hätten Moritz von Nassau und Gustaf II. Adolf ihre neue Kriegstechnik von spanischen Vorbildern und Militärs – auch englischen, die in der spanischen Armee gedient hatten – übernommen und weiterentwickelt.

Am Ende fiel die Infanterie der missglückten Waffenunion zum Opfer, die Olivares konzipiert hatte. Das Königreich Kastilien war nicht mehr in der Lage, die Kriegskosten allein zu tragen. Die jährlichen Kosten vor 1580 schwankten zwischen 750 000 und 1 200 000 Dukaten; 1587 waren sie auf 3 500 000 und im Jahr 1597 auf 3 700 000 Dukaten gestiegen. Der Friede war also dringend notwendig. Als der Krieg nach 1620 wieder ausbrach, konnte er überhaupt nicht mehr finanziert werden, weil die Edelmetalllieferungen aus Amerika stockten und dem König damit die regelmäßigen Einnahmen fehlten.

Aber gerade in diesen Jahren wurden die kämpfenden Heere immer größer. Bei Rocroi waren die spanischen Truppen den französischen unter Condé zahlenmäßig noch leicht überlegen (27 000 zu 23 000), und die spanische Infanterie beteiligte sich mit nur 4000 Mann. Aber nach 1650 konnte Spanien bei dem allgemeinen Trend zu größeren Heeren nicht mehr mithalten. Einer der Hauptgründe, warum sich die Holländer zwischen 1621 und 1648 schließlich siegreich gegen die Spanier durchsetzten, war ihr Talent, neue Finanzierungstechniken für den Krieg zu erfinden, um ein riesiges Heer auf unbegrenzte Zeit zu unterhalten.

HOHN UND SPOTT
Diese französische Karikatur, die sich über den besiegten Spanier lustig macht, ist Teil einer Serie, die nach den Siegen von Rocroi (1643) und Lens (1648) Verbreitung fand. Vor 1630 wäre so etwas undenkbar gewesen.

Diplomatie und Nachrichtendienste

Die spanischen Habsburger waren vor allem an soliden, dauerhaften Bündnissen wie mit Genua und Savoyen und in der zweiten Hälfte des 16. Jh. an einem langjährigen aus-geglichenen Verhältnis mit Frankreich interessiert. Auch die Allianz mit den österreichischen Habsburgern nach der Abdankung Karls V. war so wichtig, dass sie es 1618 vorzogen, in den Krieg einzutreten anstatt zu dulden, dass das Kaisertum durch die Wahl des Kurfürsten Friedrich V. von der Pfalz zum König von Böhmen zerschlagen wurde. Auch England, das unter Königin Elisabeth I. endgültig zur Großmacht aufstieg, galt damals als wichtiger Verhandlungspartner, den man neutral halten konnte. Die feindseligen Osmanen zu versöhnen hielten die Habsburger für hoffnungslos, aber sie konnten immerhin die Streitigkeiten zwischen den Völkern innerhalb des türkischen Reiches schüren und die Venezianer in ihrem Widerstand gegen den Sultan bestärken, auch wenn das Verhältnis zwischen Spanien und der Serenissima meist kühl war. Es ist also wichtig, die spanische Diplomatie und ihre Möglichkeiten während dieses Zeitraums genauer zu betrachten.

Wir beschränken uns hier auf die Beispiele, die besonders gut erforscht sind. Zunächst die spanische Gesandtschaft in Frankreich zur Zeit der Religionskriege (1560–94): Bis zum Jahr 1589, als Heinrich III. starb, waren die Spanier bestrebt, die katholische gegen die protestanische Partei zu unterstützen und die Freunde Spaniens zu fördern. Nach

1589 verstärkte Philipp II. diese Bemühungen, als er mit seinem Einfluss die Kandidatur seiner Tochter Isabella Clara Eugenie für den französischen Thron förderte – ungeachtet der in Frankreich geltenden männlichen Thronfolge.

Von 1559 bis 1590 war die Gesandtschaft in Paris mit sechs erfahrenen und begabten Diplomaten besetzt, nacheinander Antoine Perrenot de Granvelle, Francés de Álava, Diego de Zuñiga, Juan de Vargas Mexia, Juan Bautista de Tassis und Bernardino de Mendoza. Mit Ausnahme von Vargas Mexia, der nur zweieinhalb Jahre im Amt blieb, waren alle sehr lange dort tätig, Francés de Álava sogar fast acht Jahre, Bernardino de Mendoza über sechs Jahre. In dieser Zeit gelang es ihnen, wichtige Informationen über die politischen Verhältnisse in Frankreich und die Palastintrigen im Umkreis Katharinas von Medici zu sammeln. Jeder Gesandte hatte acht bis zehn ständige Mitarbeiter, darunter zwei Sekretäre (der eine französisch-, der andere spanischsprachig), einen Kurier, zwei Schreiber für Depeschen und einen Dekodierer für die Geheimpost. Außerdem gab es ein Netz von ständigen oder gelegentlichen Informanten, darunter auch Doppelagenten. Dieses Netz funktionierte während der Amtszeit Álavas (1564–71) so gut, dass sich sein französischer Kollege Fourquevaux in Madrid darüber den Kopf zerbrach, wie der spanische Diplomat so gut informiert sein konnte. Drei Agenten waren besonders tüchtig: der Portugiese Antonio de Almeida, Jerónimo de Gondi als Kammerdiener der Katharina von Medici und

Hernando de Ayala, der bei den Hugenotten ein und aus ging; deshalb war Philipp II. auch so gut über Colignys Aktivitäten unterrichtet.

Im Verhältnis zu den hohen Kosten brachte der Nachrichtendienst weniger Nutzen als die Pensionsgelder für katholische Heereskommandanten, einschließlich Henri de Guise, später Herzog von Mayenne, bis 1582. An der Liste der Pensionsempfänger, die der Gesandte Mendoza zwischen 1584 und 1590 führte, ist zu erkennen, dass die „Politiker" Vorrang hatten: vor allem die „Sechs", der Herzog von Mercœur, mehrere Provinzgouverneure, aber auch Prediger, die von der Kanzel ihrer Pfarrkirchen Propaganda für Spanien betrieben.

ISABELLA CLARA EUGENIE
Die Tochter Philipps II. ist auf diesem Bild mit der Zwergin Magdalena Ruiz dargestellt. Das üppige Gewand, die Juwelen und Schmuckstücke geben dem Werk einen sinnbildlichen Charakter.

Zur Zeit Philipps III. war Diego Sarmiento de Acuña, Graf von Gondomar, der angesehenste Diplomat. Während seiner langen Aufenthalte als Gesandter in London konnte er große Erfolge vorweisen; er gehörte auf seine Weise zu den einflussreichsten Beratern Jakobs I. Als Gesandter mit einem großen Budget konnte er eine regelrechte Klientel aufbauen. Er gewann den englischen König als überzeugten Parteigänger der Friedenspolitik des Herzogs von Lerma. Er konnte dazu beitragen, die Lebensverhältnisse der englischen Katholiken zu verbessern, und erreichte, dass mehrere Piraten, darunter sogar Walter Raleigh, gerichtlich verfolgt wurden. 1620 reiste er noch einmal in einer heiklen Mission nach England: Der Kurfürst von der Pfalz, gegen den Spanien Krieg führte, war der Schwiegersohn Jakobs I., und die englische Neutralität im Dreißigjährigen Krieg, der gerade ausbrach, war nicht garantiert. Gondomar konnte verhindern, dass England sich der Koalition der Holländer mit dem Kurfürsten anschloss. Im Jahr 1621 bekam er den Auftrag, in Dänemark Kanonen zu kaufen; 1625, ein Jahr vor seinem Tod, wurde er nach Brüssel entsandt, um aus nächster Nähe das Vorgehen der Engländer zu beobachten, denn der Herzog von Buckingham und Karl I. waren nun doch in den Krieg eingetreten. Nach der englischen Niederlage vor Cádiz im Jahr 1625 äußerte Olivares, Gondomar habe in seiner Englandbegeisterung die englische Seemacht nun doch überschätzt.

Unter Philipp III. formierte sich eine Diplomatengeneration, zu der führende Persönlichkeiten aus dem spanischen Adel gehörten sowie fähige wallonische, flämische, italienische und portugiesische Gesandte der spanischen Krone. Einige sind erwähnenswert, weil sie zwischen 1620 und 1650 eine wichtige Rolle spielten, so auch Francisco de Moncada, der 3. Marquis von Aytona. Er stammte aus einer weit verzweigten Familie in Katalonien und Valencia, war Armeegeneral, Schriftsteller, Gesandter in Wien, in diplomatischer Mission in Prag, danach in Brüssel, um die Irritationen beizulegen, die der Kardinal von La Cueva ausgelöst hatte. Iñigo Vélez de Guevara y Tassis, 5. Graf von Oñate, genannt „der Germane", war ebenfalls Gesandter in Wien, gehörte zu den wichtigsten Befürwortern der spanischen Beteiligung am Dreißigjährigen Krieg und erwirkte von Madrid finanzielle und militärische Unterstützung für die österreichischen Habsburger. Antonio Dávila y Zúñiga, 3. Marquis von Mirabel, diente seinem Land mehrfach als Gesandter in Paris. Der Marquis von Bedmar, Kardinal von La Cueva, war dagegen eine umstrittene Person; er machte sich bei den flämischen und wallonischen Beratern der Isabella Clara Eugenie verhasst, aber als Meister der Intrigen und Verschwörungen aller Art baute er auch in Brüssel und Venedig ein sehr effizientes Spionagenetz auf. Nach Paulo Preto war sein Agentennetz in Venedig „ganz besonders ergiebig und weit verzweigt", und er beherrschte „die Kunst der Infiltration in das venezianische Patriziat" so brillant, dass er dem Patrizier Angelo Badoer sogar Staatsgeheimnisse entlockte. Bedmar war möglicherweise in das

GOLDENE ZEITEN FÜR DIE KARTOGRAPHIE
Durch das Mäzenatentum Karls V. erlebte die Kartographie in den Niederlanden einen beträchtlichen Aufschwung. Der Flame Abraham Ortelius, der Urheber dieser Karte, erstellte den ersten Atlas der Neuzeit, der 1570 in Antwerpen unter dem Titel Theatrum Orbis terrarum *veröffentlicht wurde.*

Komplott von 1618 verwickelt; Philipp III. musste ihn abberufen, aber seine drei Nachfolger, vor allem Juan Antonia de Vera y Zúñiga, Graf von La Roca, unterhielten ebenfalls ein wichtiges Nachrichtennetz mit zahlreichen Informanten.

José Alcalá-Zamora hat die Aktivitäten und Erfolge der eigentlichen Spione, die etwas bescheidener, aber sehr begabt waren, genauer durchleuchtet. Da gab es einen Manuel Sueyro, „Agent Nr. 202", ein portugiesischer Jude; er wurde über zwanzig Jahre lang in Brüssel hauptsächlich gegen die nördlichen Niederlande eingesetzt (1605–26). Er führte manches komplizierte Manöver durch, um die Fahrt der holländischen Flotten nach Brasilien zu behindern, und gelegentlich versuchte er auch, in Holland die Arminianer gegen die Gomaristen aufzuhetzen. Gabriel de Roy reiste 1616 nach einer mehrjährigen Ausbildung in den Schreibstuben von Madrid nach Rotterdam, um über die Fahrtziele der „Wassergeusen" in Amerika und Indien Informationen einzuholen. Später

gehörte er zu den tüchtigsten Agenten Olivares' in Nordwesteuropa. Er beherrschte zahlreiche Fremdsprachen und reiste oft in den deutschen Ländern, in Ungarn, Polen, Litauen, Livland und Kurland herum. Auch in Stockholm, Kopenhagen sowie viele Male in Lübeck tauchte er auf, wo er auf Rechnung Spaniens Kaperschiffe ausrüstete, den Schiffsverkehr beobachtete und über alle Vorgänge Bericht erstattete. Am holsteinischen Hof gewann er Herzog Friedrich für die spanische Partei; es war nicht seine Schuld, dass der Plan am Ende scheiterte.

Der Baron d'Auchy, Spezialist für Polen, ließ sich in Danzig einstellen, um eine Flotte für Sigismund, den König von Polen, aufzubauen, die den Kaiserlichen gegen die Schweden beistehen sollte. Auch der Graf Ottavio Sforza spionierte für Spanien. Und nicht zu vergessen Peter-Paul Rubens, der sich sehr gekonnt den spanischen Habsburgern zur Verfügung stellte. Madrid mangelte es also offenbar nie an sicheren Informationsquellen oder an geschickten Unterhändlern.

HOCH ZU ROSS
Der am Hof der Habsburger hoch geschätzte Maler Anton van Dyck schuf eine Reihe Porträts von Mitgliedern des Hochadels. Hier ist Francisco de Moncada, der 3. Marquis von Aytona, dargestellt.

Meisterwerke der spanischen Kunst

SCHILD MIT MEDUSENHAUPT

Kunstvoll verziert ist dieser Schild (1541) aus der Werkstatt Filippo Negrolis in Mailand. Um die Meduse im Zentrum zieht sich ein zweiter Kreis, in dem u. a. David, Samson und Herkules dargestellt sind. Der dritte Kreis zeigt Scipio, Cäsar, Augustus und Claudius. Hier handelt es sich um eine Idealisierung des von der italienischen Renaissance inspirierten heldenhaften Kaisers.

PALAST DES DUQUE DEL INFANTADO IN GUADALAJARA

Dieser Palast war im Besitz einer der angesehensten Adelsfamilien Kastiliens, der Hurtado de Mendoza. Der hier gezeigte Innenhof ist ein Beispiel dafür, dass die Arbeit der Bildhauer der Goldschmiedekunst im Goldenen Zeitalter recht nahe kam.

DETAIL AUS DEM ALTARAUFSATZ VON SANTO BENITO

Der Bildhauer Alonso Berruguete genoss ein so hohes Ansehen, dass man 1526 bei ihm einen Altaraufsatz für die Kirche des Benediktinerklosters Santo Benito in Valladolid in Auftrag gab (hier ein Detail mit dem hl. Benedikt). Karl V. schätzte seine Kunst so sehr, dass er ihm das Amt des Notars in der Kanzlei von Valladolid verlieh.

WASSERKANNE KARLS V.

Im Goldenen Zeitalter fertigten die oftmals von deutschen, flämischen oder italienischen Vorbildern beeinflussten Goldschmiede unzählige, reich verzierte Stücke an. Diese Kanne (16. Jh.) aus vergoldetem und emailliertem Silber ist unter italienischem Einfluss entstanden.

HEILIGE FAMILIE MIT JOHANNES DEM TÄUFER

Diego de Siloe wurde 1490 in Burgos geboren. Er stammte aus einer flämischen Künstlerfamilie, die sich um 1480 in Kastilien niedergelassen hatte. Wie viele seiner Zeitgenossen ging er nach Italien und war in Neapel tätig, bevor er nach Kastilien zurückkehrte. Er arbeitete viel in Burgos und in Valladolid, wo er diese schöne Holzstatue schuf.

ANHÄNGER MIT EMAILLIERTEM GOLD UND EDELSTEINEN
Die Porträts der Mitglieder des Hauses Habsburg lassen erkennen, dass die Fürsten und Aristokraten der damaligen Zeit Geschmack an schön gearbeiteten Schmuckstücken hatten – an Anhängern, Ketten, Colliers und Medaillons. Dieser 5 cm große Anhänger ist mit dem Motiv des Daniel in der Löwengrube geschmückt.

RIPPENGEWÖLBE MIT MALEREIEN
Im 16. Jh. erlebte die gotische Kunst im spanischen Raum eine Blütezeit. Sie breitete sich in Amerika aus und ließ prachtvolle Werke wie das Gewölbe der Kirche von Tecamachalco, einer mexikanischen Stadt südlich von Pueblo, entstehen. Ein Maler namens Juan Gerson, vermutlich ein Indio, ist der Schöpfer eines Zyklus von 28 farbenprächtigen Medaillons mit Szenen aus dem Alten Testament und der Apokalypse (1562).

DAS BEGRÄBNIS DES GRAFEN ORGAZ
Das berühmteste Werk El Grecos (1586) hängt in der Kirche von Santo Tomé in Toledo.
Im unteren Teil halten die Heiligen Augustin und Stephanus den Leichnam des Grafen in
ihren Armen. In der oberen Hälfte sind unter den Heiligen, die die Jungfrau Maria und
den hl. Johannes umgeben, auch Philipp II. und Tavera, der Kardinal-Erzbischof von
Toledo, dargestellt.

**ZIBORIUM IN DER
KATHEDRALE VON TOLEDO**
*Das Meisterwerk wurde im Auftrag
des Großinquisitors und Erzbischofs
von Toledo, Francisco Jiménez de
Cisneros, von Enrique de Arfe geschaffen (1515–24). Es ist 3 m hoch
und wiegt 172 kg. Das mit 260 Statuetten geschmückte und unzähligen
Diamanten und Edelsteinen besetzte
Ziborium trägt ein
Kreuz aus dem
angeblich ersten
Gold, das Chris-
toph Kolumbus
aus Amerika mit-
gebracht hatte.*

**DAS SCHWEISSTUCH
DER HL. VERONIKA**
*1577, während seines Aufent-
halts in Toledo, malte El Greco
verschiedene Versionen dieser
Szene aus einem nicht authenti-
schen Evangelium des Nikode-
mus. Eventuell bezog der Maler
die Anregung für dieses Bild von
einer Radierung Dürers.*

KRIEGERISCHER ENGEL
Das Thema der als Kämpfer dargestellten Erzengel, angeregt durch das Buch Henoch über die Engel, war im Bergland von Peru zwischen Cuzco und Potosí äußerst populär. Die anmutigen Gestalten waren mit Gewändern und Waffen nach der Militärmode des 17. Jh. ausgestattet (Cuzco-Schule, Kolonialkunst).

HL. FRANZISKUS
Francisco Zurbarán, der eine Reihe von Heiligenporträts malte, hatte eine besondere Vorliebe für Franz von Assisi, den poverello (den kleinen armen Franz), der hier in der Haltung der Reue dargestellt ist. Dieses um 1630 gemalte Werk aus dem Museum von Lyon zeigt in seiner Schlichtheit den Einfluss der Holzbildhauerei auf den Künstler.

DIE GRABLEGUNG CHRISTI
Dieses Altarbild von Pedro Roldán hängt in der Kapelle des Hospital de la Caridad in Sevilla (17. Jh.). Es entstand in einer Zeit, die noch stark von der 1648 bis 1652 in Sevilla wütenden Pestepidemie beeinflusst war.

DAS MOTIV DER JUNGFRAU

Hieronymiten, Dominikaner, Franziskaner, Mercedarier und Kartausen – sie alle bestellten Gemäldezyklen bei Francisco Zurbarán. In diesem Werk, das im Besitz der Kartause von Triana in Sevilla ist, greift der Maler das klassische Thema der barmherzigen Jungfrau auf, das auch schon Alejo Fernandez auf seinem Gemälde Jungfrau der Seefahrer behandelt hatte, das sich ebenfalls in Sevilla befindet.

IDEAL ZUM TRANSPORT

Hochzeitsschatullen und eucharistische Schreine, in denen man mühelos kostbare Gegenstände transportieren konnte, waren oft mit reichen Verzierungen aus Holzeinlegearbeiten, Gold oder Silber geschmückt.

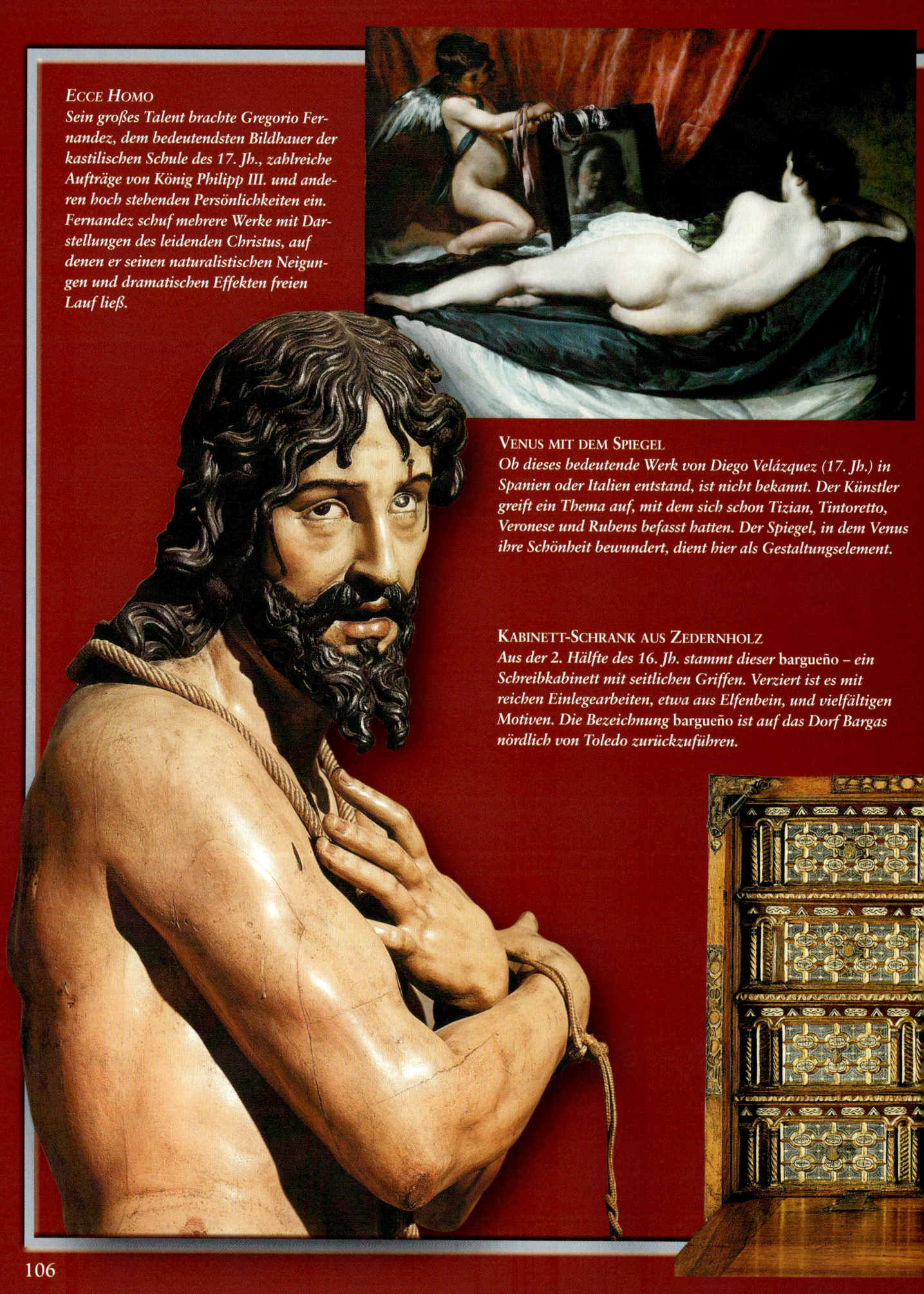

ECCE HOMO
Sein großes Talent brachte Gregorio Fernandez, dem bedeutendsten Bildhauer der kastilischen Schule des 17. Jh., zahlreiche Aufträge von König Philipp III. und anderen hoch stehenden Persönlichkeiten ein. Fernandez schuf mehrere Werke mit Darstellungen des leidenden Christus, auf denen er seinen naturalistischen Neigungen und dramatischen Effekten freien Lauf ließ.

VENUS MIT DEM SPIEGEL
Ob dieses bedeutende Werk von Diego Velázquez (17. Jh.) in Spanien oder Italien entstand, ist nicht bekannt. Der Künstler greift ein Thema auf, mit dem sich schon Tizian, Tintoretto, Veronese und Rubens befasst hatten. Der Spiegel, in dem Venus ihre Schönheit bewundert, dient hier als Gestaltungselement.

KABINETT-SCHRANK AUS ZEDERNHOLZ
Aus der 2. Hälfte des 16. Jh. stammt dieser bargueño – ein Schreibkabinett mit seitlichen Griffen. Verziert ist es mit reichen Einlegearbeiten, etwa aus Elfenbein, und vielfältigen Motiven. Die Bezeichnung bargueño ist auf das Dorf Bargas nördlich von Toledo zurückzuführen.

DIE VERGÄNGLICHKEIT DER DINGE (VANITAS-ALLEGORIE)

Auf dieser kunstvollen Komposition betont der Künstler Antonio de Pereda (1643) die Vergänglichkeit der Macht. Den Symbolen der Macht (Rüstung, Globus mit den spanischen Territorien, Medaillons mit Herrscherporträts) stellt er die verrinnende Zeit (Uhr und Sanduhr), das wechselhafte Glück (Spielkarten) und den Tod, an dessen Triumph die Totenköpfe gemahnen, gegenüber.

DIE NÄHERIN
Lange Zeit diskutierte man, ob dieses um 1640 entstandene Bild wirklich Velázquez zuzuschreiben ist. Möglicherweise hat der Künstler es mehrfach übermalt, was bei ihm häufig vorkam. Doch die strahlende Helligkeit des Schultertuchs und die Vereinfachung der Hände weisen auf die Meisterschaft des Malers aus Sevilla hin. Die Porträtierte ist zweifellos eine nahe Verwandte, vielleicht seine Ehefrau Juana Pacheco oder ihre Tochter Francisca.

Maria Magdalena

Pedro de Mena, der 1628 in Granada geborene Sohn eines Bildhauers, war Schöpfer eines ausschließlich religiösen Themen gewidmeten Werkes, das sich vor allem der Leidensgeschichte Christi widmete. Mit der ergreifenden Gestalt der Maria Magdalena (1664) drückt er die Inbrunst des religiösen Empfindens in Spanien aus.

Mexikanischer Wandschirm

Pracht und Glanz am Hof Moctezumas beeindruckten alle Konquistadoren. Bei seiner Begegnung mit Cortés war der Aztekenfürst über und über mit Gold, Silber, Perlen und Edelsteinen geschmückt. Seine Würdenträger fegten den Boden vor ihm und breiteten Tücher aus, damit er die Füße nicht auf die Erde setzen musste. Diese Darstellung aus dem 17. Jh. drückt den Patriotismus der Kreolen angesichts des aus Spanien eingetroffenen Vizekönigs aus.

Die Unbefleckte Empfängnis

Dieses nicht einmal 50 cm hohe Werk von Alonso Cano aus vielfarbig gefasstem Holz (1656) war vermutlich für eine Nische im oberen Teil des Chors der Kathedrale von Granada gedacht. Es fand jedoch so viele Bewunderer, dass man es in der Sakristei unterbrachte. Anzumerken ist, dass das Gewand ursprünglich weiß war.

STILLLEBEN MIT FAMILIE
Dieses Werk von Murillo ist ein typisches Beispiel für die Religiosität des Künstlers. Geschildert wird eine Szene aus dem privaten Familienleben, wo die Arbeit für das Spiel mit dem Kind unterbrochen wird. Details der Szene, die an ein Stillleben erinnern, gibt Murillo mit großer Genauigkeit wieder.

IN ICTU OCULI
Juan de Valdés Leal schuf dieses Gemälde mit dem Titel In Ictu Oculi. Von der Hand desselben Künstlers stammt sein Pendant Finis Gloriae Mundi. Die Bilder hängen sich im Eingangsbereich des Hospitals der Barmherzigen Brüder in Sevilla gegenüber. Angeregt wurden die Werke von der 1672 von Miguel de Mañara, dem Haushofmeister der Bruderschaft, veröffentlichten Schrift El libro de la vida.

KAPITEL 5

Verfall und Zusammenbruch

DER EINARMIGE
VON LEPANTO
Dieses Porträt von
Miguel de Cervantes
(1547–1616) ist von
Strenge geprägt. Der
Schriftsteller verlor
als Soldat in der See-
schlacht von Lepanto
einen Arm. 1575–80
wurde er in Algier
gefangen gehalten.
Berühmtheit erlangte
er erst im Alter von
fast 60 Jahren, mit
Don Quijote *(1605–15)*
und den Exemplarischen
Novellen *(1613).*

Im 16. und 17. Jh. empfingen die spanischen Könige und die Mitglieder ihres Hofes eine große Zahl von Bittschriften, Briefen und Memoranden, in denen die Verfasser sie auf die Mängel im Regierungssystem hinwiesen und ihnen Verbesserungsvorschläge unterbreiteten. Besonders in den Cortes wurden Beschwerden vorgetragen, die nicht immer auf persönlichen oder egoistischen Interessen beruhten. Zahlreiche Einzelpersonen zögerten nicht, sich direkt an die Regierenden zu wenden und damit ihre Sorge um das Gemeinwohl zu bekunden, die während der Habsburgerzeit in Spanien immer bestand. Die Ursprünge dieser Form von schriftlichen Eingaben lagen weit zurück; in Ansätzen findet man sie in der zweiten Hälfte des 15. Jh. und vor allem zu Beginn des 16. Jh., sogar als das spanische Weltreich noch in der Expansion begriffen war. So legten zum Beispiel im Jahr 1516 zwei angesehene Bürger, Pedro de Burgos aus Valladolid und Rodrigo de Luján aus Madrid, dem Kardinal und Regenten Cisneros ein Memorandum vor, mit dem sie ihre Sorge über den Export von Rohstoffen äußerten, weil er für die kastilische Wirtschaft schädlich sei. Im Jahr 1558 beklagte Luis Ortiz, Zahlmeister von Kastilien, die zu schwache Produktivität der Region und das Abfließen des Geldes.

Die Arbitristen: Schriftsteller des Niedergangs

Derartiges Schrifttum, in dem selbst ernannte Ratgeber ihre Vorschläge formulierten, blühte Ende des 16. Jh. und in der ersten Hälfte des 17. Jh. In der *Biblioteca de Economistas españoles*, die zwischen 1855 und 1870 eingerichtet wurde, hat man bereits 265 Schriften dieser Art besprochen, die zwischen 1598 und 1650 erschienen waren. Diese Überfülle wirkte übrigens auf die Zeitgenossen verwirrend und löste zahlreiche kritische Äußerungen über die besserwisserischen „Arbitristen" aus. Die Liste der Kritiker ist lang: Ein prominenter Vertreter ist Cervantes, der diese Bezeichnung abwertend gebrauchte. Und auch bei Gracián wurde der Arbitrist eine lächerliche Figur sowie bei Quevedo, für den das Vorbild dieser unerträglichen Nörgler Judas ist. Die Erfinder der Reformprojekte hatten einen sehr schlechten Ruf, mitunter zu Recht, zumal ihre Vorschläge oft bizarr, unlogisch oder viel zu radikal waren. Der eine schlug vor, den Orden der Hieronymiten zu unterdrücken, weil deren homosexuelle Neigungen zu Epilepsie führten; der andere, man solle sämtliche Kryptomuselmanen Spaniens in Amerika ansiedeln, um sich ihrer besser zu entledigen; ein dritter, man solle eine Brücke zwischen Spanien und Amerika bauen. Doch nicht alle Arbitristen verdienten diesen Vorwurf. Zahlreiche Texte stammen von ausgezeichneten Beobachtern, die bemerkenswerte Gedanken veröffentlichten.

Das gemeinsame Vokabular der Verfasser ist bezeichnend: Sie schreiben von „Übeln" (*daños*), die Spanien unterminieren, von Trostlosigkeit, von der Verminderung der Bodenrente, von der Verarmung der Bevölkerung, kurz: vom „Niedergang" – diesen

Begriff verwandte speziell Cellorigo – oder von Verfall und Dekadenz. Aber nicht alles sei ganz verloren, und man müsse zu einem „Wiedererwachen" *(despertar)* beitragen, für die Bewahrung der Republik sorgen und an ihrer Erneuerung mitarbeiten. Diese Autoren hatten eine ganz solide Ausbildung, denn ob sie nun Geistliche oder Laien waren, alle waren gebildet, hatten Recht oder Theologie studiert und blickten auf eine langjährige politische Praxis zurück. Einige hatten schwierige, ehrenvolle Ämter inne

wie der königliche Zahlmeister Luis Valle de la Cerda oder der Advokat der Cancellería von Valladolid, Cellorigo. Die meisten stammten aus Kastilien, und sie hatten ein besonders feines Gespür für die Krise, von der das spanische Imperium ergriffen war. Man hat von einer „Schule von Toledo" gesprochen. Diese Stadt hatte Symbolcharakter, weil sie zwischen 1580 und 1640 mehr als jede andere in Mitleidenschaft gezogen wurde. Die Verfasser interessieren sich nicht ausnahmslos für dieselben Symptome, und sie empfehlen zahlreiche Heilmittel, gleich-

wohl kreist die Diagnose „Niedergang" um einige zentrale Begriffe, die sich zum großen Teil auf ökonomische Faktoren beziehen: defizitärer Staatshaushalt, Abfließen des Geldes, Entvölkerung.

Tatsächlich entvölkerte sich das Land: Seit den 80er-Jahren des 16. Jh. waren Verluste auf dem Schlachtfeld, die freiwillige Auswanderung vieler nach Amerika und Nordafrika, die Vertreibung der Morisken – der Mauren, die in Spanien zurückgeblieben waren –, Missernten und Pestepidemien für den Rückgang der Bevölkerungszahl verantwortlich. Die Geschwindigkeit, mit der sich die Pest verbreitete und von 1596 bis 1603 fast über die gesamte Iberische Halbinsel raste – mit Ausnahme Kataloniens – und sicher eine knappe Million Menschen tötete, erschütterte die Autoren derart, dass zum Beispiel Cellorigo die Pest als Hauptbeleg seiner Beweisführung im ersten Teil seines Memorandums anführt. Als aufmerksamer Zeuge für die Ausbreitung der Epidemie in seiner schönen Stadt Valladolid, „der edelsten in allen Königreichen", schreibt er die Schuld den Ärzten zu, die unfähig seien, eine richtige Diagnose zu stellen, und zieht die Lage von Florenz im Jahr 1348 zum Vergleich heran, als dort die Schwarze Pest ausbrach. Er bezeichnete die Vertreibung der Morisken aus ganz Spanien, die 1609 verfügt und zwischen 1609 und 1614 durchgesetzt wurde, als besonders unheilvolles Vorzeichen. Die Maßnahme selbst erschien den Autoren nicht ungerecht, weil sie überzeugt waren, dass die katholische Monarchie damit eine wichtige Aufgabe erfüllt habe und dass es notwendig sei, die Gefahren aufgrund der Anwesenheit von „Muslimen, Barbaresken oder

MASSENSTERBEN IN SEVILLA
Von Februar bis Juli 1649 wurde Sevilla von einer verheerenden Pestepidemie heimgesucht. Um die Toten, 60 000 an der Zahl, begraben zu können, musste man außerhalb der Stadt Gräben ausheben. Allein im Hospital de la Sangre wurden 26 000 Kranke aufgenommen, von denen nicht einmal 4000 überlebten. Unter den Opfern befand sich auch der Bildhauer Juan Martínez Montañes.

Türken" auszuschalten; aber unter dem ökonomischen Aspekt, den alle sofort heranziehen, befürchteten sie schlimme Auswirkungen. So betonten einige Verfasser, dass mit den Vertriebenen tüchtige, fleißige und für das Land unentbehrliche Handwerker verschwänden.

DIE ALTE WUCHERIN
Geldbetrügereien und verschiedene Inflationswellen begünstigten im 17. Jh. trotz der Verbreitung von Pfandhäusern die Wiederkehr des Wuchers. José (Jusepe) de Ribera nimmt sich des Themas hier in meisterhafter Form an. Obwohl der Künstler fast ausschließlich in Neapel arbeitete, erhielt er häufig Aufträge der spanischen Aristokraten und Vizekönige.

Die Finanzen der Monarchie

Der Pessimismus der Arbitristen war nur zu berechtigt. Im 17. Jh. war die Krise zwar weniger tief greifend, als man lange Zeit annahm, aber durchaus real. Spanien hatte zu dieser Zeit weniger Einwohner als nach der Pest von 1596/1602. Aber die finanziellen Belastungen waren vor allem wegen der Kriege in diesem Zeitraum nicht geringer geworden. Der Geldbedarf der Monarchie war riesig und durch die komplexen und ungeordneten Einnahmen, bei denen auf die Eigenheiten der verschiedenen Territorien des Weltreichs Rücksicht genommen werden musste, nur schwer zu decken. Im Allgemeinen kümmerte sich jedes einzelne Land, wie etwa das Herzogtum Mailand, die Niederlande oder Portugal, um seinen eigenen Bedarf und hatte seine eigene Finanzhoheit; die wenigsten Steuern kamen aus einer spezifischen, stark dezentralisierten Verwaltung. Nur die Überschüsse gelangten in die Staatskasse. Im 16. Jh. war nur in Kastilien der Haushalt ausgeglichen, weil das Land relativ dicht besiedelt war, keinen Krieg erlebte und seinen Anteil von den amerikanischen Edelmetallimporten erhielt, und auch in Neapel und Sizilien, deren Beitrag erst seit den 70er-Jahren des 16. Jh. wieder nennenswert war, als auch dort der Friede wieder einkehrte.

Die Kastilier bezahlten *alcahalas* (Verbrauchssteuern), die theoretisch zehn Prozent betrugen – in Wirklichkeit machten die Abgaben nicht mehr als zwei bis drei Prozent aus, die auf den Handel aufgeschlagen wurden –, und *servicios*, eine Kopfsteuer für Nichtadlige. Die Einnahmen des Staates wurden durch Zölle vervollständigt, durch Einfuhr- und Ausfuhrsteuern für Amerika und außerdem durch Einnahmen von der Kirche. Die *alcahalas* und *servicios* waren vertraglich zwischen dem Souverän und dem jeweiligen Königreich festgesetzt; die Steuerlast blieb stabil und wurde sogar geringer, als die Bevölkerungszahlen zwischen 1520 und 1570 wieder stiegen. Gleichzeitig profitierte Kastilien von steigenden Einnahmen aus den amerikanischen Edelmetallen und es erwirtschaftete Überschüsse, die der König je nach Bedarf anderen Königreichen zugute kommen ließ. Diese Zeit war das eigentliche Goldene Zeitalter Kastiliens.

Mit dem Aufstand der Niederlande wuchs der Finanzbedarf ins Unermessliche; auch die kriegerischen Unternehmungen gegen England und Frankreich waren teuer. Zunächst konnten die Kosten auf zweierlei Arten aufgefangen werden: Die Lieferungen von Edelmetall erreichten dank fortschreitender Ausbeutung der Gold- und vor allem der Silberminen in Amerika und der besseren Verwaltung einen spektakulären Höhepunkt. Zweitens wurde die Steuerschraube angezogen. Im Jahr 1575 stiegen die *alcahalas* um das Zweieinhalbfache. Nach dem Untergang der „unbesiegbaren

Armada", der spanischen Seeflotte, die die Engländer vernichtend schlugen, wurde die neue Steuer *(millones)* eingeführt. So verdreifachten sich zwischen 1560 und 1595 die Steuereinnahmen des Königs von Kastilien. Im 17. Jh. wurde die Lage ernst. Die Edelmetallflotten aus Amerika trafen immer seltener in Sevilla ein, obwohl die Förderung in den amerikanischen Bergwerken nicht nachgelassen hatte. Aber das Monopol von Sevilla wurde durch Schmuggel, Betrug und Konkurrenz immer stärker unterlaufen. Seit 1635 hatten sich Engländer und Franzosen auf den Antillen festgesetzt; die Zone um Curaçao unter holländischer Kontrolle und die Region von Buenos Aires waren die Orte, an denen die Edelmetalle den amerikanischen Kontinent nicht immer ungehindert in Richtung Nordwesteuropa und Fernost verlassen konnten. Ein Teil des Silbers wurde auch direkt nach Amsterdam oder London verschifft oder sogar in Sevilla oder Cádiz zwischengelagert und weiter nach Nordwesteuropa transportiert, ohne deklariert zu sein. Daher schlug der Herzog Olivares im Jahr 1626 einen Plan vor, der an die Solidarität aller Königreiche appellierte. Die „Waffenunion" sah nicht nur vor, dass jedes Königreich sich selbst um seine Verteidigung kümmern sollte, sondern alle zusammen sollten Truppen für gemeinsame Unternehmungen des spanischen Reiches aufstellen. Da sie jedoch an viel kleinere Abgaben als diese Forderungen aus Kastilien gewöhnt waren, wiesen die Krone Aragonien, Navarra und das Baskenland dieses neue Ansinnen zurück. Katalonien widersetzte sich gewaltsam.

Bestechungsgelder als besondere Einnahmequelle hatten schon Philipp II. und Philipp III. gern in Anspruch genommen, aber unter ihren Nachfolgern häuften sich diese Gewohnheiten. Zahlreiche Ämter wurden verkauft, vom Amt des Schöffen bis zu den Posten in der Finanzverwaltung, beim Militär und sogar in der Justiz. Ein Teil der königlichen Vorrechte wurde von Einzelpersonen gekauft. Jedes Privileg, jeder Gunsterweis des Königs war seit 1631 nur gegen eine zusätzliche Gebühr zu haben. Mit diesen einfallsreichen Geldabschöpfungen konnte man die Reichen zwingen, in vielerlei Form ihre Steuern zu bezahlen.

Die letzte Maßnahme war die Abwertung der Münzen. Seit der Regierungszeit Philipps III. wurde die Kupfermünze *(billón)* geprägt. Man gab ihr einen Nominalwert, der über ihrem eigentlichen Wert lag, während die Silbermünze ihren Wert behielt und zur Fluchtwährung wurde. Im Jahr 1642 war die Prämie für Käufer, die Nahrungsmittel oder Dienstleistungen in Silber bezahlten, auf 190 Prozent gestiegen. Die Kupfermünze

PRACHT IN DER KIRCHE
Unter den kostbaren Gegenständen, die durch die Einfuhr von Gold und Silber in großer Zahl angefertigt werden konnten, waren Ziborien und Kelche. Dieses Ziborium gehört der Kirche der bescheidenen Stadt Albuquerque in der Extremadura, die gute Beziehungen zur Neuen Welt hatte.

113

BLÜTEZEIT DER MESSEN IN KASTILIEN

Barcelona, Saragossa, Valencia oder Sevilla waren bedeutende Handelsplätze, die größten Messen aber, die im 16. Jh. in Spanien abgehalten wurden, fanden in Altkastilien statt. Von März bis Oktober fanden fünf Messen statt, eine in dem kleinen Ort Villalón, zwei in Medina del Rio Seco, weitere zwei in Medina del Campo. Die beiden ersten Städte waren in der Hand bedeutender Adelsfamilien, während in Medina del Campo mächtige Kaufleute ansässig waren, darunter Simón Ruiz. Merkwürdigerweise war Valladolid, die Hauptstadt der Region, niemals Messeplatz.

Die Messen erfüllten zwei unterschiedliche Aufgaben. Einerseits dienten sie dem Handel mit abgabenfreien (zollfreien) Waren und dauerten mitunter länger als einen Monat. Andererseits wurden auf den Messen überaus wichtige finanzielle Transaktionen durchgeführt. Grundlage des Handels in Europa war der Kredit, den sich die Kaufleute gegenseitig auf dem Umweg über den Wechsel gewährten. Die Kaufleute selbst oder ihre Vertreter, die aus Antwerpen, London, Lyon, Genua, Florenz und anderen Städten angereist waren, stellten eine Bilanz der Schulden und Forderungen auf und nahmen die entsprechenden Verrechnungen vor.

Ihre Blütezeit erlebten die Messen in Kastilien in der Mitte des 16. Jh. Um 1560 war in Villalón und Medina del Rio Seco jedoch bereits ein Rückgang spürbar, da die Finanzgeschäfte nachließen. In Medina del Campo freilich blieben sie bis zum Ende des Jahrhunderts bestehen. 1594 entwickelte sich eine schwere Krise. Auch die Rückkehr des Hofes nach Madrid im Jahr 1606 trug erheblich zum Rückgang der Geschäfte bei. Die Messen von Medina del Campo wurden noch im gesamten 17. Jh. veranstaltet, wenn auch in kleinerem Maßstab.

diente der Staatskasse dazu, Gold und Silber zu erhöhten Preisen einzukaufen, um damit die Armeen zu bezahlen. Diese Art von Finanzpolitik löste eine galoppierende Inflation aus, und die Bevölkerung von Kastilien verarmte. Um diese gefährliche Spirale zu beenden, beschloss der Staat im Jahr 1680 eine rücksichtslose Abwertung: Der Nennwert der Kupfermünze wurde um drei Viertel reduziert. Das Geldsystem war stabilisiert – um den Preis einer tiefen sozialen Krise.

Um den ungeheuren Geldbedarf des spanischen Reiches zu decken, nahmen die Könige regelmäßig kurz- oder langfristige Kredite auf. Die Letzteren beruhten im Wesentlichen auf Verträgen, die der König mit Privatpersonen oder Institutionen schloss. Der Klient überließ dem König eine bestimmte Summe in bar gegen eine jährliche Pension. Diese Art der Anleihe erfreute sich einer so großen Beliebtheit, dass ihr jährlicher Gesamtbetrag schon zu Beginn der Regierungszeit Philipps II. genauso viel ausmachte wie sieben Jahreseinkünfte der Krone.

Die Könige benötigten außerdem viel Bargeld, um die Ausrüstung und den Sold der Soldaten und Seeleute und die Verwaltung des Weltreichs zu bezahlen; man musste Personen finden, die sowohl den Kapital- als auch den Warentransfer abwickeln konnten. Das gebräuchlichste Mittel war der *asiento*, ein Vertrag zwischen der Krone und Geschäftsleuten, die für den Transport von Waren oder Bargeld sorgten, im Austausch gegen Zinsen von Kapital, das meist in Kastilien angelegt war und an festgesetzten Terminen zur Verfügung stand. Natürlich verlangten die Geldgeber sehr hohe Zinsen.

SCHREIBKABINETT

(S. 115) Aus dem Goldenen Zeitalter (Ende 16./Anfang 17. Jh.) stammt dieser bargueño. Er besteht aus drei Teilen mit einem als Frontispiz gestalteten Mittelteil. Die Schubladen sind mit Einlegearbeiten aus Elfenbein verziert.

Der Verrat der Oberschichten

Derartige Finanzoperationen waren umso gefährlicher, als die Krone nicht in der Lage war, eine Staatsbank zu schaffen. Andererseits gab es im 16. Jh. zahlreiche öffentliche Banken in Valladolid, Toledo, Burgos, Sevilla, Madrid und anderen Städten, aber alle kamen irgendwann in Schwierigkeiten. In Burgos ließen sich zwischen 1530 und 1550 immer mehr Banken nieder, aber nach einer Serie von Zusammenbrüchen verschwanden sie wieder oder wurden nach Madrid verlegt. Besonders charakteristisch war die Entwicklung in Sevilla, der Stadt, die den größten Profit aus dem Amerikahandel zog.

Die örtliche Bank existierte seit 1508, aber nach einer Zeit der Euphorie gab es zwischen 1560 und 1580 nur noch Rückschläge. 1595 gab es einen neuerlichen Versuch, als Juan Castellanos de Espinosa sich mit Jacome Mortero verband und sich anschließend auf Spekulation und Schmuggel verlegte; ihre Taten brachten die beiden Kompagnons schließlich ins Gefängnis.

Als zu Beginn des 17. Jh. die Geschäfte schlechter gingen und viele Banken schließen mussten, beherrschten die Privatbankiers als Inhaber von *asientos* das Terrain, darunter auch Spanier wie der Kaufmann Simón Ruiz, der sich während der Regierungszeit Philipps II. in Medina del Campo niedergelassen hatte, sowie Pedro de Malvenda und Pedro de Villamor, beide am Ende des 16. Jh. in Madrid ansässig. Aber die mächtigsten Geschäftsleute im spanischen Reich stammten aus dem Ausland, darunter vor allem Mitglieder der süddeutschen Bankiersfamilien Welser und Fugger. Sie waren seit Anfang des 16. Jh. in Spanien präsent, und die Fugger stellten bei der Wahl Karls V. zum Kaiser eine große Geldsumme bereit. Damit stiegen sie zum bedeutendsten Geldgeber des Kaisers auf, erhielten dafür die Pacht der Quecksilberminen von Almadén und beteiligten sich aktiv am Amerikahandel. Trotz dieser Erfolge wurden sie allmählich von den Genuesen in den Hintergrund gedrängt. Die genuesischen Familien Spinola, Centurione, Lomellini, Doria und andere waren schon seit dem Spätmittelalter auf der Iberischen Halbinsel tätig. Als Bankiers unterhielten sie weit verzweigte Verbindungen und beteiligten sich seit dem frühen 16. Jh. in allen größeren Städten an den Geldgeschäften. So spielten die spanischen Bankiers zwischen 1528 und 1627 nur eine Nebenrolle, während das Geschäft der genuesischen Bankiers

florierte. Auf dem europäischen Markt hatten sie eine führende Position im Gold- und Wechselgeschäft, aus dem Fernhandel waren sie nicht wegzudenken und sie hatten die Zuständigkeit für die Soldzahlungen an die spanischen Truppen in Flandern und Italien. 1577 wurden die Märkte von Besançon, einem Hauptumschlagplatz für Geld und Kapital, nach Piacenza verlagert, das unter direkter Kontrolle Genuas lag, und sie blieben dort bis 1621. Die Genuesen hatten also eine ungeahnte Machtstellung im spanischen Reich. Um die Bevormundung durch die schrecklichen Teilhaber einzuschränken, erklärten

Philipp II., Philipp III. und Philipp IV. in regelmäßigen Abständen den Staatsbankrott. Dabei wurden die zuvor abgeschlossenen *asientos* jedes Mal annulliert, und die Konten mussten nach neuen Vorgaben wieder eingerichtet werden; der Handel zwischen Krone und Geldgebern endete immer mit einem Vergleich. Einige Bankiers, auch die Fugger (1557), erlitten erhebliche Verluste, doch trotz der schweren Krisen von 1575 und 1597 behaupteten sich die Genuesen. Erst 1627 begannen sie zu wanken, auch weil ihnen Konkurrenz durch Neuankömmlinge erwuchs: portugiesische Geschäftsleute.

Die portugiesischen *conversos* (getaufte Juden) schalteten sich immer stärker in die Finanzen des Staates ein. In kurzen Abständen (1625/26) unterschrieben sie zwei *asientos* zu je 400 000 Dukaten. Sie sorgten auch für den Umtausch von Kupfer- in Silbergeld. Wegen ihrer hohen Gewinne wurden sie sehr bald heftig angefeindet, vor allem von Francisco de Quevedo. Der erste Minister Olivares' versuchte sie zu schützen, aber nach seinem Sturz wurde ein Inquisitionsverfahren gegen mehrere Mitglieder dieser Gruppe eröffnet. Durch den neuerlichen Staatsbankrott von 1647 mussten einige unter ihnen Verluste hinnehmen; außerdem traten die Genuesen wieder in den Vordergrund. Doch auch den Portugiesen verblieb nach wie vor eine wesentliche Rolle im niedergehenden spanischen Reich.

Die Geschäftsleute, die sich zwei Jahrhunderte lang besonders rege an den Unternehmungen des Weltreichs beteiligt hatten, waren für die Krone ideale Partner, aber die meisten waren keine spanischen Untertanen. Die wenigen Spanier und Portugiesen waren wegen ihrer Herkunft als getaufte Juden nicht gegen die Winkelzüge ihrer Konkurrenten gefeit. Das „nationale" Bürgertum erwies sich als unfähig, Pläne auszuarbeiten und umfangreiche Initiativen zu ergreifen. Spanien zog trotz seiner verschiedenen Triumphe wenig Nutzen aus dem aufstrebenden europäischen Kapitalismus. Auch das Verhalten des spanischen Adels war der Wirtschaft nicht förderlich. Nach und nach kehrten spanische Adlige in einflussreiche Positionen zurück, und zwar vor allem als Günstlinge (*valido*) – eine neue Figur im Regierungsapparat. Davon profitierten einige Adelscliquen. Unter Karl II. (1665–1700) bemächtigte sich der Adel der Staatsführung und richtete mit dem Einverständnis des Königs auf einen Schlag 236 Markgrafschaften und 89 Grafschaften ein. Die Adligen lebten am Hof auf Kosten des Königs, heirateten die Prinzessinnen, die große Mitgiften einbrachten, sicherten sich die Patronage über Pfarrkirchen und Klöster und sorgten für die Ärmeren ihrer Sippe. Viele Adlige waren verschuldet; nur ihres Standes wegen erhielten sie Zuwendungen des Königs und verschwendeten somit großzügig die Mittel des Staates. Der Marquis von Leganés war im Jahr 1691 Inhaber von *juros*, zahlbar auf die Münzprägungen von Sevilla und die Einkünfte aus den *alcabalas* und den *millones*. Der Adel war lediglich bemüht, seinen Status zu sichern.

Mit dieser Einstellung trug er ganz entscheidend zu den Schwierigkeiten Spaniens bei. Er demonstrierte nicht nur seine egoistische Haltung, sondern gab auch ein schlechtes Vorbild für die ganze Gesellschaft ab. Das wirkte sich besonders problematisch im

KÖNIG DES SARKASMUS
Francisco de Quevedo (1580–1645) ist der Autor des Werkes Das abenteuerliche Leben des Buscón oder Das Leben des Erzgauners Pablo aus Segovia, *das zu den großen Schelmenromanen zählt. Aus seiner Feder stammen aber auch* Die Träume, *eine Schilderung der Sitten des Klerus, des Adels und der Kaufleute, sowie zahlreiche Gedichte. Als Gegner des Herzogs Olivares wurde er 1636 vom Hof entfernt.*

ländlichen Milieu aus, wo der Einfluss des Adels in den Grundherrschaften beträchtlich war. Gegen Ende des 17. Jh. besaß der Herzog von Infantado immerhin fast 800 Städte und Dörfer. Überall fehlten Investitionen, die die Produktion hätten fördern können, wie der Gebrauch des *censo* belegt. Dies war ein notariell beglaubigter Vertrag, wonach der Besitzer eines Grundstücks das Recht verkauft, darauf eine jährliche Rente in Geld oder in Naturalien zu erhalten. Dieses Mittel, rasch einen Kredit zu bekommen, wurde von zahlreichen kastilischen Bauern im 16. Jh. genutzt. Die Verleiher – *letrados*, Welt- und Ordensgeistliche, Kaufleute und wohlhabende Bauern – schätzten die Rente über alles. In der ganzen spanischen Gesellschaft war die Suche nach dem schnellen Geld zur Regel geworden, ein allgemeines Echo auf die Gepflogenheiten der fernen Regierung in Madrid.

Die rivalisierenden Mächte

Für Spanien wurde es immer schwieriger, das Weltreich angemessen zu verwalten. Außerdem war es den Feindseligkeiten und Begehrlichkeiten der Nachbarstaaten ausgesetzt, die ihre Macht ausweiteten. Frankreich galt nach wie vor als Hauptrivale; im 16. Jh. hatte Spanien den Gegner in die Knie gezwungen: Franz I. wurde 1525 in der Schlacht von Pavia gefangen genommen und in Madrid inhaftiert; der spektakuläre Sieg der Armee Philipps II. bei Saint-Quentin im Jahr 1557 machte den Weg nach Paris frei. Den spanischen Ansprüchen auf den französischen Thron – Philipp II. wollte Ende des 16. Jh. die Infantin Isabella Clara Eugenie zur Königin von Frankreich erheben lassen – wurde durch eine militärische Intervention unter Alexander Farnese Nachdruck verliehen. Jedenfalls konnten entweder die Spanier ihren Vorteil nicht nutzen, oder den Franzosen gelang es, die Situation wieder zu meistern. Im 17. Jh. kehrte sich das Kräfteverhältnis nach und nach um.

Frankreich war seit dem Edikt von Nantes (1598), das den Protestanten Konfessionsfreiheit gewährte, von einem langwierigen Bürgerkrieg zerrissen. Trotzdem hatte es mehr Einwohner als jeder andere europäische Staat. Frankreich hatte ein zusammenhängendes Territorium, in dem die Beschlüsse des Königs rasch verbreitet werden konnten, und es existierte dort eine starke Bindung des Adels an den König, auch wenn

DER KÖNIG ALS GEFANGENER, DIE PRINZEN ALS GEISELN

Nach der Gefangennahme des französischen Königs am 24. Februar 1525 in Pavia vertraute der Kaiser dem Vizekönig von Neapel die Bewachung Franz' I. an. Der Gefangene verblieb zunächst in der Kartause von Pavia, dann wurde er in die Festung von Pizzighettone bei Cremona verlegt. Im Juni brachte man ihn nach Valencia, Mitte August wurde er in Madrid in einem streng bewachten Quartier untergebracht.

Am 16. August ließ er ein Protestschreiben aufsetzen, in dem er Einspruch gegen alle Zugeständnisse erhob, zu denen man ihn veranlassen würde, bevor man ihm seine Freiheit zurückgab. Die Verhandlungen hatten bereits Ende März begonnen. Karl V. forderte die Übergabe von Burgund, doch Franz I. lehnte die Aufteilung seines Königreichs ab. Wenige Monate später, im Frieden von Madrid (14. Januar 1526), verzichtete Frankreich auf Mailand und Neapel und gab alle Ansprüche in Italien und Burgund auf. Franz I. wurde am 17. März freigelassen und überquerte den Grenzfluss Bidassoa. Sobald er in Sicherheit war, widerrief er die Zusagen und schloss sich mit dem Papst, Mailand, Florenz, Venedig, Genua und England zur Liga von Cognac gegen Habsburg zusammen, was zum Ausbruch des zweiten französisch-habsburgischen Krieges führte.

An seiner statt wurden zwei seiner Söhne als Geiseln festgehalten. Die beiden Kinder – das älteste war 11 Jahre alt – lebten unter immer härteren Bedingungen, geprägt von zunehmender Isolation. Die Unterzeichnung des „Damenfriedens" in Cambrai am 3. August 1529 weckte die Hoffnung auf ihre Befreiung. Im April 1530 wurden die Kinder gegen ein Lösegeld von 7 t Gold freigelassen. Franz, der Dauphin, starb 1536. Heinrich wurde nach dem Tod seines Vaters 1547 König.

Unruhen für kurze Zeit dieses Einvernehmen störten. Dem Land wurden auf dem Umweg über den ständig zunehmenden Steuerdruck höhere Erträge abgerungen, weil das Geld für die Kriege gebraucht wurde, und Spanien war der wichtigste Gegner.

England erlebte unter Elisabeth I. eine wirtschaftliche Blütezeit – vor allem dank der aufstrebenden Bergwerks- und Textilindustrie auf dem Land und in den Städten. Die Einwohnerzahl Londons hatte sich zwischen 1560 und 1600 nahezu verdoppelt, von 90 000 auf 170 000. Die Beziehungen zwischen England und Spanien waren lange Zeit freundschaftlich, verschlechterten sich aber seit dem Ende der 70er-Jahre des 16. Jh.; die missglückte Mission der „unüberwindlichen Armada" ist ein Beispiel dafür. Die Niederlage der spanischen Flotte beschleunigte die englische Expansionspolitik. Diese war von puritanischem Geist getragen und sollte weltweit den Protestantismus verteidigen. So führte sie zum Kampf um die Seeherrschaft, der sich schon im 17. Jh. unter Cromwell anbahnte. Gleichzeitig wollte sich England in die Belange Europas einmischen.

Der schmerzlichste Schlag für Spanien war die Anerkennung der Niederlande als unabhängiger Staat. Im Vertrag von Münster wurde eine neue

AUF DEM HAUPTPLATZ
VON AMSTERDAM
Die Gründung der Bank von Amsterdam, der Börse und der Niederländisch-Ostindischen Kompanie zu Beginn des 17. Jh. belegt, dass sich die Nordprovinzen der Niederlande zu einer bedeutenden Wirtschaftsmacht entwickelt hatten.

politische Macht bestätigt, die umso reicher wurde, als sie auch die Provinzen südlich des Rheins und sämtliche außereuropäischen Besitzungen erhielt. Die Vereinigten Niederlande profitierten vom Aufschwung ihrer Industrie. Die Bank von Amsterdam, 1609 gegründet, stieg rasch zum führenden Kreditinstitut Europas auf. Aus der Landwirtschaft in den Poldergebieten, der städtischen Industrie im Süden und Westen und aus der Fischerei zog das Land beträchtliche Gewinne; vor allem hatte der Fernhandel die Holländer zu Seefahrern und Großtransporteuren für alle anderen Staaten gemacht. Das Symbol für den wirtschaftlichen Erfolg der Niederlande war noch lange vor der Unabhängigkeit die Niederländische Ostindienkompanie, die bis in die portugiesischen Handelskontore in Indien und auf den Sunda-Inseln vordrang. Batavia auf der Insel Java, 1619 gegründet, entwickelte sich zur Drehscheibe für den Gewürzhandel, der den Aktionären der Kompanie hohe Profite versprach.

Spanien war inzwischen von allen Seiten bedroht. Allerdings verfügte das Weltreich über genügend Ressourcen, um für lange Zeit feindlichen Angriffen standzuhalten. Von einem plötzlichen Zusammenbruch des Imperiums kann also keine Rede sein. Darauf verweisen auch die Heiraten oder die Bemühungen um Heiratsbündnisse mit spanischen

Prinzen oder Prinzessinnen vonseiten Englands und Frankreichs. Schließlich gab es im Jahr 1615 eine französisch-spanische Doppelunion: Der künftige König Ludwig XIII. heiratete Anna von Österreich, die Tochter Philipps III.; und Isabella von Bourbon, Tochter Heinrichs IV. von Frankreich, heiratete den Kronprinzen Philipp von Spanien. Der Prince of Wales, später Karl I. von England, reiste 1623 nach Madrid, in der Hoffnung, die Infantin Maria, Tochter Philipps III., zu ehelichen. Das Projekt war zur großen Enttäuschung des Prinzen nicht zu verwirklichen. Für diesen Affront rächte er sich später, nachdem er den Thron bestiegen hatte, mit einer militärischen Offensive gegen Spanien. Als der Waffenstillstand mit den Niederlanden gebrochen war (1621), auch nach dem erneuten Ausbruch der Feindseligkeiten mit Frankreich (1635), kämpften die spanischen Truppen sehr erfolgreich an allen Fronten. Überhaupt verlief das Jahr 1635 so triumphal für Spanien, dass es als *annus mirabilis* bezeichnet wurde: Die spanische Flotte eroberte die Stadt Bahía (Brasilien) zurück, die im Jahr zuvor von den Holländern besetzt worden war. Der Herzog von Feria rückte auf dem Landweg, der Marquis von Santa Cruz von See her auf eine genuesische Stadt vor, und sie befreiten sie von einer Belagerung durch Franzosen und Savoyarden. General Ambrosio Spinola erzwang die Rückgabe der Stadt Breda. Ein Angriff der Holländer auf Puerto Rico wurde zurückgeschlagen. Die englisch-holländische Flotte scheiterte vor Cádiz, das von Fernando Girón verteidigt wurde. Alle Kräfte wurden mobilisiert, um das Weltreich zu erhalten.

Etappen des Zusammenbruchs

Dennoch stand der Niedergang bevor. Die 40er-Jahre des 17. Jh. gehörten zu den schwärzesten des spanischen Reiches. Dunkle Vorzeichen waren zahlreiche Volksaufstände in Südportugal (1637) und die katastrophale Niederlage der Flotte gegen die Holländer: Die meisten Schiffe wurden verbrannt oder versenkt. Zur äußeren Bedrohung kamen Unruhen in mehreren Territorien des Weltreichs. Der erste Aufstand brach am 7. Juni 1640, dem Fronleichnamstag, in Katalonien los; dabei wurde der Vizekönig ermordet. Der Bruch zwischen Katalonien und der Monarchie (Philipp IV.) war vollzogen. Das katalanische Volk hatte seiner Erbitterung über die steuerliche und militärische Belastung Luft gemacht. Denn durch Katalonien marschierten unaufhörlich Truppen in Richtung Frankreich an die Pyrenäenfront. Die Bewohner mussten Logis und Proviant stellen. Die Entsendung von katalanischen Soldaten ins Ausland wurde als Übergriff auf ihre Privilegien betrachtet. Ein großer Teil Kataloniens trat in den Krieg ein. Der Kanoniker Pau Claris, Präsident der Generalität, suchte ein Bündnis mit Frankreich. Ludwig XIII. erkannte die Souveränität Kataloniens an, und Richelieu entsandte ein Heer zur Unterstützung der Aufständischen. Das Heer unter Marquis de Los Vélez wurde im Januar 1641 am Montjuich (Barcelona) besiegt. Im Jahr danach eroberten die Franzosen Perpignan und schlugen die Spanier zurück, die versuchten, Lerida einzunehmen.

Portugal hatte bereits seine Unabhängigkeit zurückerhalten. Zahlreiche Unzufriedene waren der Ansicht, Olivares begünstige Kastilien maßlos und richte Portugal zugrunde, das mit Steuern überlastet war; er plane, den Adel zu vertreiben, und er missachte die Verpflichtungen, die seit Philipp II. immer eingehalten wurden. Am 1. Dezember 1640 wurde das Schloss in Lissabon, wo die Vizekönigin residierte, im Sturm genommen und die Krone von Portugal dem Herzog von Bragança angeboten, dem späteren João IV. Die Revolution verwandelte sich in eine Restauration; die Dynastie war 1580 vom Thron

SPIELKARTEN MIT BISS
Nach dem Scheitern der „unbesiegbaren" Armada wurden in England neben zahlreichen Schriften auch Kartenspiele veröffentlicht, die die verschiedenen Episoden des Invasionsprojekts schildern.

gejagt worden und jetzt kam sie wieder an die Macht. Die Vorgänge in Portugal wirkten sich auch auf Andalusien aus. Der Herzog von Medina-Sidonia, Schwiegervater der neuen Königin von Portugal, und der Marquis von Ayamonte arbeiteten im Jahr 1641 einen Plan für einen Aufstand in der Region aus. Das Komplott flog auf; Ayamonte wurde hingerichtet, Medina-Sidonia entging der Todesstrafe wegen verwandtschaftlicher Beziehungen zu Olivares. Einige Jahre später (1647–52) erschütterte eine Serie von Aufständen 17 Städte und Dörfer Andalusiens. Die Bevölkerung, erschöpft durch Kriege und Steuerzahlungen, die schlechtesten Ernten des Jahrhunderts und durch die Beulenpest, die in der Region zwischen 1648 und 1651 wütete, war völlig verzweifelt. Sevilla verlor innerhalb von zwei Jahren die Hälfte seiner Einwohner und erholte sich lange nicht von dieser Katastrophe.

Ungefähr zur selben Zeit weitete sich der Protest auf die italienischen Territorien aus, die ebenfalls von der Teuerung betroffen waren. Die Anführer der beiden Revolten in Palermo (1647) und in Neapel (1648) stammten aus dem einfachen Volk, aber die französische Unterstützung gab der Bewegung eine politische Dimension. Allerdings reichte die Intervention der französischen Flotte unter dem Kommando von Henri de Guise vor Neapel nicht aus, den Erfolg der Rebellen zu garantieren. Der italienische Adel hielt zur Krone, und Don Juan José d'Austria, illegitimer Sohn Philipps IV., konnte die Franzosen in die Flucht schlagen. Am Ende musste der König von Spanien schwere Niederlagen auf den Schlachtfeldern Nordwesteuropas hinnehmen. Das wichtigste Ereignis war der Sieg der Franzosen bei Rocroi (1643). Bei diesem Waffengang hatten die Spanier 7000 Gefallene und 6000 Verwundete zu beklagen. Er wird häufig als Markstein für das Ende der militärischen Überlegenheit Spaniens in Europa bezeichnet.

Philipp IV. musste schmerzliche Entscheidungen treffen. Er trennte sich von seinem Günstling, weil dieser inzwischen sehr unbeliebt war – Olivares ging im Januar 1643 ins Exil. Außerdem erkannte der König gemäß dem Vertrag von Münster die Unabhängigkeit der sieben Provinzen – Groningen, Friesland, Overijssel, Geldern, Utrecht, Holland und Seeland – und der Länder der Generalstaaten im Süden rund um Breda an. Er war aber nicht bereit, in seinen südeuropäischen Territorien zu verhandeln. Die Aufstände in Neapel und Sizilien waren rasch unterdrückt; auch in Andalusien kehrte wieder Ruhe ein, und die französischen Truppen wurden aus einem großen Teil Kataloniens vertrieben.

DER SPANISCHE ERBFOLGEKRIEG

Da Karl II. ohne Erben geblieben war, standen sich in Madrid in der Frage der Erbfolge zwei Lager gegenüber. Die einen waren Anhänger Philipps, des Herzogs von Anjou, die anderen favorisierten Erzherzog Karl, einen Habsburger. In der Überzeugung, dass nur Frankreich die Einheit des Erbes garantieren könne, bestimmte der König von Spanien, dass das gesamte Imperium ungeteilt an Philipp von Anjou übergehen sollte, der als Philipp V. den Thron bestieg. Es war ausdrücklich bestimmt, dass Philipp V. nur König von Spanien sein konnte. 1701 kam es zum Krieg. Österreich, England, die Vereinigten Niederlande, das Herzogtum Savoyen, Portugal und verschiedene deutsche Fürstentümer schlossen sich in der Haager Allianz gegen Spanien und Frankreich zusammen. Die zur Krone Aragonien gehörenden Länder stellten sich auf die Seite des Erzherzogs, die zu Kastilien gehörenden Länder unterstützten Philipp V. Kastilier und Franzosen errangen 1707 den Sieg in der Schlacht von Almansa und 1710 in der Schlacht von Villaviciosa. Im Friedensschluss von Utrecht 1713 behielt Philipp sein Königreich, jedoch verlor Spanien die südlichen Niederlande, Mailand, Neapel und Sardinien, die an Österreich fielen, Sizilien wurde Savoyen zugesprochen, England behielt Menorca und Gibraltar.

Der Krieg zwischen Frankreich und Spanien schleppte sich dahin. Das französisch-englische Bündnis von 1657 konnte schließlich den Widerstand Spaniens brechen. Dünkirchen wurde 1658 von den Alliierten besetzt; danach war Philipp IV. bereit, dem Frieden zuzustimmen. Durch den Pyrenäenvertrag von 1659 verlor Spanien das

Roussillon, die Cerdagne, das Artois und einige Orte in Flandern und Luxemburg. Der König von Spanien erhielt von den Franzosen die Zusage, Portugal nicht mehr zu unterstützen, und so wandte er sich jetzt mit Waffengewalt gegen Portugal – vergeblich, denn drei Armeen konnten die portugiesischen Gegner 1663, 1664 und 1665 nicht in die Knie zwingen. Die Abtrennung Portugals wurde bestätigt, und kurze Zeit danach, im September 1665, starb der König. Dennoch hatte Philipp IV. den größten Teil seiner Territorien gerettet.

Sein Sohn, Karl II., sollte 35 Jahre regieren. Die Thronbesteigung des vierjährigen Kindes 1665 verhieß nichts Gutes, und das zarte Alter des Souveräns und seine körperlichen und geistigen Defekte wurden von den Hofmalern schonungslos festgehalten. Frankreich war nach wie vor kriegsbereit, auch als Spanien so dringend wie nie zuvor den Frieden brauchte. Vielmehr war das Weltreich verstärkt Palastintrigen und äußeren Bedrohungen ausgesetzt. Mit dem Vertrag von Lissabon 1668 wurde die Unabhängigkeit Portugals bestätigt. Beide Länder gaben einander ihre Besitzungen zurück, mit Ausnahme von Ceuta, das spanisch blieb. Im selben Jahr erhielt Frankreich durch den Vertrag von Aachen elf befestigte Orte in Flandern, darunter Lille und Douai. In die Freigrafschaft war der Heerführer Condé schon im Februar 1668 einmarschiert; 1678 wurde sie endgültig dem Königreich Frankreich unter Ludwig XIV. angegliedert. Spanien verlor außerdem zwölf Orte in Flandern und im Hennegau. Die Lage war besonders prekär, weil zwischen 1677 und 1683 sehr schlechte Ernten eingeholt wurden, zudem wieder eine Pestepidemie grassierte und das Münzwesen in Unordnung geraten war. Außerdem spekulierten die europäischen Nachbarn über den angeblich bevorstehenden Tod des unglücklichen Königs Karl II. und schielten begierig auf die spanische Monarchie, wenn sie auch inzwischen um die nördlichen Territorien mit Ausnahme der katholischen Niederlande verkleinert war. Da Ende des 17. Jh. wieder Friede herrschte, ließen auch die Spannungen zwischen Kastilien und den umliegenden spanischen Ländern nach, und die Wirtschaft erholte sich allmählich. An Allerheiligen des Jahres 1700 starb Karl II. Als Erben hatte er den Herzog von Anjou, einen Enkel Ludwigs XIV., eingesetzt – eine umsichtige Entscheidung für einen so schwachen, von aller Welt verachteten König, denn sie demonstrierte seine Erkenntnis, dass die Gesamtheit aller spanischen Territorien unangetastet bleiben müsse. Dadurch war auch ausgeschlossen, dass Frankreich und Spanien je unter derselben Krone vereinigt würden. Wie seine Vorgänger aus dem Haus Habsburg versuchte Karl II., das Reich, das über zwei Jahrhunderte hinweg aufgebaut wurde, zu erhalten. Trotzdem war Spanien im Jahr 1700 weit entfernt von jener Universalmonarchie, von der die Völker aller Reichsteile lange Zeit geträumt hatten.

Juan José de Austria
Der uneheliche Sohn Philipps IV. stellte König Karl II. ein Ultimatum, um 1677 mit der Führung der Regierungsgeschäfte betraut zu werden. Der mit viel Sinn für Propaganda begabte Juan José ließ sich als Atlas darstellen, der die Monarchie auf seinen Schultern trägt.

Die spanische Inquisition

Die spanische Inquisition wurde 1478 errichtet. Offiziell war das Tribunal, das nur das katholische Kirchenrecht gelten ließ, der Amtsgewalt des Bischofs unterstellt, sehr bald jedoch kam es unter die Kontrolle der spanischen Krone. Der Großinquisitor wurde vom König ernannt und der Oberste Rat der Inquisition den anderen Regierungsgremien gleichgestellt. Zweck der Inquisition war die Ausrottung der Ketzerei in allen ihren Formen. Erste Opfer waren die zwangsgetauften Juden, die als religiös suspekt geltenden Marranen, die Morisken, die in der Mitte des 16. Jh. heftiger Verfolgung ausgesetzten Protestanten sowie alle Christen, die sich schwerer Verfehlungen schuldig gemacht hatten.

Aragonien, Kastilien und Navarra waren in 14 Bezirke aufgeteilt. Jeder Bezirk verfügte über ein Tribunal unter der Leitung zweier Inquisitoren. Die beiden letzten Tribunale wurden 1526 in Granada und 1574 in Santiago de Compostela eingerichtet. Auch Sizilien, Sardinien und die Kanarischen Inseln hatten bald eigene Tribunale, ebenso Mexiko und Lima 1570 und Cartagena 1610. Auch in Portugal wurde die Inquisition eingeführt, 1536 in Evo-ra, 1565 in Coimbra sowie 1560 in Goa in Ostindien. Während das Königreich Neapel unter die Gerichtsbarkeit der päpstlichen Inquisition fiel, konnten sich nur die Niederlande, die Franche-Comté und das Herzogtum Mailand dem Heiligen Officium entziehen.

Anders als allgemein angenommen, sprachen die Inquisitoren bis auf die Zeit von 1480 bis 1530 kaum Todesurteile aus. Das änderte nichts am Schrecken, den die Inquisition verbreitete. Niemand war vor einer Denunziation sicher, die umso zweifelhafter erschien, weil das Verfahren unter größter Geheimhaltung stattfand und die Bekanntgabe der Namen von Zeugen untersagt war. Auch hatte ein Urteilsspruch der Inquisition weitere verheerende Folgen. Der Verurteilte trug den Makel der Schande, an die sein in der Kirche aufbewahrter *sanbenito* auf ewig erinnerte. Den Nachkommen der am schwersten Bestraften (Hinrichtung, Galeere, lebenslange Gefängnisstrafe) wurde die Ausübung zahlreicher Berufe in öffentlichen Ämtern, in der Medizin usw. verboten. Menschen, die angeblich dem jüdischen Glauben oder dem Islam angehörten, wurden hohe Geldstrafen auferlegt, oftmals wurde auch ihr Vermögen beschlagnahmt.

IM KERKER

Der Staatssekretär Antonio Pérez hatte einen ausgeprägten Sinn für Propaganda. Auf dem Umschlag seiner Schrift Relaciones *beschwor er deshalb mit Ketten und Eisen die Erinnerung an ein Gefängnis der Inquisition herauf, die jedoch in keinem Zusammenhang mit seiner eigenen Haft stand. Die Darstellung trug zum düsteren Bild von der Inquisition bei.*

ERZBISCHOF, REGENT, INQUISITOR

Kardinal Cisneros, Erzbischof von Toledo, dessen Porträt Felipe Vigarny kunstvoll in Alabaster gefertigt hat, war von 1507 bis zu seinem Tod 1517 einer der ersten Großinquisitoren.

DIE ZIELE DER INQUISITION

Schon im späten 15. Jh. wurden Ziele und Ablauf der Inquisition geregelt. Dieser Text legt dar, inwieweit die Inquisition die Trennung der Kronen Aragoniens und Kastiliens überwinden kann.

EINDRUCKSVOLLE LITURGIE

Ein *autodafé* – der Begriff stammt aus dem Portugiesischen – war ein „Akt des Glaubens", durch den Verurteilte wieder in die Gemeinschaft der Gläubigen aufgenommen wurden. Hierbei nahmen die Mitglieder des Tribunals, begleitet von hohen Beamten und den *familiares* (Vertrauten), den Ehrenplatz ein. Daneben fanden sich weltliche und kirchliche Würdenträger und viele Zuschauer ein. Die mit dem *sanbenito* bekleideten Verurteilten erregten großes Aufsehen, vor allem wenn es sich, wie 1559 in Valladolid, um bekannte Persönlichkeiten handelte. Die Zeremonie dauerte einen ganzen Tag. Beim Offertorium wurde die Messe unterbrochen und eine lange Glaubenspredigt gehalten. Nach der anschließenden Verlesung der Urteile setzte man die Messe fort, während die zum Tod Verurteilten der weltlichen Justiz zur Hinrichtung freigegeben wurden.

FÜR DAS SEELENHEIL

Mönche spendeten den Verurteilten bis zum Fuß des Schafotts Trost. Rechts ein Mitglied des Predigerordens, dem der erste Generalinquisitor Tomás de Torquemada (1483–98) angehörte.

KAPITEL 6

Gesellschaft und Religion

A m 3. und 4. Dezember 1563 fand die 15. und letzte Sitzung des Ökumenischen Konzils von Trient (1545–63) statt. Trotz zahlreicher Schwierigkeiten und Unterbrechungen in den Jahren 1549 bis 1551 und 1552 bis 1562 hatten die Väter des Konzils Beachtliches auf dem Gebiet der Kirchenlehre, der Ausbildung des Klerus und der Einbindung aller Gläubigen geleistet. Die Fundamente der katholischen Kirchenreform waren gelegt.

Das Tridentinische Konzil und Spanien

Nachdem Papst Pius IV. die Konzilsdekrete am 24. Januar 1564 genehmigt hatte, bestätigte er sie feierlich durch die Bulle „Benedictus Deus" vom 30. Juni desselben Jahres. Am darauf folgenden 12. Juli akzeptierte König Philipp II. den gesamten Text der Konzilsentscheidungen. Bei dieser Gelegenheit betonte er, dass die christlichen Fürsten gehalten seien, „die Dekrete und Weisungen der Heiligen Mutter Kirche gehorsam zu befolgen, zu bewahren und zu achten". Sein Verhalten – ungeachtet der Differenzen, die sein Vater und er selbst mit dem Heiligen Stuhl hatten – stand in deutlichem Gegensatz zur Haltung des gegnerischen Frankreich, das eine Anerkennung der Konzilsentscheidungen bis 1615 hinauszögerte. Aber Philipp II. wurde darin von den Bischöfen bestärkt, die eine sofortige Übernahme der Dekrete wünschten. Schon nach wenigen Monaten und noch vor Ende 1565 beriefen sie Provinzialsynoden in Tarragona, Valencia, Toledo, Salamanca,

BARTOLOMÉ DE LAS CASAS – EIN FREUND DER INDIANER

Bartolomé de Las Casas wurde um 1474 in Sevilla geboren. Sein Vater nahm 1493 an der zweiten Reise von Christoph Kolumbus teil und brachte einen indianischen Sklaven mit nach Hause. Bartolomé selbst gelangte 1502 erstmals nach Amerika. Er nahm an mehreren Expeditionen auf die Insel Hispaniola (Santo Domingo) teil und erhielt eine *encomienda*, die ihn zum Herrn über viele Indianer machte. 1512 wurde er zum Priester geweiht. An der Expedition zur Eroberung Kubas war er als Kaplan beteiligt und erhielt eine weitere *encomienda*. Nachdem er beim Abfassen einer Predigt auf einen entsprechenden Vers im Alten Testament gestoßen war, verzichtete er öffentlich auf die ihm zugesprochenen Indianer. Bei seiner Rückkehr nach Spanien im Jahr 1515 legte er dem Regenten, dem Kardinal Cisneros, ein Gesuch vor, das die Umwandlung der *encomiendas* in kollektive Gemeinschaften empfahl. Cisneros befahl eine Unter-

suchung, die aber ohne Ergebnis blieb. Nun unterbreitete Las Casas den Beratern Karls V. weitere Pläne, die allen Indianern die Freiheit sichern sollten. Das Projekt gab den Anstoß zur Errichtung einer Modellsiedlung an der Küste Venezuelas, doch das Experiment scheiterte (1520–22). Las Casas zog sich in ein Dominikanerkloster zurück. 1522–47 warb er unablässig für friedliche Methoden der Verbreitung des Evangeliums, mit denen er 1537 erfolgreich in Guatemala experimentierte. Angesichts des entschiedenen Widerstands der Siedler konnte er auch als Bischof der Diözese Chiapa ab 1543 nichts bewirken. 1547 kehrte er nach Spanien zurück, wo er der Anlass für die *Disputation von Valladolid* war, die Karl V. 1550 in die Wege leitete. Er veröffentlichte seine wichtigsten Schriften, darunter auch eine mutige Abhandlung, in der er die Sklaverei scharf verurteilte. 1566 starb Bartolomé de Las Casas in Madrid.

Saragossa, Granada und Mexiko-Stadt ein. Im ganzen spanischen Reich wurde umgehend mit der Kirchenreform begonnen.

Schon seit langem war in den spanischen Territorien die Bereitschaft zu Veränderungen vorhanden. Die Erzbischöfe von Toledo hatten unablässig versucht, die Ausbildung des Klerus zu verbessern und für die Erziehung der Gläubigen zu sorgen; sie richteten den Katechismusunterricht ein, ließen die Gläubigen die wichtigsten Gebete lernen und setzten sich dafür ein, dass die Sakramente regelmäßig gefeiert wurden und dass kein Erwachsener ohne vorherige Unterweisung getauft werden sollte. Die Reformbischöfe überwachten jetzt von neuem die geistlichen Orden, vor allem die Franziskaner und die Augustiner. Ihre Sorge wurde von Mönchen und Nonnen geteilt, die zur ursprünglichen, reinen Ordensregel zurückfinden wollten. Die Barfüßer tauchten auf; sie trugen zwar Sandalen, aber keine Strümpfe, um ihren Willen zu Demut und Armut zu bekunden. Schließlich richtete sich die Aufmerksamkeit auf die Universitäten, speziell in Alcalá de Henares und Valladolid, die auch viele bedeutende Theologen ausbildeten.

Die katholische Kirchenreform war in erster Linie eine spanisch-italienische Gemeinschaftsleistung, entsprechend der Ost-West-Ausrichtung der politischen Achse des spanischen Reiches. Dank der Unterstützung durch die politische Macht konnte sie sich ausbreiten, wenn auch nicht ganz ohne Schwierigkeiten. Einigen Bischöfen fiel es nicht leicht, die Residenzpflicht einzuhalten und die Priester zu einer vorbildlichen Lebensführung zu zwingen. Der Widerstand örtlicher Eliten gegen jede Neuerung in den Orden war heftig und dauerhaft. Auch innerhalb der Orden gab es offene Gegenwehr, die zum Beispiel Theresia von Ávila und Johannes vom Kreuz erlebten, als sie versuchten, ihre Klöster zu reformieren, Theresia bei den Karmeliterinnen, Johannes bei den Karmelitern. Theresia konnte alle Hindernisse überwinden und 17 neue Klöster gründen, Johannes vom Kreuz aber wurde in den Kerker des Klosters geworfen und beendete sein Leben im Jahr 1591 als einfacher Mönch.

Trotzdem sind die Erfolge dieses großen Reformunternehmens nicht zu übersehen, sie zeigen sich besonders an der großen Zahl der Beteiligten, die wahre Abenteurer des Glaubens waren. Zu den auffälligsten Gemeinsamkeiten der Reformer gehörte ihre Reisetätigkeit, die sie häufig mehrere Male von den entlegensten Winkeln ihrer Diözesen nach Rom, ja sogar nach Jerusalem führte, wie beispielsweise den Ordensgründer Ignatius

DER FRANZISKANER ALS REFORMATOR
Pedro de Alcántara (1499 bis 1562) verdankt seinen Namen seinem Geburtsort Alcantara in der Extremadura. Er studierte in Salamanca und trat anschließend in den Orden der minderen Brüder ein. Er versuchte eine Reform des Ordens, und es gelang ihm, wenn auch nicht ohne Schwierigkeiten, die Minoriten von der strengen Observanz zu gründen. Er ist auch als Beichtvater der hl. Theresa von Ávila bekannt.

KLOSTERSTUFEN
Das Konvent der König-
lichen Barfüßerinnen *Nues-*
tra Señora de la Consola-
ción in Madrid wurde 1577
von Juana (Johanna) von
Portugal, der Schwester
Philipps II., gegründet.
Die andere Schwester,
Maria von Österreich, so-
wie Anna von Österreich,
die vierte Frau des klugen
Königs, bedachten das
Kloster in großzügiger
Weise mit Kunstwerken.
Das Gebäude ist üppig
ausgestattet, von der Ka-
pelle über die monumentale
Treppe bis zum Kreuzgang.

von Loyola. In den Fernen Osten reiste etwa Franz Xaver und nach Amerika Bartolomé
de Las Casas. Theresia von Ávila reiste weniger häufig, aber der Franziskaner Petrus von
Alcántara ging nach Arrabida (südlich von Lissabon), wo er im Jahr 1542 ein Kloster
gründete, und nach Rom, wo er die Grundlagen seines reformierten Franziskanerverbands
konzipierte; Juan de Ávila, unermüdlicher Prediger und Gewissensforscher, wurde
„Apostel von Andalusien" genannt.

Die Reformer hatten also einen militanten Glauben; aber auch Spiritualität und straffe
Organisation waren wichtige Aspekte dieses Glaubens. Zwischen mystischer Glaubens-
erfahrung einzelner Gläubiger und der Teilnahme an Formen der Anbetung in dichtem
Menschengedränge, zwischen der Suche nach Vollkommenheit durch Askese und ihrem
Beitrag zum strahlenden Triumph der Kirche fühlten sich die Spanier zu einer großen
Missionsaufgabe berufen. Eine Flut von Heiligsprechungen schien ihnen im 17. Jh. Recht

126

zu geben: Theresia von Ávila, Ignatius von Loyola, Franz Xaver und San Isidro Labrador, der Schutzpatron von Madrid, wurden gemeinsam heilig gesprochen, was im ganzen spanischen Weltreich bis in die letzten Winkel Chiles und auf den Philippinen große Freude auslöste. Später wurden auch König Ferdinand III., der im 13. Jh. den Muslimen Córdoba und Sevilla abgenommen hatte, der spanisch-italienische Theologe Francisco Borgia und Rosa von Lima, die einzige Heilige Amerikas, in die Gemeinschaft der Heiligen aufgenommen.

Der missionarische Geist

In der Erbauungsliteratur des 16. und 17. Jh., vor allem in der Literatur der Jesuiten, findet man zahlreiche Anspielungen auf das (heidnische) Westindien. Damit waren sowohl spanische Gebiete als auch solche in Übersee gemeint. Der ethnische Begriff sollte vermitteln, wie weit gespannt die Bekehrungsarbeit war. Man hatte festgestellt, dass der christliche Glaube etwa in Galicien, in der Extremadura und in Aragonien – wenn er überhaupt vorhanden war – von heidnischen Bräuchen überwuchert war. Ein gewaltiger Prozess wurde in Gang gesetzt, der die Menschen kontrollieren und zum richtigen Glauben erziehen sollte. Daran beteiligten sich die eifrigsten Bischöfe mit immer häufigeren Visiten, und die Inquisition setzte seit 1560 ihre ganze Macht ein, um die Menschen zu züchtigen, die keine Achtung vor den Sakramenten zeigten. Sie machte Jagd auf jedes gesprochene Wort und prüfte, ob es gotteslästerlich oder gegen die Kirchenlehre gerichtet sein konnte.

Zwischen innerer (in Gebieten Spaniens) und äußerer Mission (Übersee) fand ein ständiger Austausch statt. Jedenfalls ist der militante Elan des frühen 16. Jh. auf beiden Seiten des Atlantiks gleich geblieben. Und doch waren die Zielrichtungen in der Neuen und der Alten Welt unterschiedlich: In Europa sollten die Christen reformiert werden; in Amerika mussten riesige geographische Räume und die Herzen der fremden Völker erobert werden. Soldaten und Geistliche trugen gemeinsam zum Sieg der katholischen Monarchie bei.

Dominikaner, Franziskaner und Augustiner begannen in Amerika sofort, die Völker zu missionieren. Andere Orden, insbesondere die Jesuiten und die Kapuziner, folgten nach. Die Dominikaner kamen bemerkenswert rasch voran: Im Jahr 1510 waren sie in Santo Domingo angekommen, unter ihnen auch Antonio de Montesinos, der in seiner berühmten Weihnachtspredigt von 1511 die unerhörte Ausbeutung der Indianer durch die Europäer anprangerte. Nach 1520 waren schon 35 Dominikaner auf allen karibischen Inseln am Werk. Die erste dominikanische Provinz wurde 1530 mit 90 Ordensbrüdern gegründet, die in Mexiko, im übrigen Mittelamerika und im heutigen Kolumbien tätig waren. Am Ende des 16. Jh. gab es neun Provinzen zwischen Mexiko, Chile und den Philippinen.

JESUITEN ALS BAUHERREN
Im Grenzgebiet zwischen Paraguay, Brasilien und Argentinien gab es viele Missionen der Jesuiten. Wie alle anderen diente auch die 1610 gegründete Reduktion von San Ignacio Mini zum Schutz der Guarani. Der Exerzierplatz war von der Kirche, dem Kolleg, Wohn- und Lagerhäusern sowie einem Friedhof umgeben.

Zu den bemerkenswertesten Aspekten der Missionierung in Amerika gehörte das Bestreben der Geistlichen, die Sprachen der Eingeborenen zu erlernen. Sie verfassten sogar zahlreiche Grammatiken, Wörterbücher und Katechismen in der einheimischen Sprache, damit ihre „Schäflein" möglichst mühelos die Grundlagen des Christentums erlernen konnten. Der Franziskaner Alonso de Molina stellte ein Wörterbuch für Mexikanisch *(nahuatl)* und Kastilisch zuasmmen (1555), der Dominikaner Domingo de Santo Tomás ein Lexikon für Quechua (1560), der Jesuit Antonio Ruiz de Montoya eine Grammatik mit Vokabular für Guarani (1640), und viele andere befassten sich mit weiteren Indianersprachen wie Otomi, Tarasqua, Zapotekisch, Chibcha und Aymara. Sie folgten darin dem Hieronymitenmönch Pedro de Alcalá, der 1505 eine „Anleitung, wie man leicht die arabische Sprache erlernt" für die Unterweisung der spanischen Morisken schrieb, die gerade erst zum christlichen Glauben übergetreten waren. Das bedeutendste Werk auf diesem Gebiet war zweifellos ein dreisprachiger Katechismus (Kastilisch – Aymara – Quechua), der auf einer Provinzialsynode in Lima unter der Leitung des Jesuiten José de Acosta entstand. Diese mühsamen Versuche, die Sprachbarriere zu überwinden, zeigen besonders deutlich, dass zwischen Geistlichen und Gläubigen ein subtiler kultureller Austausch stattfand.

Huldigung der Jungfrau María

Die unwiderstehliche Kraft des Glaubens zeigt sich besonders am Mysterium der Unbefleckten Empfängnis Mariens, das gegen Ende des 16. Jh. auf der gesamten Iberischen Halbinsel von den Gläubigen besonders verehrt wurde. Beatriz de Silva gründete den Frauenorden von der Unbefleckten Empfängnis, Papst Sixtus IV. hatte sie dazu ermutigt.

Auf dem Konzil in Trient nutzten die anwesenden spanischen Teilnehmer mit dem Kardinal Pacheco an ihrer Spitze die Debatte in der fünften Sitzung zur Erbsünde im Frühjahr 1546, um zu erreichen, dass die Unbefleckte Empfängnis Mariens zum Dogma erhoben wurde; aber die Mehrheit des Konzils stimmte dagegen. Dennoch ereiferte sich zu Beginn des 17. Jh. das ganze Volk wegen dieser Frage. Zwischen Franziskanern und Jesuiten auf der einen und den Dominikanern auf der anderen Seite war ein heftiger Streit entbrannt, weil die

DIE MUTTERGOTTES VOM ROSENKRANZ

Im gesamten spanischen Weltreich wurde die Muttergottes vom Rosenkranz verehrt. Seit dem Ende des Mittelalters riefen die Gläubigen die Jungfrau Maria zum Schutz vor Ketzerei und Epidemien an. Im 15. Jh. entstanden erste Bruderschaften zur Anrufung der Rosenkranzmadonna.

Die Verbreitung des Rosenkranzgebets als Betrachtung der 15 Geheimnisse stammt aus dem 16. Jh. und wurde von den Dominikanern gefördert. Das Rosenkranzfest legte man auf den 7. Oktober, den Tag des Seesieges der Christen in Lepanto. Von dieser Zeit an wurde die Rosenkranzmadonna mit Inbrunst verehrt.

Schiffe, die sich zum Aufbruch nach Amerika rüsteten, stellte man unter ihren Schutz. Die Marienverehrung traf vor allem in der Neuen Welt auf ein starkes Echo. Dort hatten die Dominikaner prunkvolle Werke geschaffen, etwa in Puebla in Neu-Spanien, wo die Bauarbeiten an der Rosenkranz-Kapelle (Capilla del Rosario) von 1650 bis 1690 dauerten, in Oaxaca in Neu-Granada, im Dominikanerkloster von Tunja und an der Fassade der Kathedrale von Bogotá. Zu nennen sind hier auch die Dominikanerkirche von Santiago de Guatemala mit der hl. Jungfrau als Schutzpatronin und die Kathedrale von Cuzco in Peru.

Dominikaner gemäß der Lehre des Thomas von Aquino und des heiligen Bonaventura die Unbefleckte Empfängnis Mariens anzweifelten und stattdessen einen Kult der Heiligen Jungfrau vom Rosenkranz förderten. Aber das Mysterium war beim Volk beliebter. In Sevilla nahmen im Juni 1615 über 20 000 Personen an der Prozession zu Ehren der Unbefleckten Empfängnis teil. In Granada schworen im September 1618 die Mitglieder des Domkapitels und des Stadtrats feierlich, sich für die Verehrung des Mysteriums einzusetzen. Dieselbe Entscheidung traf das Domkapitel von Lima im Jahr 1632; in diesem Jahr erhob auch die mexikanische Stadt Puebla de los Angeles die Jungfrau von der Unbefleckten Empfängnis zur Schutzpatronin. Schriftsteller und Maler beteiligten sich nach Kräften an der Verbreitung des Kults. So rief Ende des 16. Jh. der Theologe und Schriftsteller Fray Luis de León aus: „Oh, wenn man doch deinen Mantel ergreifen könnte, Heilige Jungfrau, um mit dir in den Himmel aufzusteigen!" Schließlich gaben die Regierenden dem Drängen der Gläubigen nach. 1622 untersagte Papst Gregor XV. jedem zu behaupten, die Jungfrau Maria sei mit der Erbsünde in Berührung gekommen, und Philipp IV. bestätigte per Dekret den Kult. Die Bulle *Sollicitudo omnium ecclesiarum* vom März 1661 war eine wichtige Etappe auf dem Weg zur Verkündung des Dogmas; der Papst bestätigte, dass „die sehr heilige Jungfrau Maria bei der Empfängnis vor der Erbsünde bewahrt wurde". Ein ungeheurer Jubel brach im spanischen Reich aus.

Am 6. April 1640 entdeckte man in Granada an der Wand des Rathauses einen Anschlag, auf dem in polemischer Form die Jungfräulichkeit Mariens angezweifelt wurde. Anfang Juni wurde der Verfasser festgenommen und zu einer Galeerenstrafe verurteilt. Für uns ist es heute schwer zu verstehen, wie eine solche Affäre die ganze Stadt in Aufruhr versetzen konnte. Die Stadtregierung setzte eine Belohnung von 1000 Dukaten für Hinweise auf den Täter aus, das entspricht dem Lohn, den ein Tagelöhner in der Landwirtschaft in etwa zehn Jahren verdienen konnte. Die Bevölkerung äußerte ihre Bestürzung über diesen Frevel so stürmisch und leidenschaftlich, dass der Erzbischof Bußprozessionen verbieten musste, die er nicht ausdrücklich genehmigt hatte. In den städtischen Gemeinden und Klöstern fanden Kirchenfeste statt, zwei besonders feierliche Veranstaltungen leitete das Domkapitel. Mit Messen, Predigten, Theateraufführungen, Dichterwettbewerben, Feuerwerk und Stierkämpfen huldigte die Bevölkerung der heiligen Jungfrau. Als der Schuldige, ein Eremit, schließlich im Gefängnis saß, kannte die Freude keine Grenzen: Sämtliche Glocken läuteten, von der Alhambra wurden Geschützsalven abgefeuert, in der Kathedrale sang man ein *Tedeum*, und die ganze Stadt feierte das Ereignis 24 Stunden lang.

UNTER DEN AUGEN DER HL. JUNGFRAU
El Grecos meisterhaftes Gemälde der Jungfrau Maria (um 1590) ist von ungewöhnlicher Ausdruckskraft. Der Künstler lässt das Gesicht in demselben Glanz erstrahlen wie den Heiligenschein.

129

Die Bruderschaften und die Volksfrömmigkeit

ZIBORIUM VON TOLEDO
Dieses Ziborium von Enrique de Arfe ist mit einer Fülle von Verzierungen geschmückt, mit Ziselierungen, Diamanten und Edelsteinen. Auch weist es 260 Statuetten in unterschiedlichen Größen und Posen auf.

Den Anstoß für solch inbrünstige Formen des Glaubens gaben häufig die Bruderschaften. Zahllose Formen der Marienverehrung in Spanien während des goldenen Jahrhunderts gehen auf ihre Initiative zurück: neben der Unbefleckten Empfängnis und dem Rosenkranz wurden auch die Jungfrau von der Guten Hoffnung sowie die Gnadenreiche Gottesmutter, die Thronende Maria und die Jungfrau von den Todesängsten angebetet. Doch es gab auch Formen der Christusverehrung wie Christus Himmelskönig, der zu Beginn des 17. Jh. in Sevilla und in Quito mit derselben Inbrunst angebetet wurde. Die meisten Mitglieder hatten die Bruderschaften vom Heiligen Sakrament, die in jeder Kirchengemeinde vertreten waren, und die Bruderschaften von den Armen Seelen im Fegefeuer. Das Fronleichnamsfest wurde zehn Tage vor Pfingsten begangen und war häufig ein Höhepunkt im liturgischen Kalender. Die Schwärmerei für die Erhöhung des Leibes Christi war bei den Gläubigen von La Paz genauso groß wie in Toledo. So konnte man am Fronleichnamstag 1623 einen eindrucksvollen Prozessionszug beobachten: Eine Gauklergruppe führte die Prozession an, ihnen folgten 140 Kinder, die Mitglieder von 23 Bruderschaften, die Vertreter von 13 Kirchengemeinden, 50 Laienbrüder des städtischen Hospitals, 100 Vertraute der Inquisition, 1700 Mönche aus 18 verschiedenen Orden, 298 Mitglieder der Ritterorden und verschiedener Ratsgremien der Regierung, Soldaten, Musikanten, Priester und viele andere. Die Monstranz wurde von 48 Priestern begleitet. König Philipp IV., der Infant Don Carlos und der päpstliche Nuntius beschlossen den Zug.

Die Bruderschaften beschränkten sich in ihrer Tätigkeit nicht nur auf die Volksfrömmigkeit; viele waren Bußbruderschaften, die sich um die Feierlichkeiten zum Gründonnerstag und Karfreitag kümmerten. Die Gemeindebruderschaften hatten zahlreiche Aufgaben, dazu gehörte auch, Menschen zu helfen, die in Not waren. Neben den ausschließlich religiösen Bruderschaften gab es solche, die an die Zünfte gebunden waren – Schuhmacher, Schneider, Zimmerleute, Notare –, oder an eine geschlossene Gesellschaftsschicht – an den Adel, an Gruppen von Ausländern wie die Genuesen in Sevilla – oder solche, die wohltätige Werke verrichteten.

Die Bruderschaften kümmerten sich auch um Menschen, die am Rand der Gesellschaft lebten. So versammelten sie einige schwarzafrikanische Sklaven und Freigelassene um sich. Von den Behörden wurden sie unterstützt, weil sie versuchten, eine entwurzelte Menschengruppe zu integrieren, im 16. und 17. Jh. etwa die Sklaven, die aus Westafrika verschleppt worden waren, oder die Nordafrikaner aus dem Maghreb, die in den Städten Andalusiens, der Levante, in der Region von Murcia, in Toledo und in Madrid fünf bis zehn Prozent der Bevölkerung ausmachten. Die Bruderschaften förderten die Verehrung des Rosenkranzes als Zeichen für das Wohlwollen, das ihnen die Dominikaner entgegenbrachten, oder des heiligen Benedikt von Palermo, der Sklave war. Sie versuchten, das Geld für den Freikauf von Mitgliedern zusammenzubringen, oder sie halfen Zunftmitgliedern, die sich trotz des Verbots ihres Meisters verheiraten wollten. Die zweite Gruppe der Bruderschaften half vor allem den völlig Mittellosen – Witwen, Waisen, Gefangenen in islamischen Ländern, Kranken, Bettlern, Prostituierten. In Valladolid gab es am Ende des 16. Jh. eine Bruderschaft vom Heiligen Josef oder von den Ausgesetzten Kindern, die für den Unterhalt von 300 bis 350 Kindern sorgte. Die Bruderschaft von der Heiligen Maria des Göttlichen Erbarmens stiftete jährlich für 20 verwaiste junge Mädchen die Aussteuer. Eine andere, sehr reiche Bruderschaft verwaltete das Hospital der Esgueva, das größte der Stadt. Die Gesellschaft Jesu rief zahlreiche Verbindungen ins Leben, die Gefangenen beistehen sollten, die wegen ihrer Schulden einsaßen – damals der größte Teil der Inhaftierten. Die Verbindung Unserer Lieben Frau von der Heimsuchung in Sevilla, der 30 „führende Persönlichkeiten" angehörten, wurde im Jahr 1600 zu diesem Zweck gegründet. Das *Hospital de la Caridad* wurde im 16. Jh. eingerichtet und stand den Ärmsten der Armen zur Verfügung. Die Laienbrüder beerdigten die Gehenkten und die Ertrunkenen, deren Körper sonst einfach liegen gelassen wurden.

Die Aufwendungen für das *Hospital de la Caridad* sind bemerkenswert: Man schätzt, dass die Laienbruderschaft zwischen 1661 und 1679 eine Million Dukaten für die Unterstützung der Armen und für Bauarbeiten ausgab – eine riesige Summe. Dennoch richteten sich die Bemühungen der Bruderschaften in dieser Epoche ganz auf die praktische Hilfe für die Bedürftigen. Gerade in Spanien wurde über die Rolle der Armen in der Gesellschaft so viel und leidenschaftlich debattiert wie sonst nirgends in Europa.

SELTSAMES UNGEHEUER
Eine Mischung zwischen Drachen und Schlange ist der Tarasque, der die Prozessionen am Fronleichnamstag anführt. Gekrönt ist er immer von kleinen Männchen, die tanzen oder musizieren.

HEILIGE MIT DUNKLER HAUTFARBE

Benedikt, ein Sohn befreiter afrikanischer Sklaven, wurde 1526 in Sizilien bei Messina geboren. In seiner Kindheit und Jugend arbeitete er als Hirte beim Herrn seiner Eltern, dann wurde er Eremit, später trat er in den Franziskanerorden ein. Im Kloster Santa Maria di Gesu am Stadtrand von Palermo war er als Koch tätig. Schon damals genoss er hohes Ansehen und tat Wunder. Obwohl er Analphabet war, hatte man ihn eine Zeit lang zum Novizenmeister berufen. Er starb 1589 im Ruf der Heiligkeit. Verehrt wurde er insbesondere in den Sklavengemeinden, wo er als Vorbild galt. König Philipp II. ließ seine Reliquien nach Spanien überführen und beauftragte Lope de Vega, ein Theaterstück über das Leben des Heiligen zu schreiben *(La Vida del negro Rosambuco de Palermo)*. Zahlreiche alte und neue Bruderschaften von Dunkelhäutigen in Sevilla, Granada, Cadiz, Lissabon, Porto und anderen Städten stellten sich unter den Schutz des hl. Benedikt des Afrikaners. Auch in Amerika verbreitete sich die Verehrung Benedikts schnell, etwa in Mexiko (Vera Cruz, Puebla), Venezuela, Peru, Brasilien und Argentinien. Benedikt der Afrikaner wurde 1743 selig und 1807 heilig gesprochen.

Auch andere dunkelhäutige Heilige wurden im spanischen Imperium verehrt, ein weiterer Sizilianer namens Antonio de Noto (gest. 1549), der als Gefangener aus Nordafrika ebenfalls Sklave war. Der Peruaner Martin de Porres, ein Mulatte und Laienbruder im Dominikanerorden, der in Lima als Sohn eines Spaniers und einer Afrikanerin geboren wurde, widmete sein ganzes Leben dem Dienst an Armen und Kranken. Er starb 1639, wurde 1836 selig und 1962 von Johannes XXIII. heilig gesprochen. Hinzuzufügen sind zwei mythische afrikanische Heilige, Elesban und Iphigenie.

GEWERBETREIBENDE
Der hier von Velázquez dargestellte Wasserträger war um 1620 in Sevilla eine populäre Gestalt und hieß seiner Herkunft wegen „der Korse". Trotz seiner Armut ist er von Würde erfüllt. In der Hand hält er ein Glas mit einer Feige, die das Wasser mit ihrem Duft durchdringen soll. Diese Szene ist sicherlich als Allegorie der drei Lebensalter zu deuten.

Zur Zeit Karls V. ließ sich Juan Luis Vives, ein getaufter Jude aus Valencia, in Flandern nieder. Im Jahr 1526 gab er ein Buch mit revolutionären Ideen *(De subventione pauperum)* heraus. Er schlug vor, alle gesunden Armen zu überwachen und sie zur Arbeit zu zwingen. Seine Thesen fanden ein breites Echo und wurden in den Niederlanden, in England, Frankreich und in den deutschen Ländern verwirklicht, aber nicht in Spanien und seinen italienischen und amerikanischen Territorien. Allerdings versuchte man in einigen kastilischen Städten, die Bettelei zu verbieten. Bald jedoch geriet der Benediktiner Juan de Robles als Verfechter dieser Maßnahmen mit einem prominenten Theologen der Universität Salamanca, dem Dominikaner Domingo de Soto, in Streit. Robles wollte die Arbeitskraft der falschen Bettler nutzen und der Jugendkriminalität vorbeugen, aber de Soto verteidigte gemäß einer treffenden Formulierung von Jean Vilar das Recht des Armen „auf Schwäche, Trägheit, Schonung und Straflosigkeit, weil er mit seiner Armut schon genug gestraft sei". Diese typisch spanische Form von Nächstenliebe setzte sich durch, denn de Sotos Argumentation fand bei den Zeitgenossen volle Zustimmung. Bezeichnend ist auch, dass im 16. Jh. in Spanien nur ein Orden gegründet wurde, der Orden der Barmherzigen Brüder von Johannes von Gott. Johannes stammte aus Portugal, wanderte viel herum, ließ sich schließlich in Granada nieder und gründete nur mit Almosen aus dem einfachen Volk ein Hospital, das jedermann offen stand. Diese Einrichtung hatte riesigen Zulauf, und in einigen anderen Städten folgten weitere Hospitäler dieser Art.

Gemeinde und Sippe

Die Gemeinde, die Pfarrei, war der Rahmen, in dem auch die Bruderschaft ihr Betätigungsfeld fand, insbesondere in ländlichen Gebieten. Die Liebe zum „kleinen Vaterland" *(patria chica)* charakterisierte den Spanier des 16. und 17. Jh. Sie äußerte sich in heftigen Rivalitäten zwischen benachbarten Dörfern, im erbitterten Kampf um lokale Privilegien und vor allem im engen Zusammenhalt der Bewohner eines Dorfes. Konflikte innerhalb einer Gemeinde endeten selten mit langwierigen, peinlichen oder Aufsehen erregenden Gerichtsverfahren. Sogar bei schwer wiegenden Vorkommnissen wie Mord oder Vergewaltigung regelten die Familien die Angelegenheit oft gütlich mithilfe eines Vergleichs in Geld oder Land. Die Notariatstexte berichten nur, dass sich zwei Männer im Auftrag ihrer Gemeinde, die den Frieden wiederherstellen wollte, eingeschaltet hätten.

Andere Formen der Solidarität zeigen, wie stark das Land von der gesellschaftlichen Hierarchie geprägt war. Überall wo der Adel noch große wirtschaftliche und politische Macht hatte, war die Bevölkerung in ein vielschichtiges System von Abhängigkeiten eingebunden. Mitunter machten die Grundherren den Vizekönigen das Leben schwer. Der Herzog von Alcalá kämpfte drei Jahre lang (1569–71) in Kalabrien gegen die Banden des „Ré Marcone", und zwischen 1586 und 1595 hatte es der Graf von Miranda in den Abruzzen mit den Truppen des Marco Sciarra zu tun. Auch die Auseinandersetzungen zwischen den verschiedenen Adelscliquen bedrohten die öffentliche Ordnung. Der Streit zwischen den Pardo de la Casta und den Figuerola hielt das Königreich Valencia zwischen 1553 und 1562 in Atem, die Rivalitäten zwischen den Nyerros und den Cadells in Katalonien hörten erst im Jahr 1640 auf. Die spanischen Städte waren oft in zwei feindliche Parteien gespalten, die in der Stadtregierung vertreten waren. Zahlreiche Einwohner traten der einen oder anderen Partei bei und genossen deren Protektion, wenn sie sich an Aktionen wie etwa Einschüchterung oder sogar Mord an einem Mitglied der gegnerischen Partei beteiligten.

Angesichts dieser weit gespannten, vielfältigen, oft undurchschaubaren Systeme von Solidarität bietet die spanische Gesellschaft dieser Epoche ein widersprüchliches Bild. Auf der einen Seite war sie offen, beweglich und flexibel, auf der anderen seltsam verschlossen und starr. Besonders deutlich

SCHICKSAL DES FAHRENDEN VOLKES

Die Zigeuner, die der Papst zu einer immer wieder erneuerten Buße in Form einer siebenjährigen Pilgerreise verurteilt hatte, waren im 15. Jh. noch gern gesehen. Doch schon wenig später, als Arbeit und Sesshaftigkeit überschwänglich gelobt und von der Gesetzgebung gefordert wurden, galten sie als Nichtstuer und Landstreicher. Die Cortes von Kastilien versuchten im 16. Jh. immer wieder, das fahrende Volk fest anzusiedeln, und bestrafte Gesetzesübertreter mit Peitschenhieben, dem Verstümmeln der Ohren, Brandmalen, mit der Galeere oder dem Galgen. Die Zigeuner, die man aller Übeltaten beschuldigte, wurden von der Bischofssynode von Tarragona 1580 als „Lügner, Diebe und Bösewichte" bezeichnet. In den Augen der Gesellschaft waren sie immer eine schillernde Gruppe. Als Pferdehändler, Kesselflicker und Schmiede leisteten sie gute Dienste, erweckten jedoch mit ihrem fremdländischen Aussehen, ihrer Sprache, der Kleidung und ihren bei Fronleichnamsprozessionen unentbehrlichen Tänzen Argwohn. Dennoch haben die Zigeuner ihre Spur in der Literatur hinterlassen. Cervantes machte aus Preciosa, der kleinen, unvergleichlich schönen Zigeunerin, die Heldin in einer seiner *Exemplarischen Novellen*.

werden diese Spannungen zwischen den Extremen in der Art, wie die Spanier das andere und den anderen wahrnahmen: *conversos* (getaufte Juden), Morisken, Zigeuner, Indianer und Schwarze – andere Menschen und andere Kulturen. Als die spanische Gesellschaft von einem ehrgeizigen politischen Projekt und einem einzigartigen religiösen Elan mitgerissen wurde, stieß sie auf Gruppen und Völker, deren Mentalität, Struktur und Wirtschaft weitab von den eigenen Erfahrungen lagen.

Im Zeichen der Ausgrenzung

Die *conversos* waren Nachkommen von Juden, die sich Ende des 14. und im Laufe des 15. Jh. taufen ließen; die letzten traten im Jahr 1492 zum Christentum über, als die Katholischen Könige beschlossen hatten, die Juden aus ganz Spanien zu vertreiben. Juden lebten in allen Städten Kastiliens und Aragoniens. An der Wende vom 15. zum 16. Jh. wurden sie von der Inquisition grausam verfolgt. Einige, die Marranen, behielten trotzdem heimlich ihre jüdischen Riten und Gebräuche bei, andere versuchten ihre Herkunft zu verheimlichen. Die Gruppe, die ihre Herkunft nicht mehr betonte, wurde ohne jegliche Vorbehalte in die Gesamtgesellschaft integriert. Theresia von Ávila, Fray Luis de León, der Jesuitengeneral Laínez, Bartolomé de Las Casas und der Kaufmann Simón Ruiz sind die prominentesten Beispiele für eine sehr erfolgreiche Integration auf den unterschiedlichsten Gebieten. Trotz aller Strategien der Verheimlichung mussten die *conversos* ausnahmslos ständig mit der Anzeige eines neugierigen Nachbarn, dem Verrat durch einen Spion, dem Racheakt eines erbitterten Geschäftskonkurrenten oder mit dem Fanatismus der Inquisition rechnen. Sogar als sich die Spanier unter Karl V. und Philipp II. kaum für die *conversos* interessierten, konnte der kleinste Zwischenfall eine schreckliche Verfolgungsjagd auslösen. Mit einer Ohrfeige, die eine gekränkte Frau der leichtfertigen Schwiegertochter des eingebildeten und selbstherrlichen Oberrichters *(alcalde mayor)* von Lorca gab, begann eine Kampagne, die 20 Jahre dauerte und 550 Personen in die Folterkammern der Inquisition und 75 davon auf den Scheiterhaufen brachte. Unter den Verurteilten waren viele wohlhabende Kaufleute, die auch hohe städtische Ämter in Lorca und Murcia bekleideten. Ihre Herkunft hatte sie eingeholt. Nach 1590 wurden die *conversos* in Cuenca, Toledo, Córdoba und Granada systematisch verfolgt. Notare, Kaufleute, Mitglieder der Verwaltung erhielten harte Strafen. In den Kerkern der Inquisition saßen sie gemeinsam mit portugiesischen Marranen, die seit 1560 vor den fanatischen Verfolgungen durch die portugiesischen Inquisitionsgerichte geflohen waren. Durch diese Fluchtbewegungen innerhalb der Iberischen Halbinsel überlebte das Judentum auch unter schwierigen Bedingungen. Die Inquisition war immer wachsam, und mehrmals wurden die Marranen erneut verfolgt. Spektakuläre Inquisitionsprozesse gab es nach 1643 in Madrid, als die *conversos* nach Olivares' Sturz ihren einflussreichen Gönner verloren hatten. Die jüdische Gemeinde von Oran wurde im Jahr 1669 vertrieben. Einige hundert Personen, „Juden des Königs von Spanien", wählten das Exil.

Die Morisken stellten für die Monarchie eine politische und zugleich religiöse Gefahr dar. Sie waren zwar seit Anfang des 16. Jh. zum Christentum übergetreten – aber sie blieben in der überwiegenden Mehrheit dem Islam verbunden und übten ihre Riten und Gebräuche vermehrt im Untergrund aus. Über 300 000 Morisken lebten in Aragonien, Valencia und Granada, wo sie zwischen einem Fünftel und mehr als der Hälfte der Gesamtbevölkerung ausmachten. Der Zusammenhalt war in den Dörfern, wo es kaum Christen gab, besonders stark, und die größten Gemeinden widerstanden allen Missionierungskampagnen, die sie zur Aufgabe der arabischen Sprache, der Fastengewohnheiten, Gebete, rituellen Waschungen, der Beschneidung und ihrer speziellen Kleidung bringen sollten. Träger dieser Kampagnen waren die städtischen und kirchlichen Instanzen während des ganzen 16. Jh. und die Inquisition, die zwischen 1560 und 1610 besonders hart vorging. Die Morisken wurden auch deshalb für so gefährlich gehalten, weil jederzeit Unterstützung durch das Osmanische Reich oder die Korsaren aus den arabisch-berberischen Staaten Nordafrikas zu erwarten war. Dies befürchteten die spanischen Könige besonders während des

INDIANER UND SPANIER
Christianisierte Indianer aus Mexiko malten um 1579–81 diese Szene, in der eingeborene Träger den Spaniern behilflich sind. Das Bild dient als Illustration einer Geschichte der Indianer in Neu-Spanien und der Terra Ferma, die der Dominikanermönch Diego Duran verfasst hatte.

Moriskenaufstands im Königreich Granada zwischen 1568 und 1570. Mitten im spanischen Reich hielten die Aufständischen lange Zeit die königliche Armee in Atem, und die Bedrohung durch eine groß angelegte militärische Intervention der Osmanen stieg ständig. Die Morisken wurden aus ihrer alten Heimatregion Ende 1570 vertrieben und auf Alt- und Neukastilien, die Extremadura und Westandalusien verteilt. Dies war jedoch nur der Auftakt zur vollständigen Vertreibung aus allen spanischen Territorien des Reiches, die mehrere Male geplant und zwischen 1609 und 1614 schließlich durchgeführt wurde. 300 000 Personen mussten in andere Mittelmeerländer zwischen der Provence und Konstantinopel ziehen; die meisten ließen sich im Maghreb nieder. Etwa 10 000 Menschen durften in Spanien bleiben.

Ganz anders stellt sich das Problem der Roma *(gitanos)* dar: Diese Volksgruppe war um 1425 in Katalonien und um 1460 in Andalusien aufgetaucht, und es handelte sich immer um kleine Gemeinschaften – etwa 1000 Personen Anfang des 16. Jh., 2000–3000 im Jahrhundert danach und schließlich wohl etwa 5000 um das Jahr 1700. Der Zorn, den sie auf sich zogen, muss deshalb eigentlich überraschen, aber die umherziehenden Gruppen versetzten die Bevölkerung in Unruhe und Angst. Früher als überall sonst in Europa versuchte man, sie zu integrieren und fest anzusiedeln. Aus dem Jahr 1499 stammt das erste Dokument, in dem von einer Vertreibung aller nicht fest ansässigen Personen die Rede ist, aber das wichtigste Dokument von 1633 zu dieser Frage sieht vor, dass alle spezifischen Merkmale der *gitanos* wie Sprache und Kleidung ausgerottet und Ehen innerhalb ihrer Sippen verboten werden sollten.

Die Indianerbevölkerung in Amerika musste ein geradezu unvorstellbares Maß an Gewalt erdulden. Ohnehin dezimiert durch Epidemien, welche die Europäer eingeschleppt hatten, verloren die Indianer ihre traditionellen Wirtschafts- und Gesellschaftsformen. Häufig mussten sie für den Profit der Spanier eine unmenschliche Arbeit, zum Beispiel in den Bergwerken, aufnehmen. Die Traumatisierung erreichte unerhörte Ausmaße, weil die geistigen Traditionen der Indianer zerbrochen wurden. Die Eroberer wollten den Völkern ihre eigenen religiösen Bräuche überstülpen. Diesem Zweck diente auch eine seit 1560 laufende systematische Kampagne, während der alle Götterbilder in den Regionen von Arequipa und Cuzco zerstört wurden. Die Welt der Urbevölkerung wurde überall in Amerika radikal vernichtet, trotz der unablässigen Mahnungen ihres Fürsprechers Bartolomé de Las Casas. In den *Leyes Novelas* von 1542 wurde dann schließlich die skrupellose Ausbeutung der Indianer eingeschränkt – ein kurzlebiger Sieg ihrer geistlichen Verteidiger.

Der Wahn vom „rechten Glauben" war in allen Teilen des spanischen Weltreichs präsent, weshalb es auch für „Neuchristen" wie *conversos* und Morisken verboten war, nach Amerika zu reisen – ein sinnloses Verbot, wenn man an die umfangreichen

DIE JUDEN DES KÖNIGS
Trotz allgemeiner Verbote und Ausweisungen erhielten bestimmte Juden die Genehmigung, Handel zu treiben. Sie besaßen auch Pässe, und manche von ihnen lebten sogar am Hof.

Inquisitionsprozesse in Mexiko und Lima gegen eben diese Personen denkt. Dieser Wahn wird besonders durch die Übernahme der Statuten zur „Reinheit des Blutes" deutlich. Sie entstammen der antisemitischen Einstellung der spanischen Gesellschaft im Spätmittelalter und tauchten erstmals um die Mitte des 15. Jh. in einem Kolleg der Universität Salamanca auf, verbreiteten sich an der Wende vom 15. zum 16. Jh. und waren um die Mitte des 16. Jh. im ganzen Land zu finden.

Eine 1547 in Toledo erarbeitete Fassung dieser Statuten wurde bald im ganzen Reich übernommen. Nach dieser Zeit mussten sich auch alle Teile der Gesellschaft, religiöse und militärische Orden, Universitäten, Bruderschaften, Zünfte, die Inquisition, Domkapitel, Stadträte und viele andere daran orientieren, um sich von jedem Makel rein zu halten. Jeder Bewerber für die Aufnahme in eine Zunft, die unter einem Statut dieser Art stand, musste sich eine Befragung zur Reinheit des Blutes gefallen lassen. Zeugen mussten bestätigen, dass die Vorfahren, „von jeher Christen waren und frei von jeder jüdischen und maurischen Vermischung". Die restriktiven Maßnahmen beschränkten sich allerdings auf den privaten Bereich, denn die spanischen Könige forderten von ihren Regierungsmitgliedern und Bevollmächtigten nie einen solchen Nachweis. Aber sie widersetzten sich dieser Praxis auch nicht und ließen zu, dass die Diskriminierung von Minderheiten in allen

HÄUFIG BESUCHTE WALLFAHRTSORTE

Der am häufigsten besuchte Wallfahrtsort auf der Iberischen Halbinsel ist sicherlich das Grab des Apostels Jakobus in Compostela. Trotz der vor allem in Kriegszeiten herrschenden Gefahren wurde Santiago de Compostela auch im 17. Jh. häufig aufgesucht. An der Pilgerfahrt beteiligten sich Menschen aus aller Herren Länder. Als typischer Pilger galten junge Männer aus Spanien, Portugal, aber auch aus Frankreich, Flandern oder gar aus italienischen oder deutschen Ländern.

Vor allem Marienwallfahrtsorte wie *Unsere Liebe Frau von der Säule* in Saragossa oder *Unsere Liebe Frau von Nazaré* in Portugal zogen die Menschen an. Die meistbesuchten sind *Unsere Liebe Frau von Montserrat* in Katalonien und *Unsere Liebe Frau von Guadelupe* in der Extremadura. Als Ignatius von Loyola nach Jerusalem reisen wollte, stellte er sich 1522 unter den Schutz der Schwarzen Madonna von Montserrat. Auch Karl V. betete in Montserrat, bevor er 1435 seine Flottenexpedition nach Tunis antrat. *Unsere Liebe Frau von Guadelupe* wurde 1525 eine ganze Woche von Karl V. besucht. Johann III. von Portugal kam 1528, Philipp I. und sein Neffe Sebastian, König von Portugal, statteten dem Wallfahrtsort Weihnachten 1576 einen Besuch ab.

Teilen der Gesellschaft um sich griff. In der Realität konnte sich ein *converso* oder ein Moriske, falls er nicht schon durch seinen guten Ruf und seinen Reichtum Freunde hatte und Protektion genoss, mithilfe umsichtiger Zeugen ohne große Schwierigkeiten von der Überprüfung befreien. Aber das Statut war ein furchtbares Instrument der sozialen Auswahl, dem niemand leichtfertig entgegentrat. Im Zeichen rein christlicher Abstammung konnte man die soziale Mobilität überwachen. Reinblütige Christen durften sich Hoffnungen auf einen sozialen Aufstieg machen. Umgekehrt sahen sich die Personen an der Spitze der gesellschaftlichen Hierarchie indirekt durch die Befragungen, die nach und nach zugleich Adel und Reinblütigkeit erforderten, in ihren Privilegien und ihrem Lebensstil bestätigt.

Eine gemischte Gesellschaft

Durch die Vertreibung von Minderheiten, die religiöse und rassische Ideologie des Statuts zur Reinblütigkeit und das Misstrauen gegenüber fremdartigen geistigen Einflüssen musste eine Lücke entstehen. Die Regierenden waren überzeugt, dass sie der Öffentlichkeit einen großen Dienst erwiesen, wenn sie sich von den entsprechenden Arbeitskräften trennten. Auch die besten Gelehrten Spaniens zogen es vor, die Iberische Halbinsel wegen

der allgegenwärtigen Inquisition zu verlassen. Während dieser Zeit wurden die spanischen Universitäten von unerwünschten Personen „befreit"; die Buchproduktion stagnierte, und die Inquisition veröffentlichte seit 1551 einen Index der verbotenen Bücher, darunter Werke zu Ethik, Theologie und Naturwissenschaft. Zwei der besten Kenner des zeitgenössischen Schrifttums, der Augustiner Fray Luis de León und der Franziskaner Miguel de Medina, gerieten mit der Inquisition in Konflikt. Die spanische Kultur wurde immer mehr von der Religion durchdrungen.

Die katholische Monarchie hat einen hohen Preis für die unglaublichen Anstrengungen bezahlt, Körper und Geist ihrer Untertanen zu disziplinieren. Auch wenn sie ihr Ziel erreicht hat, genossen die Untertanen zumindest während der Herrschaft Karls V. eine gewisse Meinungsfreiheit. Sie hat in der Literatur des späten 16. und des 17. Jh. dauerhafte Spuren hinterlassen.

So wurden zwar die Stimmen der Minderheiten wie der *conversos*, Morisken und Indianer im 16. und 17. Jh. kaum gehört, aber in der Tradition des Mittelalters gab es nach wie vor einen regen Austausch zwischen den Bevölkerungsgruppen. Immerhin sprachen Priester und Notare in der Levante und in Andalusien noch Arabisch mit ihren Gemeindegliedern, Klienten und Nachbarn. Und obwohl die jüdisch-arabische Kultur unterdrückt werden sollte, wurden viele Besonderheiten ihrer Ernährung, Kleidung und der Baukunst nachgeahmt. Die Vermischung der Rassen, der Praktiken und der religiösen Überzeugungen stand im Zeichen eines ungeregelten, intensiven und ständigen Austauschs. Unter diesen Bedingungen war die spanische Gesellschaft des 16. und 17. Jh. das Ergebnis zweier Tendenzen, die scheinbar unvereinbar sind: Auf der einen Seite stand im Namen des absoluten Heilstrebens die Suche nach einer reinen Orthodoxie, die unaufhörlich verurteilte und ausschloss, auf der anderen Seite war es die Vielheit unkontrollierbarer Kontakte im Alltag, die zu Nachahmungen, beiderseitigen Anleihen und Kopien führte.

DIE PROVINZ ESMERALDA
Etliche Sklaven afrikanischer Herkunft, die in den Goldminen von Buritica gearbeitet hatten, konnten fliehen und ließen sich in einem Sumpfgebiet nieder. In dieser nördlich vom Äquator gelegenen Region wurde die Provinz Esmeralda gegründet, eine Art autonome Republik. Die hier dargestellten Personen, Arobe und seine Söhne, hatten sich kurz zuvor der Krone unterworfen.

Wege zur Vollkommenheit

DIE REFORMATORIN
Gregorio Fernandez war der bedeutendste Bildhauer der kastilischen Schule des 17. Jh. Diese Statue der hl. Theresa von Ávila entstand drei Jahre nach ihrer Heiligsprechung.

Das Goldene Zeitalter in Spanien war auch die Zeit der Heiligen. Zwischen 1580 und 1700 waren 21 Spanier und Portugiesen heilig gesprochen worden. Bei ihrem Tod standen sie im Ruf der Heiligkeit, und ihr Fall wurde unverzüglich der römischen Kurie vorgelegt. Am schnellsten abgewickelt wurden die Verfahren der beiden einzigen Frauen, Theresa von Ávila (gest. 1582) und Rosa von Lima (gest. 1617), die 1614 bzw. 1668 selig und 1622 und 1671 heilig gesprochen wurden. Die große Zahl derer, denen diese Ehre zuteil wurde, betonte die Rolle Spaniens bei der Reform der katholischen Kirche. Viele Heilige gehörten den heiligen Orden an, die sich aktiv an der Gegenreform beteiligt hatten. Ignatius von Loyola, Franz Xaver und Franz Borgia waren Jesuiten, Pascual Bailón und Pedro de Alcantara Franziskaner, Theresa von Ávila war Karmeliterin und Johannes von Gott war der Gründer des Hospitalordens vom hl. Johannes. Andere gehörten Orden an, die im 16. Jh. keiner spürbaren Veränderung unterworfen waren, so der Augustiner Tomás de Villanueva, Bischof von Valencia, und die Dominikaner Rosa von Lima und Luis Bertrán.

Der Aufstieg dieser Heiligen galt im spanischen Weltreich als gerechte Anerkennung für die „beste Tochter der Kirche". Dass 12 Heiligsprechungen in drei feierlichen Verkündigungen (1622, 1671 und 1690) bekannt gegeben wurden, unterstrich das Gefühl, Mitglied einer spanisch-portugiesischen Musterwelt zu sein. Auch die Krone zog Nutzen daraus. Die Ehre, die diesen großen Gestalten zuteil wurde, warf auch auf sie ein gutes Licht. Theresa von Ávila wurde 1617, noch vor ihrer Heiligsprechung, zur Schutzpatronin Spaniens ernannt. Rosa von Lima wurde 1970 die Schutzpatronin Amerikas und der Philippinen. Unter den Heiliggesprochenen von 1622 war auch Isidro el Labrador aus Madrid, ein einfacher Knecht aus dem 12. Jh. Diese Ehre wäre ihm sicher nicht zuteil geworden, wenn er nicht Schutzpatron von Madrid, der Hauptstadt des Weltreichs, gewesen wäre. Auch wurde Ferdinand III., im 13. Jh. König von Kastilien und León, in den Rang des Heiligen erhoben. Ferdinand war ein Zeitgenosse des 1278 heilig gesprochenen Königs von Frankreich. So ließ man Spanien mit 400 Jahren Verspätung Gerechtigkeit widerfahren.

NÄCHSTENLIEBE
Alonso Cano aus Granada schuf ein bewegendes Porträt des hl. Johannes von Gott, der in seiner Stadt einen starken Eindruck hinterlassen hatte, indem er sich 1540–50 ganz dem Dienst an Armen und Kranken widmete.

KÖNIGIN UND HEILIGE
Die 1626 heilig gesprochene Elisabeth von Portugal (1271 bis 1336), Tochter, Gemahlin und Mutter eines Königs, trat in den Klarissenorden ein. Hier eine Darstellung Zurbaráns von 1640.

ANTONIUS, DER PORTUGIESE
Pedro Roldán (1624–99), in Sevilla einer der größten Bildhauer seiner Zeit, vermittelt eine Vorstellung von der Verehrung, die dem Franziskaner Antonius von Padua zuteil wurde. Antonius ist im Grunde ein iberischer Heiliger, denn er wurde in Lissabon geboren und lebte lange in Portugal.

ROSA VON LIMA

Rosa von Lima (1586–1617), mit bürgerlichem Namen Isabella Flores, hatte den Namen Rosa ihrer Schönheit zu verdanken. Schon sehr jung wollte sie ins Kloster eintreten, doch ihre Eltern waren dagegen. Später gehörte sie dem Dritten Orden der Dominikanerinnen in ihrer Heimatstadt an, musste jedoch weder das Ordenskleid tragen noch im Kloster leben. Unter dem propagandistischen Einfluss der Prediger gingen die bildlichen Darstellungen ihrer Schönheit allerdings über die Wirklichkeit hinaus. Nach dem Vorbild der Katharina von Siena führte Rosa ein sehr asketisches Leben und widmete sich Kranken und Kindern. Als Würdenträgerin der Stadt starb sie im Alter von 31 Jahren. Als sie 1668 selig gesprochen wurde, feierten die Einwohner von Lima sie als „Ruhm des Landes, Freude Limas, Ehre ihres Volkes".

EIN POPULÄRER EREMIT
Der Überschwang um die Person des hl. Hieronymus, Eremit und Kirchengelehrter, ist nie ganz erloschen. Große Maler haben ihn dargestellt, etwa El Greco, Alonso Cano, Ribera und Valdés Leal. Populär wurde er, wie auch viele andere Heilige, durch Kachelbilder.

EIN MYSTISCHER LYRIKER
Der hl. Johannes vom Kreuz (1542–91) wurde erst 1726 heilig gesprochen. Von entscheidender Bedeutung war seine Begegnung mit Theresa von Ávila. Trotz vieler Schwierigkeiten gelang ihm die Reform des Karmeliterordens. Sein dichterisches Werk, darunter Dunkle Nacht *(verfasst im Kerker des Karmeliterklosters),* Geistlicher Gesang *und* Die lebendige Flamme der Liebe, *gilt als Höhepunkt der Literatur.*

KAPITEL 7

Die Macht der Städte

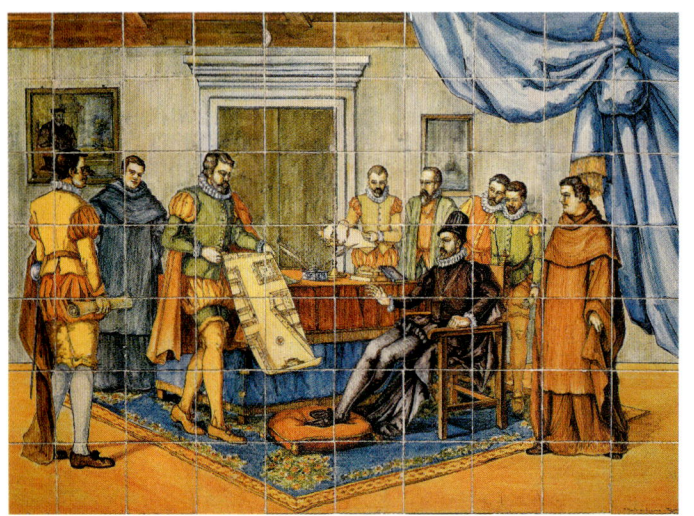

So war die spanische Gesellschaft war zu dieser Zeit überwiegend von ländlichen Strukturen geprägt, was mitunter auch in den Städten stark spürbar war. Zur Veranschaulichung genügt es, einige Kupferstiche des Flamen Hoefnagel zu betrachten, die er zwischen 1563 und 1567 auf seinen Wanderungen durch ganz Spanien in Gesellschaft des Geographen Abraham Ortelius in großer Zahl herstellte, desgleichen sein Zeitgenosse und Landsmann Anton Van den Wyngaerde. Mitten in Burgos, Saragossa, Valencia und Córdoba lagen zahlreiche Felder und Gärten. Dennoch spielten die Städte in der spanischen Wirtschaft, Kultur und Geisteswelt eine herausragende Rolle.

WIEDERAUFBAU VON VALLADOLID *1561 wurde Valladolid von einem gewaltigen Brand in Schutt und Asche gelegt. Das war ein weiterer Grund für Philipp II., sich für Madrid als Hauptstadt zu entscheiden. Dennoch wurde die Stadt auf Betreiben des Königs wieder aufgebaut. Hier legt man ihm die Pläne vor.*

Menschengedränge in der Stadt

So war die spanische Kultur des 16. und 17. Jh. in hohem Maße urban. Einige Fakten sollen diese These belegen: Die Einwohnerzahlen der Städte im spanischen Reich waren viel höher als in den übrigen europäischen Staaten. Im ausgehenden 16. Jh. hatten 100 Städte der Krone Kastilien über 5000 Einwohner, das waren 21 Prozent der Gesamtbevölkerung. Im Gebiet der Krone Aragonien wohnten weniger Menschen in Städten als in Kastilien: In zwölf Städten mit mehr als 5000 Einwohnern lebten nur ungefähr 15 Prozent der Gesamtbevölkerung. Im Vergleich zu England, Frankreich und den deutschen Ländern war dies jedoch recht viel. Andererseits lebten in den italienischen Territorien unter spanischer Herrschaft ähnlich viele Menschen in Städten wie in Kastilien. Viel höher, etwa 50 Prozent bezogen auf die Gesamtbevölkerung, war der Grad der Urbanisierung in den Niederlanden, dem damals bei weitem am dichtesten besiedelten Gebiet Europas. Viel weniger städtisch geprägt waren die amerikanischen Besitzungen; die Spanier hatten dort vor 1578 nur 200 Städte gegründet und ausgebaut. Wenn man die reinen Einwohnerzahlen der damaligen Großstädte vergleicht, stellt man fest, dass außer Paris, London, Venedig und Rom alle europäischen Städte mit etwa 100 000 Einwohnern oder mehr zum spanischen Reich gehörten: Neapel (300 000 Einwohner), Sevilla (120 000 Einwohner), außerdem Lissabon, Mailand, Palermo, Antwerpen, Amsterdam, Rotterdam. Schließlich zählte auch Madrid dazu, das an der Wende vom 16. zum 17. Jh. einen spektakulären Aufschwung erlebte; dazu noch Mexiko-Stadt (fast 100 000 Einwohner); Potosí im heutigen Bolivien war mit 160 000 Einwohnern im Jahr 1610 die zweitgrößte Stadt des spanischen Weltreichs.

Diese Zahlen sprechen für sich, und es ist unbestreitbar, dass die Städte damals ein bedeutender Faktor waren. Doch darf man in diesem Zusammenhang nicht nur das quantitative Kriterium betrachten. Diego Pérez de Mesa hat in seiner Schrift *Política o razón de Estado* (1632) bestätigt, dass „eine bedeutende Stadt nicht dasselbe wie eine dicht bevölkerte Stadt ist". Bedeutend war für die Spanier damals eine Stadt, die vor allem sehr viele *ciudadanos* – Bewohner, die in der Lage waren, ein öffentliches Amt zu übernehmen – aufzuweisen hatte. So gesehen bot Sevilla mit einer *audiencia*, mit Gerichten, einem Sitz des Erzbischofs und der Inquisition, der Amerikabehörde, einer Münzbehörde, Zollämtern und anderem das Bild einer bedeutenden Stadt. Sie verdiente mehr als jede andere die Bezeichnung *ciudad*. Valladolid erhielt die Auszeichnung erst 1596, als der Hof schon seit 30 Jahren nicht mehr dort residierte. „Zahlreiche Besonderheiten und ausgezeichnete Dinge", mit denen sie ausgestattet sei, wurden schließlich anerkannt. Alcalá de Henares, heute eine Stadt im Vorortbereich von Madrid, musste bis 1687 warten, bis endlich die Stadturkunde folgende Qualitäten aufzählte: eine Kirche, die Stifter habe, „die auch eine Kathedrale stiften könnten", eine Universität, die zu den angesehensten in ganz Europa gehöre, Häuser, Reliquien, Klöster, berühmte Hospitäler und

schließlich solide Stadtmauern. Madrid erreichte diesen Status nie; es blieb *villa* und stand damit eine Stufe unter der Stadt. Zwar hob es sich damit von vielen *aldeas* und *pueblos* (Dörfern) deutlich ab, aber im Vergleich zu vielen konkurrierenden Orten verharrte es in einem Zustand deprimierender Mittelmäßigkeit. Auf diese Weise bezahlte Madrid gewissermaßen seinen Mangel an Alter und Adel, während kleine Orte mit einigen hundert Einwohnern sich gerade mit diesen Attributen rühmten und als „sehr edle und sehr treue Stadt" bezeichneten. Madrid überwand diesen Makel, indem es auf seinen Ausnahmestatus hinwies: Es war *villa y Corte* – Stadt und Residenz des Hofes.

BLICK AUF TOLEDO
El Greco hinterließ drei meisterhafte Landschaftsgemälde von Toledo. Auf diesem Bild stellt er den östlichsten Stadtteil mit großer künstlerischer Freiheit dar.

Zu Beginn des 16. Jh. schien also noch nichts auf die überragende Rolle hinzuweisen, welche Madrid einmal spielen würde. Die wichtigsten Voraussetzungen fehlten, so hatte Madrid nicht einmal passable Stadtmauern. Ausländische Reisende waren zu Beginn des 17. Jh. über Madrids Zustand regelrecht bestürzt: „Man kommt überall hinein und hinaus", betont der Pole Jan Sobiesky. Die Stadtmauer zeigte in dieser Epoche auch die Grenzen des Gerichtsbezirks an und war deshalb eines der wichtigsten Kennzeichen der Städte in Spanien und in den europäischen Besitzungen des Reiches. Überall waren die Städter damit beschäftigt, die Stadtmauern zu bauen und zu erhalten. In Toledo ebenso wie in Neapel versuchte man die Ringmauern und die Befestigungen zu verstärken. Ihre Funktion als Verteidigungsgürtel war offensichtlich; vor allem in Neapel, Palermo und Barcelona drohten ständig Überfälle der Korsaren. Für Städte in anderen Regionen jedoch, wie in Kastilien, hatte die Stadtmauer fast nur symbolischen Charakter.

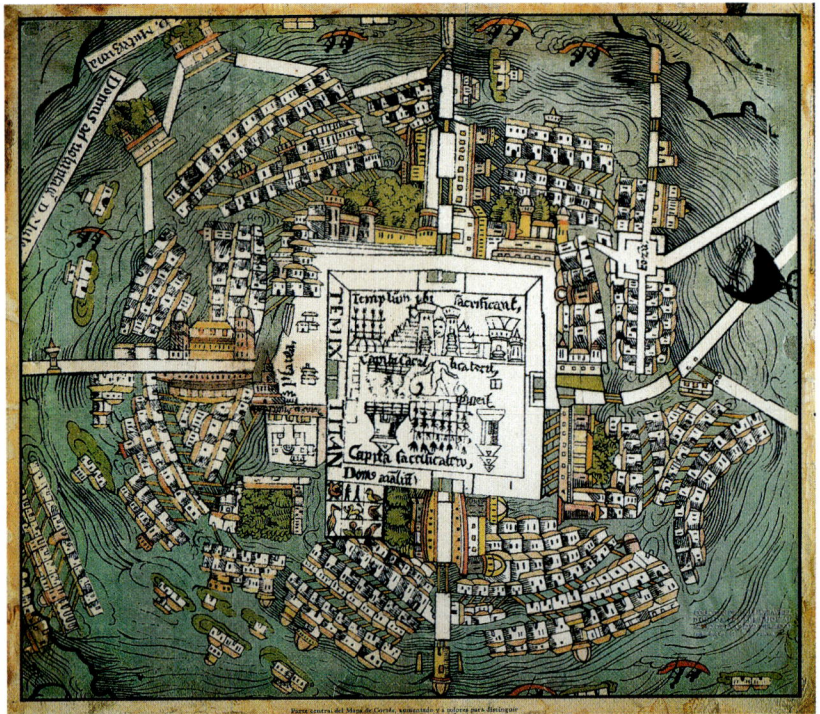

Die amerikanischen Städte wurden anders konzipiert. Ausnahmen waren die Städte am Golf von Mexiko oder an der Karibischen See. In San Juan de Puerto Rico wurde eine Festung gebaut, Santo Domingo erhielt eine Ringmauer aus Holz und Cartagena de Indias besaß im 17. Jh. die eindrucksvollste Stadtbefestigung in der ganzen Neuen Welt. Aber alle übrigen Städte hatten keine Befestigung. Man hat vermutet, dass dieses ungewöhnliche Faktum auf den Einfluss der Bettelorden zurückgeht; sie wollten unter anderem die Gewohnheiten der Ureinwohner weiterführen, denen geschlossene Befestigungsmauern völlig fremd waren. Nach einem Wort des Franziskaners Fray Baltasar de Medina lagen die Städte im ausgehenden

VON TENOCHTITLÁN NACH MEXIKO
Dieser Stadtplan von Mexiko geht vermutlich auf Cortés zurück und war in seinem zweiten Brief an Karl V. erwähnt. Die Lage Tenochtitláns in einem See ist gut zu erkennen, ebenso das Bemühen, dem Grundriss durch zwei Hauptachsen und ein deutlich hervorgehobenes Zentrum eine gewisse Ordnung zu geben.

17. Jh. im Schutz geistiger Mauern. „Die Stadt Mexiko besitzt zwar keine materiellen Mauern, aber sie ist ganz sicher, denn, wie es bei Jesaja heißt, ihre geistigen Mauern wurden unter dem Blick Gottes gebaut und sind sehr stark." Medina dachte hier vor allem an die Schutzheiligen der Stadt, Kassian und Hippolyt, aber die Städte hatten auch als Erste eine Polizei, waren also Republiken, in denen Zucht und Ordnung herrschte und keine Stadtmauer gebraucht wurde.

In den *relaciónes topográficas,* die in den 1570er-Jahren auf Anweisung Philipps II. angelegt wurden, spiegelt sich sehr genau die beherrschende Rolle der Stadt. Die umfangreichen Befragungen sollten genaue Angaben über die Landesteile der Krone Kastiliens und der amerikanischen Besitzungen liefern, damit diese besser zu regieren seien. Man findet eine Fülle von Hinweisen auf die Städte, ihre Privilegien, ihre Aufgaben, ihre Gebäude und den ansässigen Hochadel, sodass der Eindruck vermittelt wird, die gesamte Gesellschaft lebe in den Städten. Das Hinterland der Städte war oft sehr ausgedehnt. Toledo herrschte über ein Gebiet, das sich über 100 Kilometer von Norden nach Süden und etwa 50 Kilometer von Westen nach Osten erstreckte. Der Gerichtsbezirk von Santiago de Compostela war fast genauso groß; er umfasste von den Ausläufern des

Monte Coba da Serpe bis zum Atlantischen Ozean nach Westen etwa die Hälfte der heutigen Provinz La Coruña. Sevilla war das Zentrum eines Gebiets, das einem großen Teil der heutigen Provinz Sevilla und fast der Hälfte von Huelva entsprach. Der Stadtrat war für 100 *villas* und Dörfer zuständig. Man sprach zu Recht von einer städtischen Grundherrschaft, die das ganze 16. und 17. Jh. überdauerte.

Die Stadt und das Hinterland

Sämtliche Städte, auch die kleineren, bildeten mit ihrem Hinterland eine feste Einheit. Die spanische Stadt war von jeher grundsätzlich vom Hunger bedroht, aber das System der Versorgung mit Nahrungsmitteln hat im ganzen spanischen Reich in aller Regel sehr gut funktioniert – das Hinterland lieferte normalerweise die wichtigsten Grundnahrungsmittel. Deshalb gab es auch so wenige Hungerrevolten, und wenn sie doch einmal ausbrachen, konnten die städtischen Behörden geeignete Maßnahmen ergreifen, wie zum Beispiel 1638 in Toledo, wo sie den Brotpreis senkten, oder 1648 in Granada, wo sie den Markt reichlich mit Nahrungsmitteln versorgten.

Aber die Städte waren vor allem auch Anziehungspunkt für viele Menschen, die Arbeit suchten. So bestand ein Teil der Stadtbevölkerung aus jungen Leuten vom Land, die ihre Familien finanziell unterstützen wollten. Viele gingen bei einem Handwerker in die Lehre; andere, darunter die meisten jungen Mädchen, verdingten sich als Hausangestellte und lebten dadurch eng mit Sklaven, Waisen und Findelkindern zusammen. Ein großer Teil der Stadtbevölkerung bestand aus Flüchtlingen und Vertriebenen.

Außer den jungen Leuten vom Land *(tierra)* lebten in Katalonien, in der Levante und in anderen großen Städten auch Franzosen aus der Gascogne und vor allem aus der Haute Auvergne, die vom allgemeinen Wohlstand Spaniens angelockt worden waren. Die meisten Zugezogenen betrieben einen städtischen Kleinhandel, und einige gründeten dort auch eine Familie. Aber die meisten Zuwanderer blieben unverheiratet. Deshalb war die Geburtenrate in den Städten niedriger, und da außerdem die Kindersterblichkeit

Der Sklave als Maler
In Rom malte Velázquez ein großartiges Porträt von Juan de Pareja, seinem Sklaven, der ein Nachkomme von Morisken und selbst ein guter Maler war. Nach seiner Befreiung im Jahr 1650 und dem Tod Velázquez' schuf er eigene, sehr originelle Werke.

hoch war, brauchten die Städte immer die Arbeitskraft von neu Zugewanderten, vor allem in Bergwerksgebieten wie dem spanischen Almadén, wo Quecksilber gewonnen wurde, in Zacatecas, Guanajuato, San Luis Potosí (Mexiko), Huancavelica und Potosí in den Anden, wo wegen der furchtbaren Arbeitsbedingungen auch die Lebenserwartung sehr gering war.

MARKT VON NEAPEL
Neapel besaß einen sehr geschäftigen Markt, der einen Anziehungspunkt für die Bauern aus der Region darstellte. Abgesehen vom Aufstand des Masaniello im Jahr 1647 war die Stadt dem Haus Habsburg stets treu ergeben.

Das Angebot an Waren und Dienstleistungen war unbegrenzt, vor allem auf den Märkten, insbesondere den Wochenmärkten in den kleinen Städten, wo die Bauern ihre Überschüsse aus der Landwirtschaft verkauften. Die Großstädte hatten außerdem jeden Tag ihre Märkte; besonders rege waren der Born in Barcelona und die Vucciria in Palermo oder der Markt in Potosí. Der Chronist Pedro de Cieza de León berichtet um die Mitte des 16. Jh. darüber: „Ich glaube, kein Markt auf der ganzen Welt ist mit dem Markt von Potosí zu vergleichen. Auf dem ebenen Gelände rund um den Hauptplatz dieser Stadt habe ich mehrfach lange Reihen von Körben mit Coca, Tischwäsche und kostbaren, dünnen ebenso wie grob gewebten Hemden gesehen, außerdem Maiskolben, getrocknete Papas und große Fleischstücke, wie man sie nirgends sonst im ganzen Königreich findet. Kurz, hier wurden noch viele andere Dinge verkauft, die ich lieber nicht aufzählen will, und der Markt dauerte von Sonnenaufgang bis zum Anbruch der Nacht."

Auch das Bordell gehörte zu den unentbehrlichen Dienstleistungen einer Stadt. In der spanischen Gesellschaft war das Gefühl für die Sünde der sexuellen Ausschweifung kaum ausgebildet; man glaubte meist, Unzucht sei keine Sünde, wenn sie bezahlt wurde, und

EINE STADT SCHIESST AUS DEM BODEN

Das gewaltige Silbervorkommen von Potosí wurde 1545 mehr oder weniger durch Zufall entdeckt. Dank der Entdeckung von Quecksilberlagerstätten in dem 1400 km entfernten Huancavelica arbeitete die Silbermine schnell sehr profitabel. Die Arbeit in den Silberminen in mehr als 4000 m Höhe war äußerst mühsam. Ein Bergmann musste im Lauf eines achtstündigen Arbeitstages 23 kg Silbererz fördern, sonst wurde er mit Lohnabzug bestraft. Er bezahlte einen Gehilfen, entrichtete die Steuern für den König und starb in der Regel jung an Tuberkulose oder Silikose. Ab 1570 verpflichtete man jedes Indianerdorf, ein Kontingent Arbeiter zu stellen. Die Stadt Potosí erlebte ein sprunghaftes Wachstum. 1555 hatte sie 25000 Einwohner, 1588 waren es 120000, in der Blütezeit um 1610 waren es wohl 160000. Eine Zeit lang war sie nach Neapel die zweitgrößte Stadt des spanischen Weltreichs. Neben den Indianern, die ungefähr die Hälfte der Bevölkerung ausmachten, lebten dort 40000 Spanier und ebenso viele Kreolen, von denen nur sehr wenige dort geboren waren. Hinzu kamen rund 6000 Menschen afrikanischer Herkunft. Potosí war eine Stadt der Gegensätze. Neben einem Dutzend Kirchen und Palästen, darunter auch die Münze, lag ein riesiger Markt, tausende, vielleicht an die 8000 Tavernen und unzählige Bordelle.

das Bordell hatte großen Zulauf. Es wurde nach den Vorschriften der Stadtverwaltung geführt, und die Behörden setzten einen „Patron" ein, der für deren Einhaltung sorgen sollte. Das Bordell hatte nur eine einzige Tür und war das ganze Jahr geöffnet, mit Ausnahme der Karwoche. Geistliche versuchten gelegentlich, die Prostituierten zu überreden, ihre Betätigung aufzugeben. Während die öffentlichen Häuser in Nordwesteuropa Gegenstand feindseliger Kampagnen waren, die häufig zur Schließung führten, machten die Bordelle im spanischen Reich gute Geschäfte. Das berühmteste befand sich in Valencia, an dem kein Reisender vorbeiging. Einer berichtet: „Bordelle gibt es überall in Spanien, und dass viele Reisende bei der Ankunft in einer Stadt zunächst das Bordell und dann erst die Kirche besuchen, ist ein offenes Geheimnis. Das großartigste Bordell Spaniens steht

hier in Valencia; es ist rundum von einer Mauer umgeben." In Mailand (1572) und Neapel (1577) gab es die ersten Versuche, die Prostitution einzudämmen, und aufgrund massiver Beschwerden, die von den Jesuiten unterstützt wurden, entschloss sich der Kastilienrat im Jahr 1623, die Bordelle zu verbieten.

Das Baufieber

Der Einfluss der spanischen Städte reichte weit über die sichtbaren oder unsichtbaren Grenzen hinaus. Auch der Adel fühlte sich vom städtischen Flair und der Hoffnung auf Macht und Reichtum angezogen. Die Könige gingen mit gutem Beispiel voran. Der Bau des Escorial war zwar das spektakulärste Unternehmen die

DER PALAST DER
HERREN GRANVELLE
*Im gesamten 16. Jh. spielte
die Familie Granvelle eine
beherrschende Rolle in der
Franche-Comté. Da sie
von bäuerlicher Herkunft
war, lag ihr die Erlangung
des Baronats und der Bau
eines prächtigen Palastes
mitten in Besançon besonders am Herzen.*

ser Epoche, aber zwei Könige gaben außerdem noch mehrere Stadtpaläste in Auftrag. Unter Karl V. wurde in Granada dicht neben der Alhambra, dem Schloss der maurischen Könige, ein Gebäude errichtet, an dem nacheinander sechs Baumeister bis zum Jahr 1640 beteiligt waren. Der Buen Retiro in Madrid, ein ehrgeiziges Projekt Olivares', entstand zwischen 1631 und 1640.

Die Minister wollten den Fürsten nicht nachstehen: Francisco de los Cobos, Vázquez de Molina, Granvella und der Herzog von Lerma taten alles, um ihren Lieblingsstädten ihren eigenen Stempel aufzudrücken, die beiden ersten in Úbeda, Granvelle in Besançon, der Herzog in Lerma (Altkastilien). Der Baumeister Domenico Fontana baute Ende des 16. Jh. für den Vizekönig den Palazzo Reale in Neapel. Der Adel wählte fast ausnahmslos die Stadt als Residenz. Natürlich wollte er sich nahe beim königlichen Hof aufhalten, und deshalb entstanden in Valladolid und später in Madrid zahlreiche Stadtpaläste. Nur die Herzöge von Osuna, Gandía und Albuquerque lebten in ihren prachtvollen Residenzen auf den Ländereien ihrer eigenen Herrschaftsgebiete. Die Geschäftsleute standen dem Adel nicht nach: Fabio Nelli de Espinosa ließ zwischen 1580 und 1594, als der Hof schon nach Madrid umgezogen war, in Valladolid einen luxuriösen Stadtpalast von perfekter Symmetrie und weitläufigen Proportionen errichten: das Werk zweier Baumeister, die von Juan de Herrera beeinflusst waren. Valladolid hatte zu Beginn des 17. Jh. wohl mehr als 400 Herrenhäuser und Paläste.

Die städtische Oberschicht gründete auch vermehrt Klöster, Kapellen und Hospitäler. In Logroño gab der städtische Zahlmeister im Jahr 1529 den Konvent Madre de Dios in Auftrag, und der Schatzmeister des Stiftskollegiums ließ 1538 das Kloster Nuestra Señora de los lirios erbauen. In derselben Epoche wurden in Granada der Bau des Hieronymitenklosters Santa Paula abgeschlossen, der von dem adligen Stifter Antonio de Vallejo großzügig gefördert wurde, und die Kartause entstand dank einer generösen Stiftung von Gonzalvo de Córdoba. Die privaten Stiftungen von Hospitälern waren so zahlreich, dass man versuchen musste, verschiedene Einrichtungen zu vereinigen, um die Verwaltung zu vereinfachen. Diese Gründungsbewegung hielt im ganzen 16. Jh. an und reichte bis ins frühe 17. Jh.

Fast überall veränderten sich die Stadtbilder stark: In Neapel, Sevilla, Toledo, Cáceres, Jaén und Segovia entstanden neue Gebäude, die die ohnehin schon große Anzahl von prächtigen Bauwerken vervollständigten. Lecce, Úbeda, Baeza, Granada, Salamanca und Madrid veränderten sich dagegen völlig. In Granada, der faktischen Hauptstadt während einiger Jahrzehnte der Herrschaft Karls V., wuchsen nach und nach imposante Gebäude empor. Nach 1520 wurde gleichzeitig an der königlichen Kapelle für die Grabmäler der Könige gebaut sowie am königlichen Hospital. Weiterhin arbeitete man an der Kathedrale, für die der Grundstein 1523 gelegt wurde, und seit 1527 am Schloss für Karl V. Der Palast für die Cancellería folgte wenig später. 38 Konvente und 24 Pfarrkirchen sollten das Zeichen für den Sieg des Christentums in dieser Stadt sein, die so lange Zeit unter islamischer Herrschaft gestanden hatte.

IREN IN SALAMANCA
Das Collegio Fonseca in Salamanca war den irischen Studenten vorbehalten. Ein großer Teil wurde von Diego de Siloe geplant, der auch an der Fassade mitgearbeitet hatte.

146

Auch Salamanca war vom Baufieber gepackt worden. Die neue gotische Kathedrale wurde 1560 geweiht, das Schloss der Grafen von Monterrey 1540 vollendet. Die Universität, das Collegium des Erzbischofs Fonseca, das Dominikaner- und das Zisterzienserkloster, die Kirchen Sanctispiritus und San Julián entstanden ausnahmslos im 16. Jh. Die eindrucksvollste und längste Baustelle befand sich allerdings in Madrid: Den Umbau des Alcázar vertraute Karl V. Luis de Vega an; unter Philipp II. kamen das Clarissinnenkloster Descalzas Reales hinzu, dem die Schwester des Königs, Johanna von Portugal, besondere Aufmerksamkeit widmete, und der Puente de Segovia von Juan de Herrera. Der Architekt Juan Gómez de Mora, ein Schüler Herreras, schuf die wichtigsten Gebäude zur Zeit Philipps III.: das Karmeliterinnenkloster De la Encarnación und die Plaza Mayor. Außerdem begann er nach 1640 mit dem Bau des Rathauses; beim Schloss Buen Retiro und dem Stadtgefängnis waren seine Kollegen Alonso Carbonell, Cristóbal de Aguilera und José de Villareal beteiligt.

Die gesamte spanische Elite bemühte sich also um die Verschönerung ihrer Lieblingsstädte. Aber die Prachtbauten waren nur der sichtbare Aspekt eines ehrgeizigen Unternehmens. Unablässig versuchten die Regierenden und die Stadtoberen, die Städte zu gestalten und umzugestalten, vor allem unter dem Einfluss italienischer Theoretiker des 15. Jh. wie Leon Battista Alberti, Antonio Averlino Filarete oder Francesco di Giorgio Martini, deren Ideen auch auf der Iberischen Halbinsel ein großes Echo fanden. Außerdem war die Tradition der römischen Antike noch nicht vergessen, die vor allem in den eher kurzlebigen Gebäuden der Grenzgebiete zur Zeit der Reconquista nachgeahmt und übernommen wurde. Helle, offene Räume mit freier Sicht nach klassischem Vorbild entsprachen nicht nur ästhetischen Bedürfnissen; die Sieger konnten die unterworfene Bevölkerung, deren Loyalität noch sehr fraglich war, zudem besser überwachen und ihr die Allmacht des Christentums vor Augen führen. Die Reisenden, die im frühen 16. Jh. Granada entdeckten, waren überwältigt von der Schönheit der Alhambra, aber sie sprachen auch von den Schwierigkeiten, sich in der Stadt zurechtzufinden; sie sei unübersichtlich, ohne offene Plätze, mit ihren verwinkelten Straßen und Sackgassen, und außerdem eng, schmutzig und hässlich. Rasch wurden Maßnahmen ergriffen, um die Stadt „zu säubern, zu verschönern, zu schmücken und zu veredeln". So verschwanden nicht nur die 200 Moscheen und die muslimischen Friedhöfe aus dem Stadtbild, sondern die Häuserfassaden wurden an einer geraden Linie ausgerichtet, die Überdachungen der Straßen entfernt und die weitesten Plätze noch vergrößert.

Ständig wurde in das Stadtbild eingegriffen. In Toledo sorgten sich Stadtplaner um Tore, Plätze, Promenaden, öffentliche Einrichtungen und die Müllbeseitigung. Die Stadtregierung, das Domkapitel und der Erzbischof verständigten sich im Jahr 1554 darauf, gemeinsam den Platz zu verschönern, auf dem schon die Kathedrale und das

PRÄCHTIGES CUZCO
1572 wurden in Köln die sechs Bände des Civitates orbis terrarum *veröffentlicht. Dieses Werk enthält Bildtafeln mit Ansichten der bedeutendsten Städte auf vier Kontinenten. Auf diesem Bild spürt man die Bewunderung, die die Spanier für Cuzco hegten, und auch ihren Stolz, dort die Herren zu sein.*

147

erzbischöfliche Palais standen. Die Arbeiten dauerten bis 1620. Schließlich konnte auch das Rathaus gebaut und das Tor des erzbischöflichen Palais neu gestaltet werden. Auch die Plaza de Zocodover erlebte zahlreiche Verschönerungsversuche.

In Neapel setzte sich der Vizekönig Pedro de Toledo energisch für eine Stadtsanierung ein. Anlass war ein Besuch Karls V. im Jahr 1535. Alles, was den Straßenverkehr behinderte, wurde beseitigt, mehrere Straßen wurden gepflastert. In Toledo spielten auch strategische Überlegungen eine Rolle: Das neu erbaute Schloss Sant' Elmo war dazu ausersehen, die Bevölkerung zu überwachen, und in ein neues Stadtviertel sollten spanische Truppen einziehen. Trotz der zahlreichen Aktivitäten und erfolgreich abgeschlossenen Projekte stießen die Stadtoberen jedoch häufig auf Schwierigkeiten, und sie mussten ihre ehrgeizigen Pläne zurückschrauben. Die Lage der Stadt Toledo am Steilhang – sehr ungewöhnlich für den Mittelmeerraum – erlaubte keine großzügige Perspektive und weiträumigen Plätze. Es war nicht leicht, die Strukturen christlicher oder muslimischer Herkunft anzutasten, die in vielen Jahrhunderten gewachsen waren. Schließlich waren auch die Kosten für die Sanierungsprogramme sehr hoch, denn die Stadt musste sowohl bauen als auch die betroffenen Einwohner entschädigen.

In manchen Fällen jedoch bekamen die Baumeister plötzlich freie Hand, so zum Beispiel in Valladolid, wo im Jahr 1561 ein Brand 440 von 670 Häusern im Viertel an der Plaza Mayor vernichtete. In diesem einen Fall konnte sich der König gegen alle Widerstände durchsetzen. Philipp II. wollte seine alte Residenz in eine moderne Stadt umwandeln. Die vom Brand verschont gebliebenen Häuser wurden enteignet und abgerissen, die Straßen erweitert und neue Straßen gebaut. Eine neue Plaza Mayor entstand, mit geradlinig ausgerichteten Häusern, die gleich hoch waren, gleiche Türen, Fenster und Balkone hatten und deren sämtliche Gebäude durch Arkaden miteinander verbunden waren. Als Baumaterial verwendete man Ziegelsteine, verstärkt durch Schichten und Winkel aus behauenem Naturstein.

Die Plaza Mayor von Valladolid diente als Vorbild für viele andere: Die von Madrid beispielsweise entstand zwischen 1617 und 1621; in Segovia wurde sie 1624 begonnen, blieb aber unvollendet.

In Amerika wurde auf dem Gebiet des Städtebaus experimentiert. Um 1580 soll es dort 200 Städte gegeben haben; 50 Jahre später waren es bereits 330 Städte. Die meisten wurden im Schachbrettmuster gebaut, dessen Vorteile offenkundig waren. Zum einen konnte man in den rechtwinklig angelegten Straßen die Indianer besser überwachen; zum anderen wurden die Städte durch Losentscheid unter den Eroberern nach Stadtvierteln aufgeteilt – so gab es keinerlei Streitigkeiten. Die Spanier hatten das Schachbrettmodell zuvor schon in Puerto Real bei Cádiz in Santa Fé bei Granada erprobt.

IM NAMEN VON GLAUBEN, MACHT UND HEIMAT

Die Ortsnamen in der Neuen Welt, die von den Entdeckern und Konquistadoren vergeben wurden, stammen aus den Bereichen der Religion, der Politik und dem Heimatland. Kolumbus machte den Anfang, indem er die erste Insel, auf der er landete, San Salvador nannte, die zweite Santa Maria de la Concepción, die nachfolgenden Ferdinanda und Isabela. Die heutigen Staaten Dominikanische Republik/Haiti und Kuba hießen Hispaniola und Juana, zu Ehren der Tochter der Katholischen Könige. Die Philippinen wurden während der Herrschaft Philipps II. besetzt, die Karolinen unter Karl II. Mexiko teilte man in Neu-Spanien, Neu-Leon, Neu-Galizien und Neu-Biscaya, während sich Neu-Toledo in Peru befand. Gegründet wurden auch Anteguera (Oaxaca), Valladolid (Morelia), Léon und Guadalajara in Mexiko, Cartagena in Kolumbien, Cuenca in Ecuador, Trujillo in Peru. Der Religion entstammen Ortsnamen wie Vera Cruz (Mexiko), San Salvador de Jujuy (Argentinien), Asunción, Nuestra Señora in Buenos Aires, Rosario (Argentinien), Soledad (Kolumbien), Concepción (Chile), Santiago de Chile. Die in den Vereinigten Staaten, Argentinien und Kolumbien häufigen Orte namens Santa Fé verdanken ihren Namen sowohl dem Heiligen Glauben als auch der Stadt Santa Fé bei Granada.

Als erste Stadt in der Neuen Welt mit diesem Grundriss entstand Santo Domingo im Jahr 1502. Zahlreiche Städte, darunter Mexiko und Cuzco, wurden völlig neu gestaltet. Der spanische Eroberer Juan de Garay gab für den Wiederaufbau von Buenos Aires 1580 gleich einen strengen Schachbrettgrundriss vor. In den *Ordonnanzen für Entdeckungen, neue Ansiedlungen und Befriedungen* von 1573 sind die Richtlinien für den Städtebau in Spanisch-Amerika festgehalten.

Der wichtigste Teil der Stadt war die Plaza Mayor. Sie lag meist im Zentrum, nur in Hafenstädten wie Panama, Buenos Aires oder auch Lima befand sie sich außerhalb, in Küstennähe oder am Flussufer. In den amerikanischen Städten war sie offen und meist mit Arkaden geschmückt, unter denen die kleinen Ladengeschäfte Platz fanden. In der Mitte stand das Rathaus, das in der ersten Etage eine Galerie oder einen Balkon hatte; von dort konnten sich die Regierenden dem Volk zeigen. Im Erdgeschoss war das Gefängnis untergebracht. In allen Großstädten befanden sich hier auch das Haus des Vizekönigs – oder des *corregidor,* des Vorstehers des Magistratskollegiums – und die Kathedrale oder die größte Kirche. Die Plaza Mayor hatte in erster Linie eine politische Funktion; sie war zudem für Truppenaufmärsche geeignet. „Plaza de Armas" heißt sie deshalb noch heute in Santiago de Chile, Havanna und Veracruz. Die Regierenden forderten die Eingeborenen mit dieser Benennung indirekt auf, sich die Paraden der Truppen anzuschauen. Auch der Markt wurde auf der Plaza Mayor abgehalten. Die Macht der Justiz wurde durch den Galgen oder den Pranger demonstriert. In einigen Städten stand ein Brunnen im Zentrum des weitläufigen Platzes. Er war der Mittelpunkt des städtischen Lebens, dessen Rhythmus die Kirchturmuhren und die Kirchenglocken bestimmten.

KEINE STADT
OHNE PLAZA MAYOR
Das Konzept der Plaza Mayor, eines rechteckigen Platzes von beachtlichen Ausmaßen, verbreitete sich im ganzen Imperium. Die Plätze der Großstädte in Spanien und Amerika sind weithin bekannt, aber auch in sehr kleinen Orten, wie hier in Tembleque, knapp 100 km südlich von Madrid, gibt es bemerkenswerte Plätze mit Arkadengängen.

Spektakel und Versammlungen

Die Plätze und breiten Straßen waren für große Versammlungen und Veranstaltungen aller Art sehr geeignet. Aus Chroniken, Berichten, Reisetagebüchern und Briefen gewinnt man den Eindruck, das Volk sei sehr oft auf den öffentlichen Plätzen zusammengeströmt. Anlässe gab es genug: die Thronbesteigung des Königs, Geburten von Prinzen, fürstliche Hochzeiten, ein Besuch des Königs, wichtige politische Ereignisse, Jahrestage von historischen Ereignissen, Heiligsprechungen, Überführung von Reliquien, Fronleichnam, Fest der Schutzheiligen, Feierlichkeiten in der Karwoche, Hinrichtungen, Inquisitionstribunale und vieles mehr. Zu sehen gab es unendlich viel: Prozessionen, Theateraufführungen, Reiterspiele, Seegefechte, Maskeraden, nächtliche Festbeleuchtung …

Ganz landestypisch und besonders beliebt war immer wieder der Stierkampf – die spanische Bezeichnung ist *corrida de toros*. Er ist seit dem 11. Jh. in Spanien sicher bezeugt, und besonders im Goldenen Jahrhundert hatte er ungeheuren Zulauf. Es gab mehrere Varianten: Die *lanzada* war ein Zweikampf zwischen einem Reiter und dem Stier, der mit einem Lanzenstoß in den Kopf getötet werden musste. Beim *rejón* stieß der Reiter mehrere kurze Lanzen in den Körper des Tieres. Es kämpften jeweils Adlige, die bei dieser Gelegenheit kostbare Kleidung und Schmuck trugen und ihre Geschicklichkeit zur Schau stellten. Pedro Ponce de León am Anfang des 16. Jh., Pedro de' Medici am Ende des 16. Jh. und der Herzog von Medina-Sidonia hatten ein Talent für den Stierkampf, das allgemeine Bewunderung fand. Auch Karl V. soll im Jahr 1527 beim Fest zur Geburt seines Sohnes und Thronfolgers Philipp auf der Plaza von Valladolid einen Stier getötet haben. Der Torero, der zu Fuß kämpfte, stammte nicht aus dem Adel. Diese Variante des Stierkampfs war zunächst in den Kleinstädten üblich, wurde aber bald populärer, weil der Adel immer weniger Vergnügen daran fand, sich selbst an den Kämpfen zu beteiligen, sie aber nach wie vor gern besuchte. Die Kämpfer stellten eine Attrappe aus Holz auf, und der Stier ging darauf los. Sie stießen dem Tier Banderillas – mit Bändern und Widerhaken versehene Spieße – in den Nacken oder griffen es mit Lanzen oder Piken (*garrocha*) an. Im Lauf der Zeit wurde die Form des Stierkampfs aber immer wieder verändert.

REZEPTE VOM KÜCHENCHEF DES KÖNIGS

AUBERGINENTOPF. Auberginen schälen und in drei oder vier Stücke schneiden. Zusammen mit zwei Zwiebeln in Hammelbrühe kochen. Sobald sie weich sind, auf einem Brett fein schneiden, guten geriebenen Käse aus Aragonien und ein paar Eigelbe zufügen, alles vermischen und fein hacken wie für die Füllung eines Zickleins. Feine Gewürze wie Ingwer, Muskatnuss, Petersilie zufügen. Den Topf in den Ofen stellen. Wenn das Gericht gut gebräunt ist, wird es aus dem Ofen genommen und mit Zucker und Zimt bestreut.

REBHUHNRAGOUT. Die Rebhühner rupfen und am offenen Feuer abflämmen. Abwaschen, spicken und am Spieß braten. Die gebratenen Rebhühner in dünne Scheiben schneiden. Guten geriebenen Käse und zwei geschälte, zerquetschte Knoblauchzehen in einen Mörser geben und fein zerreiben. Einen Esslöffel Fett und Eigelbe zufügen und die Masse mit lauwarmer Hammelbrühe auffüllen. Brotscheiben rösten, Verbranntes abkratzen, auf eine Platte legen und die heiße Fleischbrühe darauf verteilen. Auf die gerösteten Brotscheiben eine Schicht Rebhuhnfleisch legen, mit Brot bedecken, eine weitere Schicht Rebhuhn auflegen und so weiter. Mit Gewürzen bestreuen und mit heißem Fett übergießen.

Die Corridas fanden auf privatem Gelände statt, im Innenhof des Buen Retiro oder in den Gärten der Besitzungen des Herzogs von Lerma. Das Volk war von dem Schauspiel ausgeschlossen. Für öffentliche Stierkämpfe wurde meist der zentrale Platz benutzt, dessen Ausgänge man mit Wagen verbarrikadierte. Erst allmählich entstand die eigentliche Stierkampfarena. Die ersten Gebäude dieser Art sind für Santa Mariá del Castañar (südlich von Salamanca) und Santa Cruz de Mudela (in der Mancha) bezeugt.

In den großen Städten fanden viel mehr Stierkämpfe statt als sonst im Land. In Madrid konnten es 32 an einem einzigen Tag sein. Grundsätzlich gab es dort drei Stierkampfveranstaltungen im Jahr, außerdem an besonderen Festtagen wie dem Namenstag des heiligen San Isidro Labrador, dem Schutzpatron der Stadt Madrid (15. Mai), dem Johannistag (24. Juni) und dem Namenstag der heiligen Anna (26. Juli). Schwere Unfälle kamen häufig vor, wie etwa in Granada am 19. August 1609, als 20 Stiere, „schlimmer als Teufel", so der Bericht des Chronisten, 36 Personen töteten und ungefähr 60 Personen verletzten. Um 9 Uhr abends war der letzte Stier noch nicht besiegt und niemand wagte sich an ihn heran. Wegen dieser tragischen Vorfälle mehrten sich die Stimmen, die ein Ende dieses gefährlichen Spektakels forderten, aber das Volk wollte nach wie vor Stierkämpfe sehen. Der Höhepunkt erfolgte in den 1560er-Jahren. Auf Betreiben der Jesuiten gab Papst Pius V. im Jahr 1567 die Bulle *De salute gregis dominici* aus, in der er den Besuch von Stierkämpfen zur Todsünde erklärte und den Herrschern unter Androhung des Kirchenbanns verbot, Stierkämpfe zu erlauben. Aber der Widerstand gegen dieses Urteil war so groß, dass seine Nachfolger Gregor XIII. (1575) und Clemens VIII. (1597) die Verfügungen wieder aufhoben. Auch eine zweite Initiative 1680 blieb ohne Erfolg.

Auch Theatervorführungen waren weit verbreitet und bei der Stadtbevölkerung sehr beliebt. Sie waren ein selbstverständlicher Bestandteil der hohen Feste; eine heilige Woche oder Fronleichnam ohne *auto sacramental* – ein kurzes Schauspiel mit biblischen Inhalten wie etwa dem heiligen Abendmahl – war undenkbar. Die Städte gaben einem Dichter den Auftrag, die Vorführungen zu leiten, die meist auf den Plätzen, manchmal auch in der

STIERKAMPFARENEN KOMMEN IN MODE
Im Lauf der Zeit wandelte sich der Stierkampf, sodass nun der zu Fuß angreifende Torero in den Vordergrund trat. Es entstanden Stierkampfarenen zunächst auf dem Land. Zu den ältesten gehört die Arena von Nuestra Señora de las Virtudes bei Valdepeñas, einer Stadt in La Mancha.

151

Kirche stattfanden. Für das eigentliche Theater gab es seit dem 16. Jh. geschlossene Räume, die *corrales de comedias*. Das Theater in Valladolid entstand im Jahr 1558 auf Anregung des Dichters Lope de Rueda, der auch die Stücke für diese Bühne schrieb. In Sevilla gab es im ausgehenden 16. Jh. fünf *corrales de comedias*. Trotz der polemischen Äußerungen seiner Verächter, die manches „Unanständige" entdeckt haben wollten, hatte das Theater enormen Zulauf.

Die Städte erlebten auch außergewöhnliche Spektakel wie die feierlichen Einzüge der Könige. Der Einzug des Erzherzogspaares Albrecht von Österreich und seiner Gemahlin Isabella Clara Eugenie in Lille im Jahr 1600 war besonders eindrucksvoll. Höhepunkt der Zeremonie waren der Treueid der Untertanen und das feierliche Versprechen des Herrschers, ihre Gebräuche, Privilegien und angestammten Freiheiten zu achten. Zu diesem Zweck wurde auf dem großen Platz vor dem Rathaus eine Bühne aufgebaut. In Málaga gingen dem feierlichen Einzug Philipps IV. im Jahr 1624 zahlreiche Verschönerungsarbeiten voraus: Die Stadtmauer wurde repariert, die Stadttore erneuert und ein neues Gittertor für das Rathaus geschmiedet. Der König zog in der Nacht des 30. März in die Stadt ein. Die Mitglieder des Stadtrats empfingen ihn vor dem Stadttor und begleiteten ihn zu Pferde; jeder hielt eine große Wachskerze in der Hand. Der König begab sich zur Festung Alcazaba hinauf und nahm dort die Schlüssel der Stadt entgegen.

Das Autodafé, der Inquisitionsprozess, war sicher das größte und eindrucksvollste, aber auch das grausamste öffentliche Spektakel in dieser Epoche. Die Zeremonie fand an einem Sonntag am Standort eines Bezirksgerichts auf dem größten Platz statt. Die Verurteilten waren schon in der Nacht vorbereitet worden. In zwei feierlichen Prozessionen begaben sich die Stadtoberen und der höhere Klerus auf den Platz. Die Sünder erschienen an der Spitze. Das Tribunal begann mit einer langen Predigt, gefolgt von einer endlosen Verlesung der Straftaten und Urteile. Die Verurteilten schworen öffentlich von ihren Taten ab, und ein Inquisitor erteilte feierlich die Absolution. Es wurde schon Nacht, man zündete Fackeln an und der Chor der Kathedrale sang das *Miserere*. Anschließend wurden die reumütigen Sünder in das Gefängnis der Inquisition zurückgeführt, während die zum Tode Verurteilten der weltlichen Justiz zur Hinrichtung überstellt wurden.

Wenn man die Berichte über diese Spektakel und Feierlichkeiten liest, wird man sich bewusst, welch entscheidende Rolle die Stadt im spanischen Reich spielte. Bei den öffentlichen Anlässen wurde die soziale Hierarchie offenkundig gemacht. Diese Kultur der öffentlichen Zurschaustellung wurde vor allem vom Adel getragen, und sie war wohl berechnet: Jeder versuchte, seinen Platz in dieser Hierarchie zu halten und einzufordern. In den Quellen aus dieser Epoche finden wir eine Fülle von Berichten über Streitereien um die Sitzordnung zwischen Einzelpersonen oder Ständen. Im Jahr 1668 war Diego Girón, Mitglied des Kronrats, mit dem Sitzplatz nicht zufrieden, den man ihm für den Stierkampf in Granada reserviert hatte, und er führte Klage – in einem Prozess wurde ihm Recht gegeben. In Lima häuften sich die Auseinandersetzungen zwischen den Inquisitoren und den Vizekönigen, die ursprünglich nicht an der jährlichen Verlesung des Glaubensedikts teilnahmen. Im Jahr 1590 setzte der Vizekönig Mendoza durch, dass er teilnehmen

PRÄCHTIGE

THEATERKULISSEN

Die Vorstellungen fanden in den Höfen von Herbergen statt, die man zu richtigen Theatern umgebaut hatte. In der Nähe der Plaza Mayor in Almagro, einer Stadt in La Mancha, ist der schönste corral de comedias *in Spanien erhalten. Auf den Galerien saßen die Größen der Gesellschaft. Das Parterre war dem gewöhnlichen Volk vorbehalten, wobei die Frauen auf den Bänken saßen und die Männer stehen blieben.*

durfte. Das war der Anfang unaufhörlicher Querelen, bis ein königlicher Erlass von 1618 endlich das Protokoll der Zeremonie festlegte.

Solche Misshelligkeiten zeigen, wie weit die Macht der Städte reichte. Bei der Verwaltung des spanischen Reiches waren sie eine unentbehrliche Hilfe. Sie waren in den Cortes vertreten und genossen das Privileg, direkten Umgang mit dem Herrscher zu pflegen, der ihre Forderungen sorgfältig berücksichtigen musste. So bemühte sich die städtische Führungsschicht im Bewusstsein ihrer Macht insbesondere um die Gestaltung der weltlichen und religiösen Feste und Feierlichkeiten. Auch sollten diese Volksfeste das Gefühl der Zusammengehörigkeit bei den Städtern und den Besuchern aus dem kleinstädtischen und bäuerlichen Umland fördern, da bei diesen Gelegenheiten alle gemeinsam an feierlichen Einzügen der Herrscher, an Autodafés oder an Prozessionen teilnahmen.

Dieses Zusammengehörigkeitsgefühl einer lebendigen Stadtgemeinschaft spielte sicher auch eine Rolle, als im Juli 1698 in Alicante vier *corridas* unter dem Vorwand stattfanden, dass der neue Großmeister des Malteserordens gewählt worden war. Dieses Gefühl bezog sich wohl auch auf die katholische Monarchie, die solche Feiern zu Amtseinführungen förderte. Beim feierlichen Einzug in Lille im Jahr 1600 wurde Karl V. inmitten der vier Erdteile dargestellt, und in Barcelona begleitete im Jahr 1680 eine riesige Prozession mehrere Galeerensträflinge vom Hafen zur Kathedrale, wo sie die Taufe empfangen sollten – beides wirft ein bezeichnendes Licht auf die Rolle der Städte im spanischen Weltreich.

TANZ AUF DEM WANDSCHIRM
Wandschirme waren sehr originelle Hilfsmittel, die den Künstlern in Amerika großflächige Darstellungen von Ereignissen ermöglichten. Zu den beliebtesten Themen gehörten Festlichkeiten, etwa der Einzug eines Vizekönigs in die Stadt, die zu dekorativen und lebendigen Kompositionen anregten. Hier ist ein fröhlicher Tanz der Indianer dargestellt.

153

Frauen in der Gesellschaft

〜〜〜

Die Frauen des Goldenen Zeitalters standen – wie auch außerhalb Spaniens – im Schatten der Geschichte. Ausgenommen waren in gewisser Weise die Königinnen, da sie, wie heute auch, den Fortbestand der Dynastie zu sichern hatten. Auch war ihr politischer Einfluss keinesfalls gering. Mehrere Königinnen, beispielsweise Isabella von Portugal, die Gemahlin von Karl V., Elisabeth von Bourbon und Maria Anna von Österreich, die Frauen Philipps IV., waren Regentinnen eines Königreichs. Königin Elisabeth spielte eine gewisse Rolle bei der Entmachtung von Olivares.

Andere Frauen wurden innerhalb der Kirche berühmt, so beispielsweise die hl. Theresa von Ávila. Juana Inés de la Cruz, eine 1648 geborene Nonne, Dichterin und Universalgelehrte aus Mexiko, glänzte mit barocker Virtuosität und Empfindsamkeit auf den Gebieten der religiösen und weltlichen Lyrik und der Komödie. Mit ihrem Werk *Gegen die Ungerechtigkeit der Männer, wenn sie von Frauen sprechen* legt sie ein echtes feministisches Plädoyer vor, ebenso wie die Schriftstellerin Maria de Zayas y Sotomayor (1590 bis etwa 1660), eine spanische Dichterin und Romanschreiberin, von der die *Novelas amorosas y ejemplares* (1637–49) und eine Schrift über enttäuschte Liebe (1647) stammen. Die 1656 geborene Luise Roldán aus Sevilla, auch „La Roldana" genannt, gehörte zu den besten Bildhauerinnen ihrer Zeit. Von 1690 bis zu ihrem Tod 1704 war sie am Hof Karls II. in Madrid tätig.

Nur wenige Frauen erlangten den Ruhm dieser Königinnen, Schriftstellerinnen und der Bildhauerin. Die meisten mussten ihre Talente oder ihr Können für einfache Tätigkeiten im Rahmen ihres häuslichen Umfelds einsetzen. Das Brotbacken war ihnen vorbehalten, ebenso die meisten Textilarbeiten, besonders das Spinnen von Wolle und Seide. Andere, die aus ärmlichen bäuerlichen Verhältnissen stammten, arbeiteten als Dienstboten in der Stadt. Sie kamen mit den Sklaven aus Nordafrika und Afrika südlich der Sahara in Kontakt, mit denen sie die zahlreichen Arbeiten im täglichen Leben teilten. Alle diese abhängigen Personen, die außer durch Heirat kaum eine Möglichkeit zur Befreiung aus der Abhängigkeit hatten, waren den Launen ihres Herrn ausgeliefert. Die meisten unehelichen Kinder stammten in der Tat aus Liebschaften mit Dienstbotinnen.

EDLER SCHMUCK
Viele Schmuckstücke wurden in den Schiffen der unbezwinglichen Armada von 1588 gefunden, wie der schön gearbeitete Anhänger in Form einer Karavelle. Der Anhänger in Form eines Adlers stammt aus der Zeit um 1620.

DIE PFLICHTEN EINER KÖNIGIN

Elisabeth von Bourbon, die Tochter von Heinrich IV. und Maria von Medici, wurde 1615 mit dem künftigen König Philipp IV. verheiratet. Ihr Bruder Ludwig XIII. vermählte sich mit der Infantin Anna von Österreich, der Schwester Philipps. Diese Doppelhochzeit besiegelte die Aussöhnung zwischen den beiden rivalisierenden Ländern. Von den acht Kindern der Königin überlebte nur Maria Theresia, die spätere Königin von Frankreich.

KOSTBARES RELIQUIAR

Dieses wie ein Tempel geformte Reliquiar wurde im 16. Jh. für Johanna, Schwester Philipps II. und 1554 bis 1556 Regentin des Königreichs, geschaffen. Anschließend war es vermutlich im Besitz Margaretes von Österreich, der Tochter des Kaisers Maximilian II.

JUANA PACHECO

Bei der hier porträtierten Dame handelt es sich vermutlich um Juana Pacheco, die Frau des Malers Velázquez. Das Paar hatte zwei Töchter. Juana starb 1660, eine Woche nach ihrem Mann.

IN DER GUNST DES KÖNIGS

Die Schauspielerin Maria Calderona war eine der vielen Mätressen Philipps IV. Wie jede große Kurtisane hatte sie eine Dienerin zur Seite. Maria war die Mutter von Don Juan José de Austria, der unter der Herrschaft Karls II. zeitweilig die Regierungsgeschäfte führte.

GEGEN DIE NATUR

E ugenia Martinez Vallejo war um 1680 ein Kind von fünf oder sechs Jahren und wog über 70 kg. König Karl II., der das Mädchen gesehen hatte, bat Juan Carreño de Miranda um zwei Porträts, eines von dem entblößten Mädchen, auf dem anderen sollte sie ein üppiges, modisches Kleid tragen (links). Im Testament des Herrschers sind diese beiden Porträts erwähnt. Im gesamten Goldenen Zeitalter zeigte der Hof Interesse an derartigen Phänomenen, und Eugenia war der Anlass für eine Schrift über Menschen mit körperlichen Auffälligkeiten, die mehrere Auflagen erzielte. Man kann dieses Bild mit Velázquez' Porträts von Zwergen oder mit Darstellungen anderer von der Norm abweichender Frauen in Verbindung bringen, etwa der „Bartfrau" von Juan Sanchez Contan (1590).

FRAU AUS DEM VOLK

Im 16. Jh. gab es viele dem täglichen Leben gewidmete Werke. Hier ist eine unverheiratete Frau mit Kind dargestellt, die sich mit ihrem Rosenkranz wohl in die Kirche begibt.

KAPITEL 8

Eine weltumspannende Kultur

Oft wurde übersehen, wie ungeheuer weit die Kultur der spanischen Eroberer im 16. und 17. Jh. in ihrem Weltreich vordrang. Niemand würde die wirtschaftlichen Errungenschaften bestreiten, die es Spaniern – und Portugiesen – erlaubten, mit ihren Überseekolonien seit dem 16. Jh. eine „global" dimensionierte Wirtschaft aufzubauen. Dass die Spanier gleichzeitig eine ganz eigene kulturelle Synthese zustande brachten, die schließlich anderthalb Jahrhunderte lang die gesamte westliche Erdhalbkugel prägte, das stellten nur wenige Historiker fest.

Eine kulturelle Synthese

Die Synthese setzte bereits Ende des 15. Jh. ein, also noch vor dem Entstehen des eigentlichen Weltreichs. Die Kunst, die Spanien hervorbrachte, war eine gesamtabendländische, die viele Einflüsse aus Nordwest- und Westeuropa, vor allem den Niederlanden, dem Rheinland, der Ile-de-France oder dem Burgund übernahm, außerdem italienische und verschiedene spanische, selbst maurische Einflüsse in sich vereinigte. Führend bei diesem kulturellen Aufschwung war Kastilien, vor allem dessen Städte. Hier ließen sich Baumeister, Bildhauer, Maler und Goldschmiede nieder, die nördlich der Pyrenäen ihre Ausbildung erhalten hatten. Zwischen Spanien und Italien pendelten Pedro und Alonso Berruguete, Bartolomé Ordóñez, Pedro Machuca und Gaspar Becerra, und sie machten aus dieser Reisetätigkeit geradezu ein Prinzip – neben eigenen Vorlieben brachten sie die verschiedenen regionalen Einflüsse künstlerisch zum Ausdruck.

Gleichzeitig wurde in Spanien die Kunst immer stärker mit erzieherischen Inhalten befrachtet und selbst die religiösen Debatten und Kontroversen des Konzils von Trient machten vor dem künstlerischen Schaffen nicht Halt. Gleichzeitig gelangte die abendländische Kunst nach Amerika: Seit 1530 prägte sie zunächst das kulturelle Leben in Mexiko, 20 Jahre später das in Peru, wobei indianische oder mestizische Künstler einen markanten sakralen Stil der Gestaltung von öffentlichen Räumen schufen. Der koloniale Barockstil, mit dem Spanisch-Amerika so häufig identifiziert wird, stand also erst am Ende eines langen Prozesses.

Geeignetes Mittel, um der kulturellen Synthese einen spanischen Nationalcharakter zu verleihen, war die kastilische Sprache. Zwischen 1520 und 1530 zeichnete sie sich gegenüber den übrigen europäischen „Volkssprachen" durch ihre klar umrissene Form aus, die sie nicht zuletzt der 1492 veröffentlichten Grammatik des Humanisten Elio Antonio de Nebrija verdankte. Dieser wusste genau, was es bedeutet, eine Nationalsprache zu besitzen: „Die Sprache war schon immer der Begleiter der Macht; beide entwickeln sich und erleben ihre Hochblüte gleichzeitig, und gleichzeitig gehen sie ihrem Verfall entgegen." Keine 100 Jahre später konnten Dámaso de Frías im *Dialogo de las lenguas* (1582) und Fray Luis de León in *De Los Nombres de Cristo* (1583) im Sinn de Nebrijas dann tatsächlich den Sieg des Kastilischen

BEHERRSCHTE EMOTION
Der der Menschenmenge ausgelieferte Christus hat alle Bildhauer des Goldenen Zeitalters angeregt, darunter auch Alonso Berruguete, der diese Christusgestalt schuf.

156

SO VIEL GOLD!
Der prächtige Hauptaltar der Kartause von Miraflores bei Burgos (Ende 15. Jh.) ist angeblich mit dem ersten Gold verziert, das aus Amerika nach Europa gekommen war. Das Werk wurde bei Gil de Siloé (dem Vater Diego de Siloés) in Auftrag gegeben, der Szenen aus dem Leben Jesu darstellte.

über das Latein der Studierstuben verkünden. Die Statistik belegt: Spätestens um 1570 waren nicht nur Buchpublikationen in Barcelona und Valencia überwiegend auf Kastilisch verfasst, sondern selbst in den Regionen katalanischer Sprache hatte es sich durchgesetzt, während Katalanisch jetzt nur noch an dritter Stelle stand.

Das Kastilische erfuhr einen gewaltigen Aufschwung. Es wurde zur Wissenschaftssprache in vielen Disziplinen. Beschreibungen der Neuen Welt, theologische Werke oder mystische Abhandlungen über das Sein wurden in der neu entdeckten Sprache geschrieben – sie war Träger einer weltumspannenden Kultur.

Schmelztiegel Spanien

DIE HEILIGE FAMILIE
DER HL. ANNA
(S. 159) *Dieses Gemälde
gehört zu den berühmtesten
Werken El Grecos. Durch
das Spiel der Hände und
die in einem Punkt zusam-
menlaufenden Blicke der
Erwachsenen wird die Auf-
merksamkeit des Betrach-
ters auf das Gesicht des
Kindes gelenkt. Das Antlitz
Marias ist von ungewöhn-
licher Schönheit.*

Vieles trug dazu bei, aus dem spanischen Reich einen Schmelztiegel der abendländischen Kunst zu machen. Die politisch-familiären Bande Spaniens mit Habsburg-Burgund – sie waren Folge der Doppelhochzeit des Infanten Juan mit Margarete von Burgund und der Infantin mit dem Erzherzog Philipp dem Schönen – und der ständige Austausch mit der Krone Aragonien und Italien führten zahlreiche flämische, wallonische, burgundische und italienische Künstler nach Spanien, die dort mit Handwerkern und Künstlern aus dem Rheinland, der Champagne oder dem Loiretal zusammentrafen. Alle standen sie im Dienst der Krone, die um ihre Anerkennung rang, oder wurden von der Kirche und dem reichen, mächtigen Adel angezogen. Und selbst die Zünfte und Bruderschaften wollten ihren Schutzpatron mit professionellem Strich gemalt sehen. So wurde Spanien zu einem Sammelbecken, in dem gotische Vorbilder, spanische Traditionen, italienische und flämische Novitäten, aber auch muslimische Formen und Bilder zusammenflossen. Als schließlich Amerika zunehmend als Kolonie erschlossen wurde, kamen weitere Einflüsse hinzu, die der spanischen Kultur innerhalb kurzer Zeit erneut ein verändertes Gepräge verliehen. Spanische Expansionen in den Niederlanden, in Neapel oder Mailand taten ein Übriges, um, vermittelt durch die Repräsentanten der Krone, den Austausch von Künstlern und Kunstwerken zwischen den spanischen Territorien zu fördern.

Nicht selten ließen sich die zugewanderten Künstler dauerhaft in Spanien nieder, sodass die Söhne das Werk ihrer Väter vollendeten. So begann beispielsweise der Baumeister Johann von Köln im Jahr 1466 mit dem Bau der Laterne auf der Kuppel der Kathedrale von Burgos, die erst sein Sohn Simón fertig stellte. Dessen Sohn Francisco wiederum – er wurde in Spanien geboren – setzte die Familientradition, nun mit Holzarbeiten im Inneren der Kathedrale, fort. Weitere Beispiele sind problemlos zu nennen: Der Flame Hantje Van der Eycken, seines Zeichens ebenfalls Baumeister, wurde in Kastilien unter dem Namen Egas Cueman bekannt; einer seiner beiden Söhne, Enrique Egas, übertraf den Vater noch an Genialität. Der Bildhauer Gil de Siloé aus Antwerpen, Schöpfer des in seiner Gestaltung revolutionären Altaraufsatzes in der Kartause von Miraflores, war ein herausragender Vertreter der gotischen Kunst, während Sohn Diego de Siloé sich vielmehr mit großem

EIN MALER AUS KRETA IN TOLEDO

Von den ersten 25 Jahren im Leben El Grecos wissen wir nur wenig. Geboren wurde er auf Kreta, wo er zahlreiche Ikonen und Gemälde schuf. Spätestens 1568 lebte er in Venedig und machte sich mit den Werken Tizians, Tintorettos, Veroneses und Bassanos vertraut. 1570 ließ er sich in Rom nieder und wurde von Kardinal Alexander Farnese protegiert. 1572 nahm man ihn als Miniaturmaler an der Academia di San Luca auf, der Akademie der römischen Maler.

Auf der Suche nach größeren Aufträgen begab er sich nach Toledo, wo Diego de Castilla, Dekan im Domkapitel, ihm den Auftrag für mehrere Werke erteilte. 1579 entstand *El Espolio (Die Entkleidung Christi)*. El Greco versuchte nun sein Glück bei Philipp II., der ihm die Ausschmückung des Klosters Escorial übertrug. Doch das Gemälde *Das Martyrium des hl. Mauritius und der Thebaischen Legion* (1580–82) gefiel dem Herrscher nicht. Nun ließ sich El Greco auf

Dauer in Toledo nieder. Mit seiner Lebensgefährtin Jeronima de las Cuevas hatte er einen Sohn namens Jorge Manuel, der etwa ab 1600 in der Werkstatt des Vaters arbeitete. El Greco wohnte in einem Palast, der dem Marquis von Villanueva gehörte, und genoss einen gehobenen Lebensstandard. Er gehörte zum inneren Zirkel der toledanischen Gelehrten. Zu seinen Arbeiten aus dieser Periode zählen *Die büßende Magdalena* aus den Jahren um 1580–85, *Das Begräbnis des Grafen von Orgaz* (1586–88), *Die Heilige Familie der hl. Anna* (1590–95) und die *Vision des hl. Ildefonso* (1605–14). Viele seiner Gemälde stellen Heilige oder Szenen aus dem Evangelium dar, doch er malte auch hervorragende Porträts (z. B. *Kardinal Niño de Guevara, Antonio Covarrubias, Jorge Manuel*) und Landschaften, darunter *Blick auf Toledo*. Auch hat er Bildhauerarbeiten hinterlassen, so etwa den Retabel von Santo Domingo el Antiguo.

Erfolg der iberischen Renaissance zuwandte. Der rheinische Goldschmied Heinrich de Harfe wanderte um 1500 in Kastilien ein, gab sich den Namen Enrique de Arfe und arbeitete in León, Burgos, Valladolid und Salamanca; Sohn Antonio und Enkel Juan begründeten schließlich den Ruf einer der berühmtesten Goldschmiededynastien in dieser Epoche. Nicht immer deutete – wie überdeutlich im Fall des Malers El Greco und

seines Sohnes Jorge Manuel Theotokopoulos – zumindest noch der Name auf die außerspanische Abstammung hin. Beinahe endlos scheint die Riege der Künstler, die, von fremder Herkunft, dem Ruf der spanischen Großmacht folgten und Ruhm und Ansehen der Monarchie mehrten.

Doch nicht alle Künstler arbeiteten und lebten dauerhaft auf der Iberischen Halbinsel. Besonders italienische Künstler blieben ihrer Heimat auch noch in spanischen Diensten treu. Domenico Fancelli etwa reiste häufig als vielleicht einer der ersten Pendler der Geschichte zwischen Spanien und dem italienischen Carrara hin und her. Konnte er nur hier den Marmor für seine Grabmäler auffinden und behauen oder trieb ihn doch das Heimweh? Jedenfalls tat es ihm sein Bildhauer-Kollege und Nachfolger Bartolomé Ordóñez nach und arbeitete ebenfalls lieber in Carrara. Dennoch wurden beide mit Arbeiten für die bedeutenden monarchischen Grabmäler des Infanten Don Juan in der Kirche Santo Tomás in Ávila (1512) sowie Johannas der Wahnsinnigen und Philipps des Schönen

in der königlichen Kapelle in Granada beauftragt. Fancelli und Ordóñez waren jedoch lange nicht die Einzigen, die sich der Gunst der spanischen Könige erfreuten. So wandten sich die Herrscher auch an die italienischen Bildhauer Leone Leoni, Pietro Torrigiano, Pietro Tacca und Giuliano Finelli, die allesamt mit Marmor und Bronze arbeiteten, während sich spanische Künstler eher als Spezialisten für Holzschnitzerei empfahlen.

Einen wichtigen Beitrag zum Kulturaustausch zwischen den Regionen Europas leisteten schließlich auch die Wanderbewegungen in die andere Richtung: Etliche spanische Künstler des ausgehenden 16. und beginnenden 17. Jh. hielten sich längere Zeit in Italien auf. So blieb etwa der Maler Pedro Berruguete lange Jahre in Urbino im Dienst der Herzöge von Montefeltre. In ihrem Auftrag schuf er das Porträt des Herzogs Federico Da Montefeltre und malte das berühmte *studiolo* aus. Auch sein Sohn Alonso hielt sich insgesamt neun Jahre in Italien auf; die Erfahrungen, die er hier im Umfeld von Raffael und Michelangelo sammelte, nutzte er, um später in Spanien maßgeblich den Durchbruch der Renaissance zu forcieren. Auch Pedro Machuca lernte bei Michelangelo und kehrte als begeisterter Anhänger der italienischen Renaissance nach Granada zurück, um für den Habsburger Karl V. zu arbeiten. Und noch einige Jahrzehnte später ließ sich José de Ribera aus Valencia nach Aufenthalten in der Lombardei und Rom in Neapel nieder (1616), wo er sich unter anderem mit seinen Arbeiten für die spanischen Vizekönige hohes Ansehen erwarb.

Die zahlreichen Aufträge an ausländische Künstler sowie die Gemäldesammlungen der Könige und des Adels waren eine reiche Quelle der Inspiration für spanische Maler hinsichtlich der Arbeitstechniken, der Bildkomposition und zahlreicher moderner Stilbezüge. Besonders die flämische Schule hatte im ganzen 16. Jh. erheblichen Einfluss. Anthonis Mor Van Dashorst, genannt Antonio Moro, war beispielsweise ein viel gefragter

Porträtist am Hof Karls V. und Philipps II. Im Jahr 1549 malte er den dritten Herzog von Alba, 1550 oder 1552 Maria von Portugal; 1554 porträtierte er in London anlässlich der Hochzeit Philipps II. mit Mary Tudor selbst die Königin von England, später noch Elisabeth von Valois, die dritte Gemahlin Philipps II. (1560). Am spanischen Hof ebenfalls sehr beliebt war der flämische Porträtist Frans Pourbus, der produktivste Künstler einer Malerfamilie aus Brügge. Doch den eigentlichen Höhepunkt des flämischen Einflusses bildete der Aufenthalt Peter-Paul Rubens' in Kastilien, der im Herbst 1603 in Valladolid das berühmte Reiterporträt des Herzogs von Lerma schuf. Seit dieser Zeit arbeitete er als Vertrauter des Erzherzogspaares in den Niederlanden häufig für den spanischen Hof und fertigte unter anderem 1634 das Bildnis des Kardinal-Infanten Ferdinand nach dessen Sieg in der Schlacht bei Nördlingen an.

Nicht allein die Krone, auch der spanische Adel und die Ordensgemeinschaften vergaben Aufträge an flämische Künstler: So schuf Pieter Goecke die Kreuzigungsszene in Úbeda, Léonard Lambert aus Lüttich die *Anbetung der Hirten* und Marcellus Coffermans aus Antwerpen *Maria und das Jesuskind* und die *Verkündigung*. Sämtliche genannten Werke entstanden noch vor 1570 und sind hier lediglich stellvertretend für die große Fülle von Arbeiten flämischer Meister in spanischen Diensten zu jener Zeit aufgeführt.

Neben den Flamen und einigen Franzosen – Philipp IV. engagierte für die Ausschmückung seines Schlosses Buen Retiro Nicolas Poussin und Claude Lorrain – waren unter den Malern italienische Künstler beliebte Günstlinge der Könige. Bereits vor El Greco, der wegen seines Aufenthalts in Venedig ebenfalls als Italiener betrachtet wurde, war Tizian zum Lieblingsmaler Karls V. aufgestiegen, für den er zahlreiche Porträts ausführte; das wunderbare Gemälde *Isabella von Portugal* ist nur eines davon.

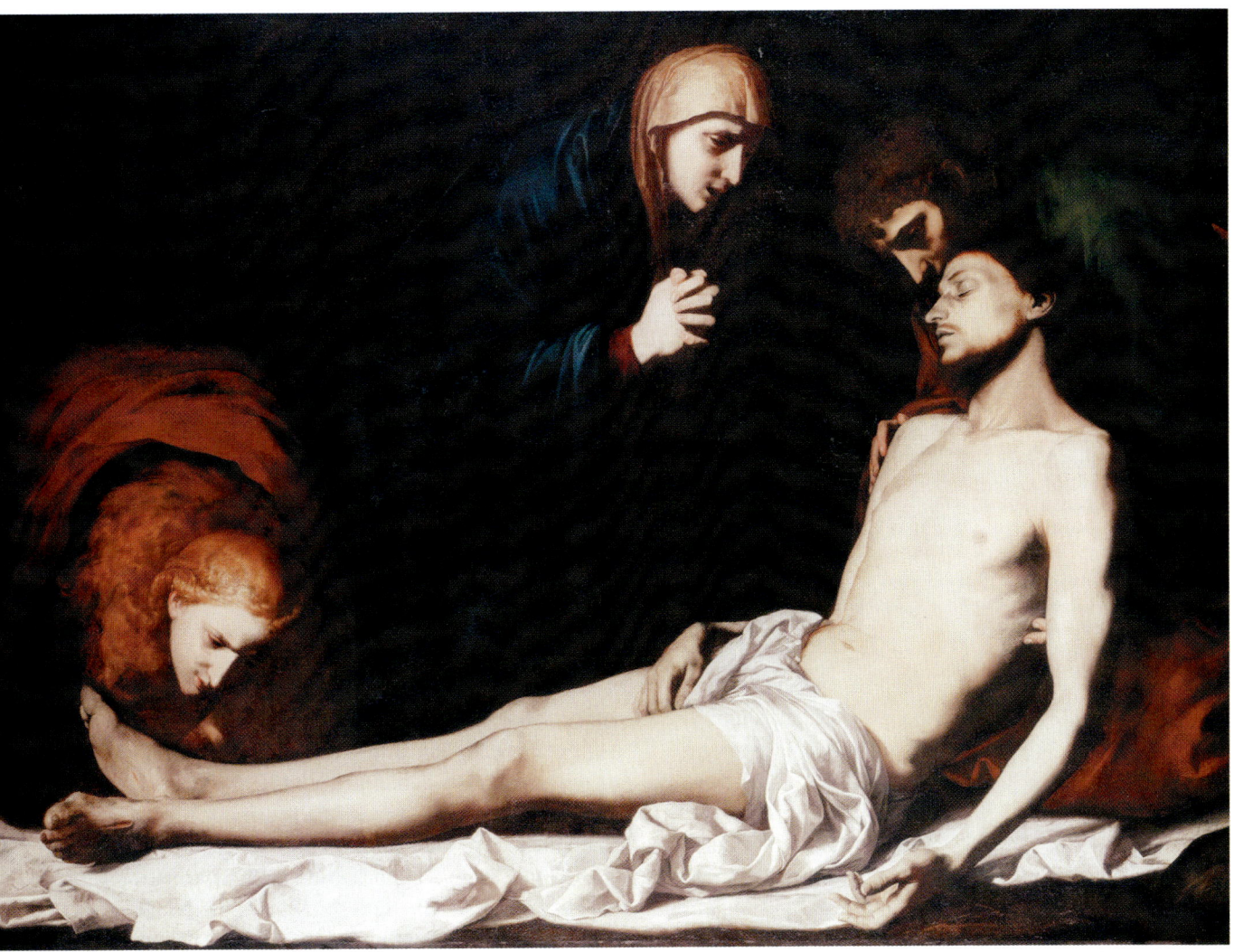

In der Gesamtheit betrachtet gehen die Anfänge der königlichen Sammlungen jedoch noch weiter, bis auf die Epoche der Katholischen Könige, zurück. Die Werke der Sammlungen waren stets Stilvorbilder für spanische Künstler. Trotz verschiedener Brände und anderer Verluste umfassten die Bestände der königlichen Schlösser einschließlich des Escorial im Jahr 1700 insgesamt 5539 Gemälde. Nicht ganz unberechtigt schrieb man also den spanischen Monarchen eine regelrechte Sammelwut zu. Die Mode, Bilder zu sammeln, war allerdings auch im Adel und bei einigen *letrados* verbreitet. Mehrere Sammler nutzten ein Amt als Vizekönig oder Gesandter in Neapel oder Rom, um Gemälde italienischer Meister zu erwerben. Der Herzog von Alba, der Marquis von Leganés und der Kardinal-Infant Ferdinand ergriffen während der Kriegshandlungen in den Niederlanden die Gelegenheit, zahlreiche Bilder flämischer Meister mit nach Spanien zu nehmen. Was im 16. Jh. begonnen hatte, kam jedoch erst im 17. Jh. richtig in Schwung: Nun trafen in Spanien alle Einflüsse, Modelle, Formen, Bilder und Farben in einem „bunten Potpourri" zusammen.

Es dauerte nicht lange, bis sich dieser Vorgang auf die amerikanischen Besitzungen übertrug. Spanische, italienische und flämische Künstler ließen sich dort nieder – häufig waren sie weniger talentiert, jedoch immerhin mit den neueren Stilrichtungen und Techniken aus Europa vertraut. Sie waren in erster Linie auf Betreiben der verschiedenen

DIE BEWEINUNG CHRISTI Der hl. Johannes hält Christus in den Armen und Maria Magdalena küsst ihm die Füße. Dieses Werk, bei dem der Einfluss Caravaggios erkennbar ist, wurde 1623 in Neapel von Jusepe de Ribera gemalt, möglicherweise als Auftragsarbeit für den Genuesen Marcantonio Doria.

Orden, mitunter auch der Vizekönige nach Amerika gekommen und brachten flämische Gemälde und vor allem Kupferstichserien von deutschen, französischen, flämischen und holländischen Meistern mit, darunter Arbeiten von Gherard de Jode, Philipp Gall, den Gebrüdern Wierx und Schelte de Bolswert. So verwundert es nicht, dass deren Einfluss auf indianische und mestizische Künstler unverkennbar ist. Doch die indianischen Künstler übernahmen nicht nur automatisch die europäischen Vorbilder, sie gaben ihnen überdies eigenständige Deutungen und wurden in nur kurzer Zeit selbst berühmt – so berühmt, dass drei indianische Maler aus Mexiko, Andrés de Aquino, Juan de la Cruz und Crespillo, von Zeitgenossen sogar mit Michelangelo verglichen wurden. Von Europäern geführte „Kunstschulen" förderten diesen Trend: In Quito etwa gründeten zwei Franziskaner aus Flandern ein Maleratelier, um indianische Künstler auszubilden. Willem Forchauld, ebenfalls Flame, gründete zusammen mit anderen die Malschule der Audiencia von Charcas in La Plata (heute Sucre). Zahlreiche spanische Künstler kamen ihnen zu Hilfe, und im Jahr 1575 traf eine Gruppe von italienischen Malern, die dem Jesuitenorden angehörten, in Lima ein, darunter Bernardo Bitti, ein Schüler Raffaels.

Die besondere Situation der spanischen Eroberung und der Christianisierung prägte jedoch nicht nur die Architektur und die künstlerischen Formen; auch die Themen und Motive der Eroberer beeinflussten die amerikanische Kunst nachhaltig. Die Maler von Charcas haben sich im 16. Jh. offensichtlich in ihren Marienbildern so stark an Luis Morales angelehnt, dass man als ungeübter Betrachter mitunter Schwierigkeiten hat, sie nicht mit ihrem Vorbild zu verwechseln. Und noch im 17. Jh. blieb der europäische Einfluss oft unverkennbar: So erinnern die Heiligendarstellungen in den Museen von Guadalajara, Zacatecas und Santa Catalina beispielsweise stark an Zurbarán.

Doch die indianischen Künstler wurden auf dem Umweg über die Kupferstiche mit einer Welt konfrontiert, die ihnen vollkommen fremd war. Die ikonografischen Botschaften hatten leere, weiße Flecken, die die indianischen Künstler auf ihre Weise ausfüllten; sie konnten eigene Glaubensinhalte und Mythen einbringen, vor allem wenn es sich um phantastische Inhalte wie etwa die Apokalypse handelte. Auch technische Schwierigkeiten wie der Umgang mit der Perspektive begünstigten eine „Dekonstruktion" der abendländischen Bildinhalte. Auf diese Weise konnte eine spezifische amerikanische Kunst entstehen, deren Produkt und Höhepunkt im 17. Jh. der hispanische Barock war.

Gotik und Mudéjarstil

Als die Habsburger auf den spanischen Thron kamen, herrschten in Spanien noch die aus West- und Mitteleuropa übernommene Gotik sowie ein leicht abgewandelter maurischer Stil vor. Noch im 15. und 16. Jh. entstanden zahlreiche Schlösser, Stadtpalais und Türme in gotischem Stil, deren Innenräume in üppigem Mudéjar mit wunderbaren Kassettendecken (artesonado), Gipsverkleidungen und Fayencen (azulejos) ausgestattet waren, so etwa der Alcázar von Segovia, das Schloss von Benavente oder das Palais der Herzöge von Infantado in Guadalajara. Gleichzeitig ließen große Grundherren zu Ehren ihrer Vorfahren nach dem Vorbild der muslimischen Kaaba in Mekka Kapellen in Würfelform bauen, die mit einer Kuppel bedeckt und deren Mauern mit Gips verkleidet sowie mit heraldischen Mustern verziert waren. Beispiele dafür sind die Kapellen de la Asunción und San Salvador in Burgos, der Dorada in Tordesillas, der Mejorada in Olmedo, die Kapelle San Juan de los Reyes Nuevos in Toledo und viele andere.

Auch Kirchen entstanden bis ins 16. Jh. im gotischen Stil. Zentrum der Kirchengotik war das Baskenland, aber auch sonst in Spanien kann man mühelos einige Dutzend Gebäude aus dieser Epoche finden, wie etwa den Konvent Santo Marco in León und

ENGELSKÖPFCHEN
AUS FAYENCE
Im gesamten spanischen Reich wurden azulejos als Gestaltungselemente verwendet. In der Rosenkranzkapelle der Kirche Santo Domingo in Pueblo, Mexiko, sind die Wände mit geometrischen Motiven geschmückt, über die sich ein Fries mit Engelsköpfchen zieht.

einige Kathedralen zwischen Segovia, Salamanca und Jérez de la Frontera. Natürlich wurden die Linien dieser Gotik allmählich weicher, häufig war ihre Strenge durch Verzierungen aufgelockert. Doch das architektonische Grundmodell blieb gleich. Da überdies viele Baumeister sich zugleich als Bildhauer betätigten, behielt vor allem die Verzierung aus behauenem Stein immer ihr gotisches Gepräge. Noch heute ist es beispielsweise am Altaraufsatz in der Kartause von Miraflores von Gil de Siloé oder an den Portalen der Kathedralen von Palencia, Zamora und Segovia zu bewundern.

Durch Verschmelzung der Gotik und des Mudéjarstils mit der italienischen Frührenaissance entstanden in Spanien zu Beginn des 16. Jh. allmählich der platereske (silberschmiedeartige) und der mit ihm verwandte isabellinische Stil. Einige Meisterwerke der spanischen Baukunst sind den Neuerungen zu verdanken, darunter die Portale der beiden Hospitäler der Katholischen Könige, das eine in Santiago de Compostela, das andere in Toledo (Colegio de Santa Cruz), ferner die Kapelle der Könige in Granada oder die Fassade der Kirche San Pablo. Schnell breitete sich der Stil auf der Iberischen Halbinsel aus – im ganzen Land, selbst auf den Balearen, erstrahlten viele Gebäude in neuem Glanz.

Unverwechselbar veränderte sich die Baukunst gotisch-maurischer Tradition durch den Formenschatz der italienischen Vorbilder: Beinahe schon geometrisch streng gliederte man die Fassaden mit Horizontalen und Vertikalen. Die dadurch entstandenen Felder wurden mit aufwändig skulptierten Medaillons und Wappen verziert, wobei das ikonografische Programm häufig wenig kompliziert erscheint. Die oberen Felder mit ihren oft ausdrucksvolleren Reliefs bildeten als „hängende" Dekoration den Abschluss der

PRUNKVOLLER EINGANG ZU DEN KÖNIGSGRÄBERN
Die königliche Kapelle in Granada wurde im 16. Jh. als Grabstätte für die Katholischen Könige Ferdinand und Isabella errichtet. Das reich geschmückte, eiserne Gitter ist ein Werk von Bartolomé de Jaen (1518) und weist neben dem Wappen die Embleme Joch und Pfeile auf.

163

Fassaden, die mit ihren verschiedenen Balustraden, Säulen und Bogen trotz ihres teilweise üppigen Schmucks filigran wirken. Einzelne Elemente des Dekors – Girlanden, behaarte „Wilde", Putten oder Cherubinen – sind unverkennbar dem Renaissancestil entliehen. Aber auch für andere Inhalte war hier und da Raum: So entdeckt das geschulte Auge an der Fassade der Universität in Salamanca selbst bildliche Anspielungen auf den Humanismus.

Andere bedeutende Bauwerke beließen es nicht nur bei dem Dekor der Renaissance, auch die architektonischen Formen der neuen Epoche wurden entdeckt. Im ausgehenden 15. Jh. kehrte der Graf von Tendilla von einer diplomatischen Mission in Rom nach Valladolid zurück und ließ den Bauplan des Colegio de Santa Cruz, das sein Onkel, der Kardinal Mendoza, gerade bauen lassen wollte, radikal abändern: Ende 1491 hatte die Stadt ein imposantes Renaissancegebäude. Klarheit, strenge Symmetrie, vorherrschende gerade Linien, große rechteckige Innenhöfe mit Galerien sind nur wenige der hier angewandten typischen architektonischen Prinzipien. Doch auch wenn das Colegio de Santa Cruz zum Vorbild für zahlreiche weitere Renaissancegebäude in der Stadt wurde, blieben sie zunächst in der Minderheit.

Zum Prototyp des spanischen Renaissancebaus wurde dann das Palais Karls V. in Granada, das Pedro Machuca ausmalte, nachdem er von einem langjährigen Aufenthalt in Italien zurückgekehrt war. Wenn auch unvollendet, verkörpert es doch in der Nachbarschaft arabischer Paläste mit ihren verspielten, phantasievollen Formen die abendländische Rationalität. Der quadratische Bau hat einen kreisrunden Innenhof von 31 Meter Durchmesser mit zwei Galerien über zwei Säulengängen; die Säulen sind je zur Hälfte in dorischem und ionischem Stil gestaltet. Die Harmonie ist fast zu perfekt und beruht auf einer exakten mathematischen Berechnung des Raums.

MÄZENATENTUM
UND ARCHITEKTUR
Die Casa de las Cadenas in Úbeda, Andalusien, ist ein Palast des Architekten Andrés de Vandelvira von 1562. Durch das Mäzenatentum des Sekretärs Karls V., Francisco de los Cobos, ist der Palast ganz im Stil der Renaissance erbaut.

Auch andere Baumeister wie Rodrigo Gil Hontañón oder Andrés de Vandelvira entwarfen reine Renaissancebauten: die Fassade des Palais der Grafen von Monterrey in Salamanca oder das großartige Portal der Kathedrale von Plasencia mit seinen markanten vier Säulenreihen, die Kapelle der Ortega und die Kirche San Salvador. Das Palais der Vázquez de Molina in Úbeda überrascht dabei mit einem ungewöhnlichen Aussehen. Die Säulenreihen der drei Etagen, über denen sich die Fassade erhebt, sind erst korinthisch, dann ionisch und in der oberen Etage Karyatiden. Zwischen diesen blicken „Ochsenaugen" im Stile Machucas auf den Betrachter herab.

Aber wenn selbst das Palais Karls V. in Granada letztlich unvollendet blieb, dann vielleicht weil es nicht der spanischen Mentalität entsprach, einen einzigen, unverfälschten Stil zu verwirklichen: Einige gotische und Mudéjar-Elemente, die Fassade im plateresken Stil, einige Anleihen aus der Renaissance und schon einige frühe barocke Akzente – alles zusammen konnte in einem einzigen Gebäude wie zum Beispiel in der Kathedrale von Granada vertreten sein. Enrique Egas begann mit dem Bau in verziertem gotischem Stil, Diego de Siloé fügte Renaissance-Elemente ein und Alonso Cano schließlich entwarf eine Barockfassade und die kreisrunde Capilla Mayor, deren verschwenderische barocke Ausführung mit verblüffendem Dekor den Betrachter in ihren Bann zieht.

In Amerika entstanden die ersten Bauten als reine Nachahmungen unter der Leitung der Eroberer. Baumeister waren verschiedene Ordensgeistliche aus Spanien, die die Kirchen, Klöster und Paläste der Iberischen Halbinsel nachahmen wollten. Die erste Kathedrale Amerikas entstand in Santo Domingo im Jahr 1510, ein dreischiffiger gotischer Bau mit Spitzbogengewölbe. Danach leiteten Andrés de Mata, Francisco Becerra, Antonio Bernal, Juan de Alameda oder Lorenzo de la Asunción und andere in Mexiko und Huejotzingo den Bau von Kirchenschiffen und Konventen (in Acolman waren die Baumeister beispielsweise für den Chor, in Actopán für den Kreuzgang verantwortlich). Sie waren ebenso wie die Baumeister in den Anden stark vom Mudéjarstil beeinflusst. So entstanden wunderbare *artesonados:* Holzkassettendecken, die wie im Franziskanerkonvent in Tlaxcala oder in den Chören der Kirchen San Francisco und San Diego in Quito in Gold-, Rot-, Blau- und Grüntönen leuchteten. Weitere Meisterwerke dieser Art sind die *artesonados* mit

Kiefernzapfen über der Galerie des großen Kreuzgangs und im Kapitelsaal von San Agustín, ebenfalls in Quito. Im riesigen Klostergebäude von Santo Domingo in Lima kann der Besucher ein ganzes Ensemble von atemberaubend schönen *artesonados* betrachten, in Sucre lohnt ein Blick in den großen Hörsaal der Franz-Xaver-Universität oder in die Kirche San Francisco. Überall dort kann man die große Geschicklichkeit der indianischen Handwerker bewundern.

Auch den Bau von Fassaden im platteresken Stil beherrschten sie zunehmend. In den mexikanischen Städten Acolman, Calpan, Chimalhuacan, Cuilapan, Meztitlan, Tepeapulco, Tepoztlan und anderswo entstanden eindrucksvolle Bauwerke, die sämtlich

DAS KLOSTER SANTO DOMINGO VON OAXACA
In Mexiko liegen viele der von den Dominikanern gegründeten Klöster am Camino Real, dem Königsweg von Mexiko nach Guatemala – so wie auch Santo Domingo (16./17. Jh.).

auch als Vorarbeiten betrachtet werden können, ohne die der hispanische Barock vielleicht nie seine volle Blüte erlangt hätte. Doch zuvor drang im 16. Jh. auch die Renaissance bis nach Amerika vor; zu erkennen gibt sie sich besonders in der Vorhalle der Kathedrale von Santo Domingo im italienischen Stil (1528), im Kreuzgang von Acolman in Mexiko-Stadt, in den Strebepfeilern, Bogen und Säulen der Kirche von Teposcolula oder in den elf eleganten Kuppeln der Kirche San Francisco von Potosí (Baubeginn 1547).

Ausgerechnet die vielleicht bedeutendste Anlage dieser Zeit, der Escorial – genauer: die Klosterresidenz San Lorenzo el Real de El Escorial (Bauzeit 1563–84) – bricht allerdings mit der beschriebenen Entwicklung der spanischen Baukunst als zwanglosem Zusammentreffen von nationalen Traditionen und machtvollen Einflüssen der Renaissance und ihrer antiken Vorbilder. Das weit über Spanien hinaus berühmte, großartige Bauwerk beruht auf dem Willen eines einzigen Menschen: Philipps II. Er versuchte in einem steinernen Lehrstück die enge Verbindung von Religion und Königtum, Glaube und Vernunft, Antike, Mittelalter und Moderne

DAS WISSEN DER WELT
Die königliche Bibliothek des Escorial mit Fresken der italienischen Maler Tibaldi und Carducho sollte nach dem Willen Philipps II. das gesamte Wissen seiner Zeit zusammenfassen. Neben den Büchern und Handschriften des Herrschers wurden auch Beiträge großer Humanisten wie beispielsweise Arias Montano gesammelt.

auszudrücken. Die sechs Kolossalstatuen der Könige von Judäa an der Kirchenfront, die Kirche selbst und schließlich die an der Mittelachse aneinander gereihten Privaträume Philipps II. symbolisieren als Ensemble die Kontinuität der jüdisch-christlichen Tradition und der Monarchie. Die perfekte Symmetrie des Bauwerks, das ohne gekrümmte Linien auskommt und nur aus vertikalen, horizontalen und wenigen schrägen Linien besteht, ist eine Huldigung an das neuplatonische Gedankengut der Renaissance. Dabei mussten die Baumeister – allen voran Juan de Herrera – ihr ganzes Können in die Waagschale werfen, um die Symmetrie des Bauwerks zu wahren. Zwei Etagen mussten aufgestockt werden, um mehr bewohnbare Räume zu schaffen, nachdem Philipp II. die Zahl der im Kloster ansässigen Hieronymitenmönche verdoppelte. Dennoch konnten sie nicht zulassen, dass die Kirchenfront sehr hoch über das Gesamtensemble hinausragte, wie der ursprüngliche Bauplan dies vorsah.

Der Escorial hatte erkennbar didaktische Zielsetzungen. Die Klosterbibliothek war reich ausgestattet mit einer Fülle von theologischer Literatur; sie sollte zwischen den

Kirchenvätern und dem Humanismus eine fruchtbare Verbindung herstellen. Allerdings war es Philipp II., der italienische Künstler beauftragte, die Errungenschaften des Humanismus an die Seite von Theologie und Philosophie zu stellen. So war die Intention des Escorial nicht aus der Kultur des Volkes hervorgegangen, sondern die Verkörperung der Idee eines Königs, den Gottesstaat wiederzuerrichten. Das Kloster-Schloss bleibt damit zwar eine kulturelle Synthese, doch stand diese fremd inmitten einer farbigen, dynamischen und neuerungsfreudigen spanischen Kultur.

Die spanische Kunst im Dienst der Gegenreformation

Wie kaum ein Ereignis in den Jahrhunderten zuvor prägte das Konzil von Trient (mit Unterbrechungen 1545–1563) die spanische Kunst und Kultur. Kurz nachdem die Dekrete vom 3. Dezember 1563 – sie wurden in Spanien rasch übernommen – veröffentlicht waren, setzte eine Flut von neuen Heiligendarstellungen im gesamten spanischen Weltreich ein. Wenngleich das Vorhandensein eines „tridentinischen Stils" von manchen Seiten bestritten wird, so gibt es doch zahlreiche Beispiele von Werken bedeutender spanischer Künstler, die mit dem Geist von Trient übereinstimmen. Von Juan Martínez Montañés, dem Leiter der Bildhauerschule in Sevilla, heißt es beispielsweise, dass er sehr gekonnt, wenn auch etwas nüchtern und mit dem typisch herben Stolz eines Spaniers, die Botschaft der Konzilsväter umgesetzt habe.

Diese hatten die Verehrung der Jungfrau Maria und der Heiligen für zulässig erklärt und empfohlen, in den Kirchen Bilder anzubringen, die das Leben der Heiligen preisen und das Christenvolk zur Nachahmung anregen sollten. Auch für die geistlichen Orden, die fast ausnahmslos Leben und Werk ihrer heiligen Ordensgründer feiern wollten, ließen sie neue Formen der Verehrung zu. Bereits vor 1563 waren Dekrete ergangen, die sich für die Kunst ebenso als sehr bedeutsam erweisen sollten: So bekräftigte das Konzil 1546/47 das Dogma von der Heiligen Dreieinigkeit; es erinnerte an das Heilsversprechen durch den Opfertod Christi und es bestätigte sieben Sakramente. Selbst ein Dogma der Unbefleckten Empfängnis wurde erwogen, kam aber letztlich nicht zustande. Ferner waren das Alte Testament, die Menschwerdung und das Leiden Christi Gegenstand ausgedehnter Debatten und Kommentare.

EIN BEGNADETER KÜNSTLER

Der in Granada geborene Maler, Bildhauer und Architekt Alonso Cano (1601–67) war ab 1614 in Sevilla Schüler bei Pacheco und Martinez Montañes. Er arbeitete viel in Andalusien, vor allem in der Kirche Santa Maria de Lebrija und Santa Paula in Sevilla. Er schuf auch zahlreiche Gemälde, darunter den *Hl. Franziskus Borgia* (1624), und er spielte eine große Rolle in der Malergilde. 1638 wurde er als Maler des Conde-Duque Olivares nach Madrid gerufen. Sein Aufenthalt am Hof stand unter keinem guten Stern, denn 1643 fiel er bei seinem Mäzen in Ungnade, und im nachfolgenden Jahr wurde seine Frau ermordet. Nachdem sich der Künstler eine Zeit lang nach Valencia zurückgezogen hatte, erlangte er die Gunst des Königs und schuf den Triumphbogen zum Einzug der Königin Maria Anna von Österreich, den Retabel der Kirche Nuestra Señora de la Paz in Getafe bei Madrid und zahlreiche Gemälde, darunter *Der hl. Isidor und das Brunnenwunder* und *Christus in der Vorhölle*. 1652 ließ er sich in Granada nieder. Von mehreren Klöstern der Stadt erhielt er Aufträge für Gemälde und Skulpturen, darunter *Der hl. Johannes von Gott* und *Der hl. Jakobus von Alcalá*. Auch war er als Architekt an der Gestaltung der Fassade der Kathedrale und des Franziskanerklosters Convento del Angel Custodio beteiligt.

Angeregt durch die von jeher größte Gruppe der Auftraggeber von Künstlern – Kirche, Kollegien und Klöster –, erneuerte sich damit auch die Tradition der spanisch-flämischen Altarkunst aus dem frühen 16. Jh. Zum vorrangigen Ziel der Künstler wurde es, Haltung und Gesten, mystische Ekstase, Leiden und Todesangst, schließlich das geistliche Hochgefühl der Heiligen sowie die Leiden Christi, Mariä Verkündigung oder die

GRABLEGUNG CHRISTI
Juán de Juni schuf dieses meisterhafte Werk aus Holz (1541–44), das die Grablegung Christi zeigt. Besonders eindrucksvoll sind die Schönheit des Faltenwurfs der Kleidung und das ergreifende Leid, das sich in den Gesichtern der Umstehenden spiegelt.

schmerzensreiche Gottesmutter so realistisch wie möglich darzustellen. In all ihren Werken hatten die Künstler dabei dem orthodoxen, dem „rechten" Glauben zu entsprechen. Besser noch als Stein oder Marmor, die eher der abstrakten Gelehrsamkeit im Escorial entsprachen, eignete sich hierfür Holz. Dieses wurde zum bevorzugten Material spanischer Bildhauer, die in der Folge überzeugende Darstellungen von Kreuzigungsszenen und Heiligenleben schufen.

Trotz mancher Zerstörung und Plünderung – beispielsweise 1936 – sind auf der Iberischen Halbinsel ungewöhnlich viele Altarbilder mit den erwähnten Themen und Motiven erhalten, von denen hier nur einige wenige genannt seien. So darf das großartige Retabel in der Kathedrale von Burgo de Osma nicht unerwähnt bleiben. Geschaffen wurde es von den beiden französischen Künstlern Juán de Juni und Juan Picardo, die schon zuvor in Kastilien heimisch geworden waren. Die heitere und gelassene Art Picardos und das düstere Pathos Junis haben eine einzigartige Marienverehrung in Gold und Rot entstehen lassen. Aber auch andere Werke wie das wunderbare Altarbild der Unbefleckten Empfängnis in der Kathedrale von Sevilla spiegeln die Schaffenskraft der Zeit wider. Es stammt von Juan Martínez Montañés und gilt als Hauptwerk der spanischen Bildhauerkunst in dieser Epoche. Zahllose Heiligendarstellungen wurden von den Orden in Auftrag gegeben, und auch das Dogma der Heiligen Dreieinigkeit findet sich häufig auf Altarbildern wieder: Zu erwähnen ist etwa die Darstellung des heiligen Hieronymus in Santiponce (Sevilla), ebenfalls von Martínez Montañés, oder das Retabel für die Kathedrale von Jaca (im Norden von Aragonien), das der baskische Bildhauer Juan de Anchieta zwischen 1572 und 1575 schuf.

Insgesamt wirkte sich also die beim Konzil eingeleitete Festigung des katholischen Glaubens im Angesicht der Reformation auf weite Kreise der Kunstschaffenden aus. Vor allem in Amerika erlebten die neuen Formen und gestärkten Glaubensinhalte der Altarbilder einen spektakulären Aufschwung. Franziskaner und Dominikaner, später auch Mercedarier und Jesuiten überschütteten ihre neu bekehrten indianischen Schützlinge förmlich mit den „erbaulichen" Kunstwerken dieser Art.

168

Ob jede einfache Darstellung der Passion Christi nach den neuen Glaubenssätzen gestaltet war, ist heute natürlich nicht mehr festzustellen. Jedenfalls haben die bedeutendsten Bildhauer ihrer Zeit alle Stationen des Leidenswegs in Lebensgröße dargestellt: die Gefangennahme, Christus auf dem Weg nach Golgatha, Christus mit der Dornenkrone, das *Ecce Homo*, Christus am Kreuz, die Kreuzabnahme, die Grablegung und die Beweinung durch Maria. Überall in den spanischen Kathedralen, vor allem aber bei den Prozessionen der Karwoche, sind eindrucksvolle Werke zu diesem neutesta- mentarischen Themenkreis zu sehen.

Die katholische Botschaft der Skulpturen kann man nicht eindeutig von der der Gemälde trennen. Zeitgenossen bezeichneten die Bild- hauer als *pasos* und die Maler von Heiligen- bildern als *imagineros*, eben weil diese die *imagines* (Bilder) schufen.

Die Leidensgeschichte Christi wurde von den Malern vernachlässigt. Sie beschränkten sich auf die Kreuzigung. Dem Christus des Lichtes, eines der Hauptwerke des Bildhauers Gregorio Fernández im Colégio de Santa Cruz in Valla- dolid, und dem Christus des Erbarmens von Juan Martínez Montañés in Sevilla stehen daher neben vielen anderen die Kreuzigungsbilder von El Greco (Prado), Luis Morales (Guadalupe), José de Ribera (Casuna), Francisco Pacheco, Velázquez und vor allem von Zurbarán ge- genüber. Die Künstler machten darüber hinaus auch die heiligen Sakramente, vor allem die Taufe und die Eucharistie, zum Gegenstand ihrer Arbeit. Auch das Letzte Abendmahl wurde in unzähligen Varianten dargestellt (so von Barto- lomé Carducho, Pablo de Céspedes, Alonso Vázquez). Ferner malte Zurbarán *Die Messe des fray Pedro de Cabañuelas* für das Kloster von Guadalupe, José de Ribera *Die Kommunion der Apostel* für die Kartause von San Martino in Neapel oder Francisco Pacheco *Die Engel dienen Jesus in der Wüste*.

CRISTO DE LA CLEMENCIA Diese außergewöhnlich ausdrucksvolle Darstellung des Gekreuzigten für die Kathedrale von Sevilla (1605–06) ist das Meister- werk des Bildhauers Juan Martínez Montañés.

Damit war der Kanon der religösen Motive allerdings noch lange nicht erschöpft, ergänzt wurde er durch Darstellungen von mystischen Visionen und religiöser Ekstase, wie etwa in Alonso Canos Vision des Evangelisten Johannes von Jerusalem. Auch in der Darstellung von Wundern zeigen die spanischen Maler die Wirkung des Konzils: *Die Bestattung des Grafen von Orgaz* ist nur eines der vielen Beispiele. Erneut ist es Zurbarán, der ein religiöses Thema – unter anderen in *Die Jungfrau beim Heilen des heiligen Reginald von Orleans* oder *Petrus heilt den Geisteskranken* – zur malerischen Vollendung führt. Die spanischen Maler konnten ihre Stoffe dabei aus Dutzenden von „Wunder- erzählungen" beziehen, die zu dieser Zeit veröffentlicht wurden. Auch gute Taten auf dem Weg zum ewigen Seelenheil, vor allem die Nächstenliebe, gehören zu den oft auf- gegriffenen Themen.

Werbung für die Monarchie

～～～

DAS KÖNIGTUM IM SCHAUSPIEL
An den europäischen Höfen des 17. Jh. spielte Theater eine große Rolle. Auf diesem Gebiet war Spanien sehr einflussreich, und Margarita, die Tochter Philipps IV., spielte ebenso gern Theater wie ihr Vater.

Im Jahr 1517 machte der junge, in Gent geborene Karl V. Bekanntschaft mit seinen spanischen Untertanen. Der in Valladolid residierende Hof nahm an einer Reihe von Turnieren und Ritterfesten teil, die bei allen Zuschauern bleibende Erinnerungen hinterließen. Diese Veranstaltungen waren der sichtbarste Ausdruck der Einführung eines neuen, von weither gekommenen Herrschers. So zog der erste spanische Habsburger großen politischen Nutzen aus dem Fest.

Auch seine Nachfolger machten sich rauschende Auftritte zunutze. So traf Philipp II. sorgfältige Vorbereitungen für den Einzug seiner letzten Gemahlin Anna von Österreich in Madrid. Während der König als Herrscher dargestellt wurde, der die Welt auf seinen Schultern trägt, verherrlichte ein Triumphbogen seine Gemahlin Anna. Die Schwierigkeiten der Dynastie gegen Ende des 16. Jh. beeinträchtigten in keiner Weise ihren Geschmack an der Prachtentfaltung. Die Reise Philipps III. von Madrid nach Valencia war ein einziges Fest. Neun Monate lang folgte eine Veranstaltung der anderen, Schauspiele, Speerkampfspiele, Turniere, Tanzveranstaltungen, Jagden. 1605 kosteten die Festlichkeiten von Valladolid anlässlich der Geburt des künftigen Philipps IV. die astronomische Summe von einer Million Dukaten. Übertroffen wurden sie von den 1623 in Madrid veranstalteten fünfmonatigen Festen zu Ehren des Prinzen von Wales oder den Feiern zur Eröffnung des Palastes Buen Retiro im Februar 1637. Auf jeden Fall war das barocke Fest ein wichtiger Bestandteil der Ausübung der Macht.

Diese Vorlieben waren im gesamten Weltreich zu finden. Die Trauerfeierlichkeiten in Brüssel für Karl V., die Autodafés von 1559 in Valladolid oder von 1680 in Madrid hatten den Zweck, jeden an seinen Platz in der Gesellschaft zu erinnern. In den indischen Kolonien wurde das Fronleichnamsfest schnell zu einer der feierlichsten Veranstaltungen, und alle Mitglieder der Gesellschaft waren dazu eingeladen. Es war kein Zufall, dass das Protokoll bei allen Veranstaltungen Anlass für heftige Konflikte zwischen politischen, kirchlichen und weltlichen Gremien gab. Im Fest stellte sich die Gesellschaft dar.

FEIERLICH ZU GRABE
Beim Tod Karls V. im Jahr 1558 fand in Brüssel eine prächtige Prozession statt. Dargestellt ist sie in einem Album mit 34 Radierungen des Antwerpener Druckers Christophe Plantin.

LASST UNS TANZEN
Der Tanz war ein fester Bestandteil bei religiösen wie weltlichen Festen. Die Sardana, ein katalanischer Tanz, steht mindestens seit dem 17. Jh. im Mittelpunkt der Feste in Katalonien.

TRIUMPHALER EINZUG
Auf dieser Kamee von Domenico Romano (oder Compagni), die Philipp II. wahrscheinlich dem Bischof von Viterbo 1556 für geleistete Dienste schenkte, sitzt der König hoch oben auf einem Wagen, vor ihm gehen römische Soldaten. Der Einzug eines Königs in eine Stadt war stets Anlass für einen prunkvollen Auftritt.

HOCH LEBE DER STIERKAMPF

Die Beliebtheit der Corrida war groß: Allein in Madrid zählte man im 17. Jh. 107 königliche Corridas, die immer auf der Plaza Mayor stattfanden. Isabella die Katholische und ihr Beichtvater Hernando de Talavera machten aus ihrer Missbilligung kein Hehl, waren jedoch nicht in der Lage, sich durchzusetzen. Von Karl V. bis Karl II. schätzten ausnahmslos alle Herrscher und ihre Günstlinge Lerma, Olivares und Valenzuela den Stierkampf, zumindest in seiner ritterlichen Form. Außerhalb der Hauptstadt befasste sich die Gemeindeverwaltung, die in den Händen des mittleren Adels lag, mit der Organisation, dem Kauf der Stiere und der Bestimmung der Stierkämpfer. Deshalb sind die gegen den Stierkampf gerichteten Interessengruppen, welche die Corrida verbieten lassen wollten, immer gescheitert.

KÖNIGLICHES JAGDFIEBER
Alle Habsburger waren jagdbegeistert. Karl V. ging diesem Zeitvertreib bereits im Wald der Alhambra in Granada nach. Überaus beliebt war die Falkenjagd; aus diesem Grund war am königlichen Hof immer ein angesehener Falkner beschäftigt.

VERSUCHUNG CHRISTI
Dieses Werk (1620) von Francisco Pachecos, dem Schwiegervater von Velázquez, widmet sich dem Thema der Versuchung Christi in der Wüste. Mit großer Wahrscheinlichkeit war auch Velázquez an dem Gemälde beteiligt.

Die heilige Jungfrau und weitere Motive

Doch überwiegend blieb ein Motiv im Zentrum des Schaffens der spanischen Maler des ausgehenden 16. und ganzen 17. Jh.: die Jungfrau Maria. So widmete Luis de Morales, dessen 20 Altarbilder in der Kirche Arroyo de la Luz (Cáceres) allein eine Reise wert sind, die Hälfte seines künstlerischen Werkes der heiligen Jungfrau mit dem Kind und der Pietà, und zwar in einem sehr strengen, fast schon mittelalterlichen Stil. Auch sein Zeitgenosse El Greco schuf zahlreiche Mariendarstellungen, während sich in Murillos Werken oft das Motiv der Unbefleckten Empfängnis findet. Nicht zuletzt die zahlreichen Nachahmer in Amerika sind ein Beleg für die besondere Vorliebe der Spanier für die Marienverehrung – kämpften sie doch bis zur Verkündigung des Dogmas für die Freisprechung Marias von der Erbsünde.

Alle wichtigen Episoden im Leben Mariens wurden immer wieder gemalt: Geburt, Verkündigung, Heimsuchung, Niederkunft, die Heilige Familie und Mariä Himmelfahrt. Mitunter waren sie zu einem Zyklus zusammengefasst, wie das Marienleben von Alonso Cano in der Kathedrale von Granada. Auch von den geistlichen Orden und den Zünften wurde Maria in Anspruch genommen; es gab eine heilige Jungfrau der Kartäuser, der Seeleute, der Goldschmiede, oder ihr wurden bestimmte Rollen zugewiesen, wie etwa als heilige Jungfrau des Erbarmens.

Widmeten sich die Künstler nicht Maria, Christus oder den Wundergeschichten, so boten Legenden von Aposteln, Märtyrern und Heiligen – oft im Auftrag geistlicher Orden – noch genug religiöse Inhalte: El Greco malte in Spanien als Erster vollständige

Apostelserien *(apostolados)*, jeden Apostel mit seinem charakteristischen Attribut, wie dies auch in den Niederlanden üblich war – zwei davon befinden sich in Toledo. Peter-Paul Rubens malte während seines Aufenthalts in Kastilien im Jahr 1603 eine Apostelserie, die der Herzog von Lerma einige Zeit zu seinem Besitz zählte. Im 17. Jh. schließlich gingen die großen, wohlhabenden Klöster und Konvente dazu über, prominenten Künstlern Aufträge für umfangreiche Bilderzyklen über das Leben ihrer Gründerheiligen oder über die Geschichte ihres Ordens zu erteilen. Besonders umworben war Zurbarán, der zum Beispiel für die Kartausen von Sevilla und von Jérez, aber auch für die Hieronymiten von Guadalupe, die Marcedarier und die Trinitarier von Sevilla große Bilderserien anfertigte (heute im Museum von Sevilla). Murillo malte im Jahr 1666 die berühmten 18 Bilder für die Kapuziner in Sevilla; es war der umfangreichste Auftrag seines ganzen Lebens. Valdés Leal malte für die Franziskaner in Sevilla einen Zyklus über das Leben der heiligen Clara, außerdem die Serie über Ignatius von Loyola. Besonders beliebt waren Heilige wie Petrus von Alcántara und Theresa von Ávila, die in diesem Jahrhundert heilig gesprochen wurden. Doch allgemein machte der Eifer, mit dem die Maler an ihr Werk gingen, vor kaum einem Heiligen Halt.

In Amerika waren bildliche Darstellungen für die Lehren der Gegenreformation ungleich wichtiger. Für die Missionierung der Indianer genügte schon bald eine mündliche Verbreitung des Glaubens nicht mehr. Deshalb beschlossen die Mönche, die Wände der Altarräume, der Kirchen und der Klöster mit Bildern zu bemalen, um so den Indianern ein visuelles Universum des Christentums vorzuführen und deren Aufmerksamkeit zu gewinnen. Die Missionskirche führte einen regelrechten „Bilderkrieg"; sie zerstörte überall und systematisch Statuen, Gemälde und Wandbilder indianischer Gottheiten und führte stattdessen Kruzifixe, Gravuren und Statuen der Jungfrau Maria und der Heiligen ein. Anstelle der mittelalterlichen Dekoration wurden eindrucksvolle Wandgemälde erstellt, allein zwischen 1540 und 1580 wurden Berechnungen zufolge 300 000 Quadratmeter Wand mit Fresken bemalt. „Bildermauern" in vielen Klöstern Mexikos waren das mancherorts heute noch verblüffende Ergebnis.

Die Fresken selbst, die ja ausschließlich in indianischen Werkstätten und von indianischen Künstlern ausgeführt werden konnten, boten vielleicht einige Überraschungen, aber die Gemeinschaft der Heiligen – angeführt von Jesus Christus, der heiligen Jungfrau Maria und den Aposteln und begleitet von Legionen von Engeln und dem Blick der Heiligen Dreieinigkeit – hielt in Neuspanien und in den Anden unaufhaltsam ihren Einzug. Alle Motive aus der Heilsgeschichte, Christi Geburt, die Anbetung der Hirten und der Drei Könige, die Heilige Familie, die dramatischsten Augenblicke der Passion, wurden in zahllosen Varianten dargestellt. Wie in Europa wurden die großen Kirchen und Klöster mit Bilderzyklen aus den Heiligenleben und mit Apostelserien verziert.

Für die Bekehrung der Indianer mussten die Missionare allerdings die reine Kirchenlehre ein wenig abwandeln. Die Krönung Mariens durch die Heilige Dreieinigkeit erfuhr eine aufschlussreiche Abwandlung; das Motiv war bei den Indianern rasch sehr beliebt, und findige Besucher können in den Anden und zwischen Cartagena de Indias und Potosí in Kirchen und Museen mehrere Dutzend Darstellungen dieses Themas entdecken. Alle vermeiden sie die senkrechte Anordnung, um jeden Anschein einer Hierarchie

DIE REICHTÜMER DES FERNEN OSTENS
Die auf den Philippinen ansässigen Künstler waren Meister in der Verarbeitung von Elfenbein. Es gibt sehr viele, meist kleinformatige Skulpturen mit religiöser Thematik. Viele, wie dieser Christus, der in Oaxaca aufbewahrt wird, stammten aus einer der Galeonen von Manila, die als Handelsschiffe zwischen den Philippinen und Acapulco verkehrten.

auszuschließen. Zwar sind einige Darstellungen mit der Kirchenlehre noch vereinbar, wenn etwa Vater und Sohn Taubenflügel tragen, doch weichen zahlreiche Gemälde, indem sie Gott, Jesus und den Heiligen Geist absolut identisch und auf gleicher Höhe wiedergeben, von der kanonischen Lehre ab. Wengleich von den Provinzialsynoden verboten, konnte diese Versinnbildlichung der Trinität Erinnerungen an den Polytheismus der Indianerstämme wachrufen und deren Bekehrung zur christlichen Lehre erleichtern. So befinden sich im Museum der Kirche San Francisco in Quito, im Museum der Kathedrale und im Universitätsmuseum von Sucre, in der Casa de la Moneda von Potosí und im Museum der Kolonialkunst von Buenos Aires Darstellungen der Krönung Mariens, die sich in ihrer Komposition augenfällig gleichen.

Von Neapel nach Amerika – der Durchbruch des Barock

Die Barockkultur ist untrennbar mit den katholischen Kirchenreformen im Anschluss an das Konzil von Trient verbunden. So umstritten die Gesamtdeutung des Phänomens Barock ist, so wenig umstritten ist diese Aussage. Auch ist es eine Tatsache, dass der Barock in streng hierarchisierten Gesellschaften aufkam und dass er stets einer starken politischen Macht und einer ausgeprägten Glaubensvorstellung zu Diensten war, die der Kunst und der Literatur genau umrissene Aufgaben zuteilten. Dank neu entstandener öffentlicher Räume in den Städten hat der Barock bewirkt, dass auch das Volk an ihm teilnehmen konnte; er appellierte an dessen Gefühle und Sinne und wurde deshalb leicht, ja sogar mit Begeisterung aufgenommen. Es ist daher bezeichnend, dass die Allegorie der fünf Sinne so häufig in der bildlichen Darstellung des Barocks auftaucht.

Vom ausgehenden 16. bis zum Ende des 17. Jh. verbreitete sich der Barock nach und nach über alle katholischen Regionen Europas; er wurde in verschiedenen Varianten und Ausprägungen im Rheinland wie in Bayern, in Italien und den Niederlanden, in Frankreich und nicht zuletzt auf der Iberischen Halbinsel zur dominierenden Kunstform. Selbst in Spanisch-Amerika und Brasilien setzte er sich mit solch ungeheurer Vitalität und Formenfülle durch, dass er sogar als das beherrschende Element in Amerika betrachtet wird. Durch ihn bekam der Kontinent eine symbolische Vorbildfunktion und wuchs zu einer unauflöslichen Einheit zusammen. Sämtliche Territorien des spanischen Weltreichs waren von dem triumphalen Aufstieg der Barockkultur geprägt.

Unter der Herrschaft der spanischen Vizekönige, unter ihnen ausgesprochene Kunstliebhaber und Sammler, war Neapel zur Zeit der spanischen Herrschaft ein unbestrittenes Zentrum des Barock. Kirchen und Klöster, italienische, spanische und genuesische Adelsfamilien sorgten für Aufträge an die begabtesten Künstler. Bernini, in Neapel geboren, arbeitete vor allem in Rom; auch Baumeister aus der Lombardei wie Domenico Fontana und Cosimo Fanzago bereicherten das römische Stadtbild mit neuen Kirchen, dem Palais Capodimonte und vor allem der Kartause San Martino. Der große Durchbruch in der barocken Stadtplanung ist vor allem im apulischen Lecce zu sehen. Der örtliche Adel und der bedeutende Baumeister Zimbalo schufen mit der Piazza del Duomo und der Piazza Ignazio Falconieri, der Kirche Santa Croce, der Via Palmieri und mit den Stadtpalästen eine wunderbare Bühnenkulisse, einen festlichen Raum, wo sich das Volk zu Prozessionen, zum Karnevalstreiben und zu vielen anderen Anlässen versammeln konnte.

In Neapel begann mit dem Aufenthalt Caravaggios (1607/08 und 1609/10) die Ära der Barockmalerei. In Neapel stellte er großartige Gemälde fertig: Mit *Die Sieben Werke der Barmherzigkeit* und *Geißelung Christi* setzte Caravaggio alle überkommenen Regeln der Bildkomposition außer Kraft; er nahm keine Rücksicht auf zeitliche Abfolgen, erfand

BAROCK IN SÜDITALIEN
Lecce war eines der großen Zentren der Barockkunst des 17. Jh. in Italien. Die Fassade der Kathedrale wurde von Francisco Zimbalo 1659–70 geschaffen. Auffallend ist der Mittelteil mit den hoch aufragenden Säulen.

die Perspektive und die Behandlung von Licht und Schatten neu. Er inspirierte alle Künstler, die nach ihm kamen: Giovanni Battista Caraccioli, genannt Battistello, Mattia Preti, Andrea Vaccaro und den jungen Maler José de Ribera, der zwischen 1616 und 1652 in Neapel wirkte. Mehrere der in Neapel geschaffenen Bilder gelangten nach Salamanca. Dort ließ der Graf von Monterrey gegenüber seinem Renaissancepalais von den Baumeistern Picchiatti und Fazago eine Kirche errichten, außerdem einen Konvent für die Augustiner-Barfüßer von Curzio Zaccarella und Juan Gómez de Mora; alle vier waren ausgewiesene Barockbaumeister. Die Kirche war darüber hinaus eine Art Museum mit Gemälden, die der Graf bei Guido Reni, Giovanni Lanfranco und vor allem Ribera bestellt hatte. So war der neapolitanische Barock auch in Kastilien eingezogen. Gleichzeitig erfasste der Barockstil in Neapel auch die Musik; die ganze Stadt begeisterte sich für Monteverdi und den modischen Kastratengesang – sehr zum Nachteil der *Opera seria*, deren Regeln nun auf den Kopf gestellt wurden.

Was in Neapel die Vizekönige, Caravaggio und Ribera waren, stellten in Brüssel und in den Niederlanden das Erzherzogspaar Isabella Clara Eugenie und Albrecht sowie ihre Nachfolger, der Kardinal-Infant Ferdinand und der Erzherzog Leopold-Wilhelm, und vor allem Peter-Paul Rubens dar. Nach dem endgültigen Bruch mit den protestantischen Nordprovinzen wollte das Erzherzogspaar eine Art religiöse Reconquista in den südlichen Provinzen in Gang setzen.

Die Herrscher hatten begriffen, dass das ganze Volk an der religiösen und ästhetischen Erneuerung teilhaben müsse. Ihre Baumeister Wenzel Cobergher, sein Schwager Jacob

JUWEL DER BAUKUNST IN DER NEUEN WELT
Die glanzvolle Kuppel in der Rosenkranzkapelle der Kirche Santo Domingo in Puebla entstand zwischen 1650 und 1690 und ist auch unter der Bezeichnung „Goldenes Potosí" bekannt.

175

Ranckaert und Peter Hysses aus Brüssel errichteten prachtvolle Kirchen, die neben ihrer sakralen Funktion das Volk beeindrucken und vom Sieg des katholischen Glaubens überzeugen sollten, so etwa die Kirchen Sankt Augustin in Brüssel (1611), Saint-Loup in Namur (1621) oder die Wallfahrtskirche in Scherpenheuvel-Montaigu (1609), die mit ihrer riesigen Kuppel den Schutz der göttlichen Vorsehung symbolisiert. Die weitläufigen Kirchenräume, die Altarbilder, sogar die Beichtstühle und das Chorgestühl mit seinem kühnen Dekor waren in den großen Gesamtplan einbezogen. Die Erzherzöge und die Jesuiten nutzten die Barockkunst offensichtlich als Instrument der Gegenreformation.

Gleichzeitig wurde dem Erzherzogspaar auch klar, dass es sich seinen Untertanen annähern und für sie zugänglich sein musste. Sie knüpften direkte Kontakte mit den bedeutendsten zeitgenössischen Malern, vor allem mit Rubens, dessen Haus in Antwerpen ein wunderbarer Barockbau war, aber auch mit der Familie Pourbus, Jan Bruegel dem Älteren und dem Jüngeren und mit Denijs Van Alsloot. Regelmäßig ließen sich die Herrscher von diesen porträtieren; hierfür suchte man Anlässe, bei denen die Aristokraten volksnah auftreten konnten, beispielsweise ein Hochzeitsbankett, das der ältere Bruegel (genannt „Samtbruegel") zwischen 1621 und 1623 im Bild festhielt. Auch aufgrund dieser Volksnähe wurden Albrecht und Isabella sehr beliebt, was letztlich dazu beitrug, dass die Südprovinzen bis zum Vertrag von Utrecht treu zu Spanien hielten.

Rubens selbst agierte als Vermittler für die Barockkunst zwischen Italien, den Niederlanden und Spanien. Seit seinem Aufenthalt in Mantua (1599/1600) war er ein Bewunderer Tintorettos. Mit Begeisterung übernahm er dessen Kunststil. Die vehemente Ausdruckskraft, die lebhaften, ausholenden Bewegungen, die Licht- und Farbenfülle seiner Bilder – all dies fügte sich nahtlos in das Temperament von Rubens ein und machte ihn während seines Aufenthalts in Kastilien zu Beginn des 17. Jh. auch dort berühmt. Und das, obwohl zu dieser Zeit nur El Greco als Vermittler des venezianischen Manierismus fähig schien, die spanische Malerei zu erneuern.

Insgesamt waren also drei Faktoren an der Entwicklung des spanischen Barock beteiligt: zum einen der Kunststil, der sich im unmittelbaren Umkreis des Escorial entwickelte, zum andern die Weisungen des Konzils von Trient und schließlich die machtvolle

BAUM DER ERKENNTNIS
(S. 177) Überragt wird das Ziborium in der Kathedrale von Valladolid, ein Werk Juans, des letzten großen Goldschmieds aus der Dynastie der Arfe, von einer Darstellung Adams und Evas unter dem Baum der Erkenntnis. Das Thema, das von den Künstlern der Renaissance immer wieder aufgegriffen wurde, ist hier in Silber gestaltet.

GOLDSCHMIEDE IM DIENST DER KIRCHE

Im späten Mittelalter widmeten sich die Menschen stark der Verehrung der heiligen Sakramente. Im 16. und 17. Jh. besaß fast jede Pfarrgemeinde in Spanien eine Bruderschaft des Heiligen Sakraments. Das Symbol dieser flammenden Begeisterung war die Monstranz, in der die geweihte Hostie den Gläubigen in der Kirche oder bei einer Prozession zur Verehrung dargeboten wurde. Gold und Silber aus Amerika ermöglichten die Anfertigung unzähliger Ziborien und Monstranzen. Man unterscheidet die tragbaren, relativ kleinen Ziborien, die vor allem im Gebiet der Krone Aragoniens üblich waren, von den feststehenden Monstranzen, die oft Eigentum der großen Kathedralen der Krone von Kastilien waren. In Valladolid gibt es eine 2 m hohe Monstranz, Toledo rühmt sich einer 3 m hohen, und in Sevilla misst sie sogar 3,5 m. Die ersten Werke wurden vermutlich auf Anregung von Privatleuten geschaffen, die sich darauf betend

verewigen ließen. Doch schon bald wetteiferten die Domkapitel um den Besitz der schönsten Monstranz. Alle Exemplare sind üppig verziert, neben Szenen aus der Bibel findet man Elemente aus der Tier- und Pflanzenwelt. Die Goldschmiede, die ebenso gefragt waren wie Maler und Bildhauer, widmeten sich mit ihrem ganzen Können diesem Werk. Zu den bedeutendsten Goldschmieden gehörten Francisco Becerril aus Cuenca, der aus Frankreich stammende Aragonese Pedro Lamaison und Juan Ruiz el Vandalino aus Córdoba, der Schöpfer der großen Monstranzen in Fuenteovejuna und in der Kathedrale von Santo Domingo (Hispaniola). Vor allem anderen zeichnete sich die Familie Arfe aus: Enrique war der Schöpfer der Monstranz von Toledo; von Antonio, seinem Sohn, stammten die Monstranzen in Medina del Rio Seco und Santiago de Compostela. Enriques Enkel Juan war Dombaumeister in Sevilla und Valladolid.

176

Entwicklung der geistlichen Orden, allen voran die Gesellschaft Jesu, die damals eine geistige Führungsrolle in Spanien innehatte. Allerdings kam spätestens zwischen 1640 und 1680 ein weiterer Faktor hinzu: die wirtschaftlichen Schwierigkeiten. Sie reichten aus, um den Einfluss des Escorial-Stils in Grenzen zu halten, der sich ohnehin nur auf die Architektur erstreckte. Die niedrigen Staatseinnahmen erzwangen nicht nur den Verzicht auf Prestigeprojekte wie beispielsweise die Kathedrale von Valladolid.

Die Nähe von Kunst einerseits sowie Politik und Religion andererseits sagen jedoch noch nichts über die ästhetischen Veränderungen dieser Epoche aus. Beispielhaft zeigt dies die Entwicklung der Monstranz, die untrennbar mit der Geschichte der Goldschmiedefamilie de Arfe verbunden ist. Anfangs waren die Werke von Enrique und Antonio de Arfe noch ganz der verzierten Gotik verpflichtet, später den rationalen Regeln der Renaissance. Der dritte bedeutende Goldschmied dieser Dynastie, Juan, verwandelte dann seine Kunstwerke sogar in ein liturgisches Gebet: Die Monstranz in der Kathedrale von Sevilla (1587) konzentriert den Blick auf die Hostie. Ähnlich wirkt die Monstranz in der Kirche Santo Tomás von Ávila, die, wie eine Sonne gestaltet, in der Mitte die Hostie aufnimmt; ihre Strahlen erinnnern an die Gnade, mit denen der Heilige Geist alle Gläubigen belohnt.

Die Malerei der Barockzeit diente aber auch anderen Herren als nur Gott und der Kirche. Ihr zentraler Bezugspunkt war die Monarchie, der weltliche Arm des Gottesstaates, wie ihn sich vor allem die Geistlichkeit erhoffte. Angehörige der königlichen Familie wurden auf alle denkbaren Arten porträtiert, im Krönungsornat, zu Pferde oder im Jagdanzug.

Alle Personen, die eine herausragende Rolle im Machtapparat spielten, wurden mit einem Bild als Anerkennung ihrer Verdienste geehrt. Für das Schloss Buen Retiro in Madrid etwa entstand eine Reihe berühmter Bilder von ebenso berühmten Schlachten: Velázquez' *Die Übergabe von Breda*, Zurbaráns *Die Verteidigung von Cádiz gegen die Engländer* oder Rubens' *Der Kardinal-Infant nach der Schlacht von Nördlingen*. Selbst eine Serie mit Gemälden von Possenreißern, ebenfalls im Buen Retiro, war Teil dieser Vision einer Welt, in der die königliche und die gesellschaftliche Ordnung im Dienst der göttlichen Ordnung standen.

Natürlich konnten die bedeutenden Künstler nicht zu Erfüllungsgehilfen degradiert werden, sei es nun im Dienste des Konzils oder der Monarchie. Velázquez, Zurbarán oder El Greco ließen sich nicht allein für solche Zwecke einspannen. Vor allem Velázquez widmete sich daher neben seinen Auftragsarbeiten der antiken Mythologie und Naturmalerei *(Das Fest des Bacchus)*, leistete Revolutionäres bei der räumlichen Darstellung *(Die Spinnerinnen)* oder ignorierte die Empfehlungen des Konzils bei

DIE FAMILIE PHILIPPS IV.
*Das berühmteste Bild des
Malers Velázquez (1656)
wurde im Alcazar von
Madrid aufbewahrt. Dank
des Kunstgriffs mit dem
Spiegel sind Philipp IV. und
Maria Anna von Österreich
neben der Infantin Margarete
zu sehen.*

Aktdarstellungen (die nicht ausdrücklich verboten waren): Von *Venus vor ihrem Spiegel* malte er mindestens drei Versionen, die später jedoch verloren gingen.

Auch der hispanische Barock erlebte eine Blüte, die als Ergebnis einer gelungenen kulturellen Vermischung zur Geburt einer spezifisch amerikanischen, aufregenden Kultur wurde. Nicht zuletzt eine originär in Amerika entstandene und anzutreffende Kunstgattung fällt in diese Zeit: die so genannten „Fassaden-Retabeln". Ihre Entstehung ist untrennbar mit dem religiösen Empfinden der missionierten Indianer verbunden. Sie unterschieden nicht zwischen einem geschlossenen heiligen Raum wie einer Kirche und einem öffentlichen Platz unter freiem Himmel, der nach ihren Vorstellungen ebenso geheiligt sein konnte. Die Missionare, die sich dieser Gedankenwelt anpassten, bauten daher „offene Kapellen", deren Gewölbe sich einzig auf den Chor beschränkt, oder reservierten in den neu gegründeten Städten große öffentliche Plätze für liturgische Feiern. (In den damaligen Kleinstädten mit einigen tausend Einwohnern nahmen die Plätze mitunter beachtliche Größen an: in Quito beispielsweise immerhin etwa 8400 Quadratmeter.) Hier waren es die bildlichen Botschaften der Fassaden-Retabeln, die die schriftlose Mehrheit der indianischen Arbeiter in den Bergstädten Mittel- und Südamerikas erreichen konnten, ohne dass diese eine Kirche betreten mussten.

Die indianischen Künstler übernahmen mit Vorliebe besonders kriegerische Motive aus der katholischen Lehre. So lässt beispielsweise der ausdrucksstarke Meister aus den Anden, Melchior Pérez de Holguin, in der Sakristei von San Francisco in Potosí seine „Helden" Dominikus und „Franziskus", auf einer Sturzwelle dahintreibend, mit Schwert, Schild und Bogen gegen die Angreifer kämpfen; diese sind der bereits ertrinkende Arius, zudem Luther und Calvin, die ebenfalls der Wucht der katholischen Lehre nichts entgegenhalten können. Ein solches Werk bedarf kaum einer Interpretation. Eine ähnlich freie Deutung des christlichen Glaubens findet sich bei zahllosen Darstellungen der Unbefleckten Empfängnis: Angefangen mit geflügelten Marien der Apokalypse im Stil Rubens' bis hin zu den Erzengeln Michael, Gabriel und Raphael, die – mit Hakenbüchsen bewaffnet und von musizierenden Erzengeln begleitet – eigentümliche Gedanken an eine „himmlische Miliz" wecken, boten die indianischen Werkstätten europäischen Besuchern manch seltsam anmutendes Motiv.

Doch blieben diese Motive der Alten Welt auch deshalb verschlossen, weil die indianischen Künstler ihrerseits inmitten der für sie oft fremden Kolonialgesellschaft Schritt für Schritt ihre alte Vorstellungswelt wiederertstehen ließen. Kämpfe zwischen Mauren und

*Da Velázquez noch kein
Mitglied des Ritterordens
vom hl. Jakobus war, wird
die Anekdote erzählt, der
König selbst habe später
das Kreuz auf das Gewand
des Malers gemalt, dessen
Selbstporträt in der linken
Bildhälfte zu sehen ist.*

Christen, die auf von Missionaren importierten Gemälden zu sehen waren, verwandelten sich in den Werken von christianisierten Indianern in Schlachten von Elitekriegern, Tigerreitern oder Adlerreitern, die gegen die nomadischen Barbaren der Chichimeken stürmten. Einzig mit dem Wunsch, Fauna und Flora der Neuen Welt in die Kirchendekoration einzuarbeiten oder gar die amerikanischen Naturgegebenheiten in die Glaubenswelt aufzunehmen, sind solche und andere Darstellungen kaum zu erklären. Vielmehr sollten sie eine neue Gegenwart mit Teilen der vorchristlichen Vergangenheit verknüpfen. Aber auch praktische Erfordernisse spielten eine Rolle: Die Fassaden der Kathedrale von Ríobamba (Ecuador) oder der Kirche Santo Domingo von Popayán (Kolumbien) sind auch deswegen gegen die Kirchenregel gebaut, weil sie noch figurative Elemente von vorkolumbischen Gebäuden aufweisen.

Weltliche Eitelkeit und Vergänglichkeit

Die Zeit zwischen 1640 und 1680 war eine Epoche des allgemeinen Verfalls und Niedergangs. Militärische Niederlagen, Gebietsverluste, eine galoppierende Inflation, staatliche und private Bankrotte, Hungersnöte, Pest und andere Epidemien, häufige Todesfälle in der Königsfamilie, Bevölkerungsschwund – die Krisensymptome scheinen schier endlos: Für die Zeitgenossen öffnete sich in dramatischer Weise ein Grab der weltlichen Eitelkeiten, es mahnte ein *Memento mori*.

Es verwundert also kaum, wenn spätestens in der Mitte des 17. Jh. die *Vanitas*, die Vergänglichkeit allen irdischen Glücks, zu einem bekannten, ja vertrauten Thema in der Gedankenwelt der Barockzeit wurde. Nicht nur in den Schriften von Quevedo y Villegas, der dem Motiv unter anderem 1634 in *La cuna y la sepultura (Die Wiege und das Grab)* Geltung verschaffte, findet sich die *Vanitas* wieder. Auch Don Miguel de Mañara, Gründer des Hospitals de la Caridad in Sevilla, hatte sich vorgenommen, seinen Zeitgenossen schonungslos die Wahrheit zu vermitteln, was in sein Traktat *Discorso de la Veridad (Diskurs über die Wahrheit*, 1670) mündete. Um seinen persönlichen „Kampf" auch um bildliche Darstellungen zu erweitern, wandte er sich an zwei bedeutende Maler in Sevilla, Murillo und Valdés Leal. Während Murillo in der Hospitalkirche mit lichterfüllten Bildern an christliche Kardinaltugenden und die Nächstenliebe appellierte, ist Valdés Leal Schöpfer düsterer Gegenwelten. Thema seiner Bilder sind die vergänglichen weltlichen Eitelkeiten: Ruhm, Reichtümer, Künste und Wissenschaften. Zwei Gemälde – sie wurden 1672 als *Postrimerias (Die vier letzten Dinge)* in der Hospitalkirche angebracht – erlangten mit ihren überdeutlichen Allegorien zweifelhaften Ruhm. Das eine, *Finis gloriae mundi* oder *Die zwei Kadaver*, lässt mit zwei halbverwesten Leichen erschauern: die eines Erzbischofs und eines Ritters des Ordens von Calatrava. Das andere Gemälde, *In ictu oculi ([Der Tod kommt] in einem Augenblick)*, bezieht sich auf den ersten Korintherbrief; es zeigt das plötzliche Erscheinen des Todes, der die Lebensflamme auslöscht. Der Sarg aber ist für die Symbole des weltlichen Ruhms bestimmt: für das Zepter, die Krone, einen Kardinalshut, eine Tiara, genauso wie für Bücher oder Waffen.

So makaber und faszinierend wie in den ausdrucksvollen Bildern von Valdés Leal wurde das nach 1650 häufig gemalte Motiv der *Vanitas* nicht immer getroffen. Neue

Sinnbezüge kamen hinzu, Valdés Leal selbst stellte der *Vanitas* die *Salus*, das ewige Seelenheil, gegenüber. Doch weniger die nicht immer zu verstehenden Botschaften als schlichtweg die Gewöhnung an das nahezu allgegenwärtige Motiv nahm diesem allmählich seine einst düstere Brisanz. Eine Brisanz, die übrigens auch die amerikanischen Interpretationen des Themas zu entfalten wussten. Denn anders kann die Grablegungsszene im Konvent San Augustín in Quito – Tiara, Mitra und Krone zieren hier Totenschädel – kaum gedeutet werden.

Die kastilische Sprache und der kulturelle Austausch

Das Kastilische war zunächst eine Sprache des Volkes, aber auch eine Sprache, die als Träger kultureller Werte wichtige Dienste leistete. Denn wenngleich die Kirche zunächst bis zum Ende des 16. Jh. die Alphabetisierung gefördert hatte, versandeten auch aus Furcht vor den Reformatoren die Versuche, die Bevölkerung die Schrift zu lehren. Daher blieb die überwiegende Mehrheit der einfachen Männer und Frauen von dem geschriebenen Wort ausgeschlossen.

Geistliches und weltliches Schauspiel sollten unter diesen Bedingungen die städtische Bevölkerung nicht nur unterhalten, sondern ihr oft auch Religion und Kultur der Zeit vermitteln. Die kurzen liturgischen Werke *(autos sacramentales)* stammten daher häufig von bedeutenden Autoren (Lope de Vega, Tirso de Molina, Calderón de la Barca). Sie waren in Verse gesetzte Allegorien der wichtigsten katholischen Dogmen (beispielsweise der Fleischwerdung Christi) und wurden schon deswegen meist während der Karwoche oder an Fronleichnam aufgeführt.

Die *comedias* wurden einzig für die Bühne verfasst (weshalb übrigens viele der Schauspiele nicht gedruckt wurden und später verloren gingen). Die Werke von Lope de Vega, Ruiz de Alarcón y Mendoza, Pérez de Montalván, Tirso de Molina oder Calderón gehörten den Innenhöfen von Herbergen *(corrales de comedias)* oder öffentlichen Plätzen und erfreuten sich dort großen Zulaufs. Bestimmte Ideale der Kultur des Goldenen Zeitalters kamen durch sie unter das Volk: Gehorsam gegenüber dem König, Pflichtbewusstsein, Frömmigkeit, Mannesehre, soziales Ansehen; aber auch Werte, die heutzutage schon lange hinterfragt werden – wie die Reinheit des Blutes oder die erlösende Kraft der

VON SPITZBUBEN UND SCHELMEN

Als Schelmenromane bezeichnet man eine Reihe von Werken, die zwischen 1550 und 1650 erschienen. Die wichtigsten sind *Lazarillo de Tormes* (1550), *Der Landstörzer Gusman von Alfarache* (1559) von Mateo Alemán, *Der abenteuerliche Buscón* von Quevedo (1604–26) und *Leben und Begebenheiten des Escudero Marcos de Obregón* von Vicente Espinel (1618). Diese Werke präsentieren sich als Autobiographien listiger Schelme, sind realistisch geschrieben und geben vor, über den Lebenswandel der Spitzbuben zu berichten.

Der Begriff „Schelm" taucht in der kastilischen Sprache erst nach 1540 auf und bezeichnet Menschen am Rand der Gesellschaft. Die Literaturgattung des Schelmenromans ist eine spezifisch hispanische Erscheinung, deren Interpretation durch den doppelsinnigen Inhalt erschwert ist. Der Schelmenroman ist Ausdruck eines traditionsverhafteten Gedankenguts, das Ehrgefühl und Ablehnung von Arbeit preist, hierbei jedoch mit der neuzeitlichen bürgerlichen Mentalität in Konflikt gerät. Die Zeitgenossen waren von diesen umfangreichen Romanen fasziniert. Der 700 Seiten umfassende *Gusman* wurde 1615 ins Deutsche übersetzt, der *Marcos de Obregón* im Erscheinungsjahr 1618 und der *Buscón* 1671.

Rache. Die großen Dramatiker flochten in ihre *comedias* auch Volkslieder (Romanzen) in achtsilbigen Versen ein oder *cuentecillos*, kurze Erzählungen in Dialogform mit meist komischem Inhalt: Die Zuschauer erkannten schnell die Anleihen und konnten sich mit den Personen und der Handlung identifizieren. Viel eher als die erzieherischen Inhalte mögen diese Momente den Reiz des Genres für eine große Zahl von Zuschauern aus-gemacht haben. Manche *comedias* brachten es – wegen noch heute berühmter literarischer Figuren – zu weltliterarischem Rang: So schwang sich auch de Molinas' Don Juan erstmals in spanischen Hinterhöfen dazu auf, Frauenherzen auf der ganzen Welt zu erobern.

Fern des Schauspiels wurde die kastilische Sprache zum Vermittler einer sehr vielseitigen Literatur, deren Werke sich in vielen anderen Ländern verbreiteten. Darunter war auch spirituelle Literatur.

Schriften wie beispielsweise von Luis de Granada gehörten zu den viel gelesenen Büchern, die nicht nur in fast allen Klosterbibliotheken Frankreichs des 17. Jh. zu finden waren. Auch *Don Quichotte* war sofort nach seinem Erscheinen ein großer Erfolg. Vor allem aber geistliche Traktate gab es in einer kaum überschaubaren Fülle, darunter die Werke des Johannes vom Kreuz in poetischer Form oder zahlreiche Autobiographien von Mönchen und Nonnen. Das gesammelte „Kapital der Heilig-mäßigkeit", wie es hier angehäuft wurde, war nicht zuletzt sehr charakteristisch für die Gedan-kenwelt des Barock.

LOPE DE VEGA – EIN GENIALER SCHRIFTSTELLER
Dieses Porträt von Lope de Vega wird Eugenio Cajes zugeschrieben. Links ist das Titelblatt von 12 Stücken des produktiven Autors abgebildet. Lope de Vega dürfte 1500 weltliche und geistliche Werke verfasst haben, von denen mehr als 500 überliefert sind. Der schon zu seinen Lebzeiten sehr populäre Autor schuf die Grundlagen des moder-nen Theaters.

Die kastilische Literatur dieser Zeit hat längst anerkannte Formen gepflegt, ihnen aber dabei eine besondere Färbung gegeben. Der Burleskendichter Luis de Góngora y Argote etwa hatte sein Vergnügen daran, mythische Erzählungen in Possenstücke umzuwandeln. Dagegen erfand der Dichter der *Soledades* auch die *Poesia culterana*, eine bestimmte barocke, metaphorische Form, die Realität auszuschmücken. Ähnlich verkleidete auch Francisco de Quevedo die Politik, die Diplomatie oder den Ritterroman. Insgesamt war Quevedo aber eine sehr widersprüchliche Natur, ein Moralapostel und zugleich bezahlter Spion des Herzogs von Osuna in Sizilien oder Neapel, Schmeichler und Kriti-ker von Olivares. Er nutzte sein unbestreitbar großes Talent, um zarte erotische Ge-dichte zu schreiben oder sich auch zu stoischen Gedanken aufzuschwingen. Er ist mindestens genauso schwer zu durchschauen wie sein Zeitgenosse, der Jesuit Baltasar Gracián y Morales, Verfasser von *El Criticón*, in dem man geistliches Gedankengut vergeblich sucht.

Drei literarische Erfindungen des Goldenen Zeitalters Spaniens haben in ganz Europa Schule gemacht: Der Romanzyklus wurde durch *Don Quichotte* oder *Guzmán de Alfarache* berühmt. Diese Werke sind – als Autobiographien getarnt – reich an symbolischen Episoden und Reisen durch Zeit und Raum. Die *comedia* ist mehr dem Schelmenroman verpflichtet. Sie lässt in einem „neuen Theater" große Grundherren, *hidalgos*, Bauern, Kuppler und Kurtisanen in bunter Mischung auftreten, derbe Sprache ist eines ihrer Merkmale. Schließlich tauchte noch die Novelle auf – eine kurze Erzählung mit frei erfundenem, oft sehr freizügigem Inhalt. Besonders Cervantes, aber auch Lope de Vega verhalfen dem neuen Genre zum Durchbruch.

Doch beschränkte sich das geschriebene Wort in kastilischer Sprache nicht nur auf neue Literaturgattungen. Vielmehr boten die spanischen Eroberungen in Amerika genug Anlass und Stoff, um die Bibliotheksverzeichnisse mit einer großen Anzahl von Geschichtswerken zu überhäufen. Jedoch erfreuten die Chroniken und Berichte über das ferne „Westindien" zunächst nur wenige Leser, während Erzählungen über islamische Menschen, Länder und Sitten nach wie vor eine große Anziehungskraft ausübten. Die jahrhundertelangen Auseinandersetzungen zwischen Muslimen und Christen, vor allem aber die spannenden Berichte von Landsleuten, die Gefangenschaft und Zwangsarbeit in Algier oder Konstantinopel überlebten, wurden immer wieder niedergeschrieben. Auch nach der Reconquista bildete Spanien also den Brückenschlag zwischen christlicher und arabischer Welt.

Wesentlich schneller als die Chroniken der Neuen Welt verbreiteten sich Legenden und Mythen. Mit den Berichten und Briefen von Kolumbus und Cortés wurden antike Erzählungen wie etwa über die Amazonen wiederbelebt. Dichter und Dramatiker beteiligten sich an der Legendenbildung: Juan de Castellanos spricht in seinen Elegien von einem Brunnen der Ewigen Jugend, Tirso de Molina schrieb eine Komödie über die Amazonen. Selbst Historiker beschäftigten sich mit dem wenig Fassbaren – nicht zuletzt um die phantastischen Geschichten zu entzaubern. Doch diese waren zu attraktiv, um nicht von Malern und Graveuren entdeckt zu werden: Ungeheuer, Riesen, Patagonen, Pygmäen – sie alle gesellten sich in der Kunst der irrealen Welt zu den Amazonen. Phantasten schließlich lockten mit der Suche nach dem sagenhaften Eldorado, dem Pizarro und seine Truppe doch schon so nahe zu sein schienen.

Die Geschichtsschreiber zogen daher – beinahe verständlich – nur mit Mühe die Grenze zwischen Legende und Realität, auch wenn sie wie Pedro Cieza de León, Verfasser der *Cronica del Perú*, selbst an den Eroberungsunternehmen teilgenommen hatte. Oft wurden sie Opfer ihrer eigenen, religiös geprägten Bildung, sodass beispielsweise Diego Durán in seiner *Historia de los Indios de Nueva España (Geschichte der Indianer von Neuspanien)* behauptete, die Indianer seien Nachkommen der zehn verlorenen Stämme Israel. Andererseits erregten aber auch die leidenschaftlichen Anklagen von Bartolomé de las Casas bereits Mitte des 16. Jh. vielerorts in Europa Aufsehen, das angesichts der spanischen Grausamkeiten gegenüber den Indianern in eine antispanische Polemik, die *leyenda negra* (schwarze Legende), mündete.

Die Polemik und Debatten über die Legitimität der Conquista lösten schließlich eine Flut von Literatur aus, aber auch erhebliche Anstrengungen, der Wahrheit auf den Grund zu gehen. Historikern wie López de Gomara und Fernández de Oviedo kann man trotz ihrer Nähe zu offiziellen Verlautbarungen eine kritische Distanz nicht absprechen, zumal Oviedo zu den Ersten gehörte, die von einer „Natur Amerikas" sprachen, die für die Europäer unbegreiflich sei. Später musste selbst der Conquistador und Kampfgefährte von Cortés, Bernal Díaz del Castillo, der sich am Ende seines Lebens nach Guatemala zurückgezogen hatte, in seiner Geschichte der Eroberung Neuspaniens zahlreiche Irrtümer und Vermutungen berichtigen. Die Franziskaner-Ethnographen Mexikos haben Geschichtswerke über die Indianer verfasst, die, wenn auch nicht vorurteilslos, so doch verhältnismäßig gute Kenntnisse über indianische Gebräuche und Glaubensvorstellungen verraten. Leider konnten die Zeitgenossen das Monumentalwerk des Franziskaners Bernardion de Sahagún *(História general de las cosas de Nueva España; Allgemeine*

DAS ALLTAGSLEBEN
DER INDIANER
Aus dem Codex des Diego Duran, der in der Nationalbibliothek von Madrid aufbewahrt wird, gehen Einzelheiten über die Riten der mexikanischen Indianer hervor, die der Dominikaner zwischen 1560 und 1580 zusammentrug.

Geschichte Neuspaniens) aber nicht zur Kenntnis nehmen, weil es von Philipp II. für „politisch nicht korrekt" befunden und seine Veröffentlichung deshalb unterdrückt wurde. Weitere Werke folgten aus der Feder von Garcílaso de la Vega *(Comentarios reales)* und Alonso de Ercilla y Zuñiga, dem Eroberer von Chile *(Epos La Araucana)*.

Ein Weltreich wie das spanische des 16. und 17. Jh. musste zwangsläufig auch juristische und ökonomische Lehren hervorbringen. Heute werden diese unterschiedlich bewertet. So gehen moderne Historiker in ihrer kritischen Analyse nicht gerade großzügig mit spanischen Rechtsgelehrten, vor allem Francisco de Vitoria, um und sprechen ihnen die angebliche Vorreiterrolle für die Entwicklung des internationalen Rechts ab. Stattdessen erkannte man, dass gerade die spanischen Staatsrechtler der Monarchie und den herrschenden Schichten zur Legitimität verhalfen: Sie waren es, die die alleinige Befehlsgewalt als (absolutistischen) Regierungsstil festigten und die Expansion mit kriegerischen Mitteln und die Unterdrückung der Häretiker billigten.

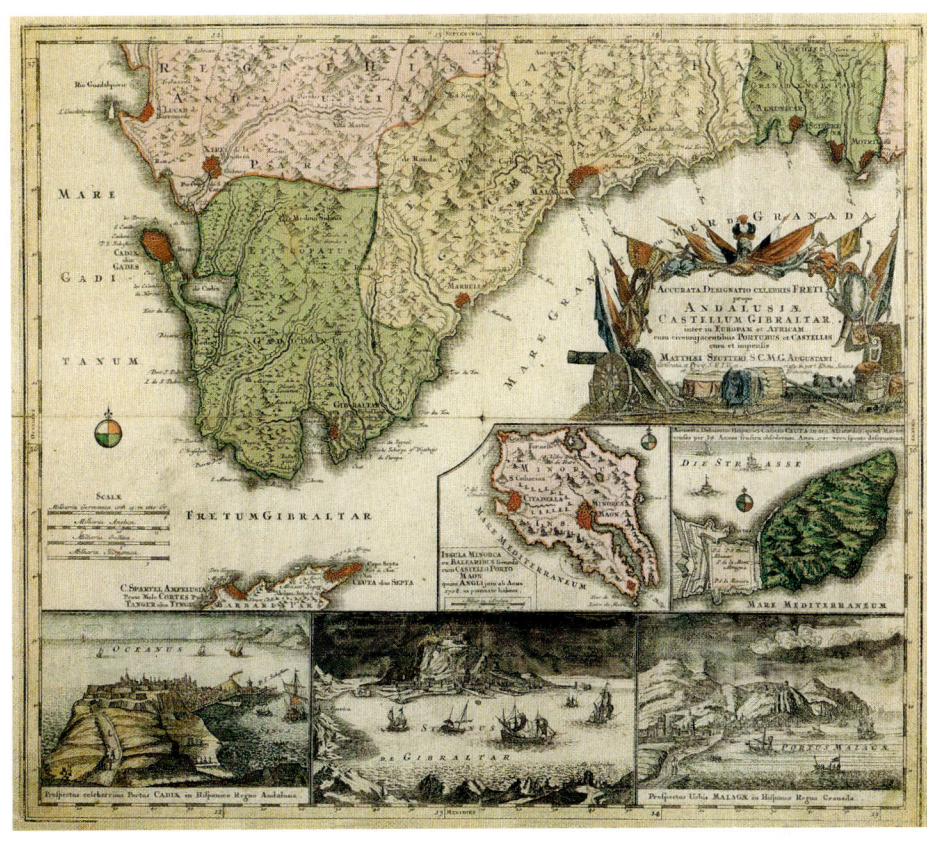

STRATEGISCHE BEDEUTUNG
Diese Karte liefert genaue Angaben über die Straße von Gibraltar. Die Bucht von Cadiz, die das Monopol des Handels mit Amerika besaß, ist hier mit beachtlicher Genauigkeit dargestellt.

Andererseits wurden die spanischen Wirtschaftstheoretiker des Goldenen Zeitalters rehabilitiert: Schon seit 1550 hatten sie Abhandlungen über die steigenden Preise, schwankenden Wechselkurse, über die Nachteile des Exports von Rohwolle, den raschen Geldumlauf und seine Folgen verfasst. Erstmals in der Wirtschaftsgeschichte hatten sie Gedanken formuliert, die heute im Rahmen der Mengentheorie des Geldes oder der Mehrwerttheorie zum volkswirtschaftlichen Allgemeinwissen zählen.

Auch der Beitrag Kastiliens zur geographischen Erfassung der Neuen Welt war immer unbestritten. Dabei ließen die Spanier ihre europäischen Nachbarn stets an ihrem Wissen wie etwa über die Hochseeschifffahrt teilhaben (ganz anders die Portugiesen, die entweder über weniger Kenntnisse verfügten oder ihr Wissen geheim hielten). Die Schriften von Pedro de Medina (1545) und von Martín Cortés (1551) wurden in ganz Europa verbreitet und in die wichtigsten europäischen Sprachen übersetzt. Beide Autoren machten Teile ihrer Erkenntnisse über Methoden und Erfahrungen von Seefahrern der Casa de la Contratación in Sevilla zugänglich. Anhand der Reiseberichte, die in der Amerikabehörde gesammelt wurden, verfasste ferner Juan López de Velasco 1574 seine *Geografia y Descripción universal de las Indias (Geographie und allgemeine Beschreibung Indiens)*. Aber auch präzisere Berichte über Reiserouten und einzelne Regionen in Amerika waren sehr begehrt: Cristóbal de Acuña beispielsweise beschrieb das Amazonasdelta (1682); Pascual de

EHRGEIZIGE STUDIEN
Die Bibliothek des Escorial, in der alles Wissen der Welt gesammelt war, war als Ort globaler Studien gedacht. Neben Büchern und Handschriften rundeten wissenschaftliche Gegenstände wie Astrolabien, Planisphären, Instrumente zur Messung der Längengrade und Armillarsphären die Sammlungen ab.

Andagoya berichtete über seine Forschungsreise von Panama nach Peru, fray Antonio de la Ascensión von seiner Fahrt auf der „Südsee" von Acapulco aus, Alvar Nuñez Cabeza de Vaca schrieb *Naufragios (Schiffbruch)* und fray Reginaldo de Lizzarraga eine *Descripción breve de toda la tierra del Perú (Beschreibung von ganz Peru)*. Sämtliche Schriften waren in kastilischer Sprache; und nicht zuletzt aufgrund der Handbücher, die etwa die Überquerung des Pazifiks beschrieben, wurde das Kastilische zu einer Sprache der Seefahrer.

Schließlich blühte in Spanien nach der Entdeckung der Neuen Welt auch die Medizin auf. In den Jahren 1565, 1571 und 1574 veröffentlichte der Arzt Nicolás Monardes ein dreibändiges Werk über die Arzneipflanzen, die man aus den amerikanischen Gebieten bezog; vorausgegangen waren zahlreiche Experimente, die er über Jahre hinweg in seinem Garten in Sevilla mit importierten Pflanzen durchgeführt hatte. Damit konnte er zahlreiche amerikanische Kulturpflanzen botanisch beschreiben, darunter Mais, Ananas, Salsaparilla und Coca.

Anderen Medizinern gelang es nicht nur, die in Spanien und Amerika beheimateten exotischen Pflanzen zu erkunden, sondern auch die hieraus von den Indianern angefertigten Arzneien und ihre Heilwirkung zu studieren. Durch Monardes' Experimente wurde es schließlich möglich, spanische Arzneien mit indianischen Heilpflanzen zu mischen und damit die Heilwirkung zu erhöhen: Beispielsweise gab man einem in Spanien populären Abführmittel Auszüge der Mechoacanwurzel bei; Wunden sollen mit Topotzan, zahlreiche andere Beschwerden mit Agave durchaus wirksam behandelt worden sein.

Schließlich blieb auch die zum Teil grandiose Kultur der Indianer in spanischen Schriften nicht gänzlich unbeachtet. Beispielsweise hatte die Missionsarbeit des Jesuiten José de Acosta (1571–86) das Ziel, diese Kultur zu beschreiben, erkannte er doch die Notwendigkeit des gegenseitigen kulturellen Austauschs zwischen Europa und Amerika. Seine *Historia natural y moral de las Indias (Natur- und Moralgeschichte der Indianer)*, die zuerst auf Lateinisch verfasst und 1588 in Salamanca veröffentlicht wurde, sollte später ins Kastilische, Italienische, Französische, Holländische und Deutsche übersetzt werden. Acosta eignete sich bei seiner Arbeit ein großes Wissen über die einheimische Geschichte und Kultur an und erlernte dabei die Sprache der Ketschua und Aimara. So war sein Werk mehr als nur ein weiterer Mosaikstein, mit dem die vielköpfige Monarchie der Habsburger – überwiegend durch äußere Zwänge veranlasst – den Weg zu einer grenzenlosen Kultur geebnet hat.

Epílog

Wenn Christoph Kolumbus im Sommer 1492 zu seiner ersten Entdeckungsreise aufbrach und der spanische Humanist Antonio de Nabrija gleichzeitig seine kastilische Grammatik veröffentlichte, so fallen diese beiden Ereignisse, die auf den ersten Blick kaum unterschiedlicher sein könnten, nicht zufällig zeitlich zusammen. Vielmehr charakterisieren sie die spanische Gesellschaft am Ende des 15. Jh., die von einer heute kaum noch nachvollziehbaren Aufbruchstimmung geprägt war. Um endgültig die Fesseln des Mittelalters zu sprengen, waren die Menschen oft zu atemberaubenden, zugleich den Zeitgenossen nicht immer sinnvoll erscheinenden Unternehmungen fähig.

Schon bald war man sich der Größe Spaniens bewusst. In einem ausführlichen Vorwort zu seiner Grammatik verwendet etwa Nebrija eine kontrovers ausgelegte Phrase: „Die Sprache begleitet das Imperium." Erwies sich Nebrija als Prophet der späteren Eroberung Amerikas? Wohl kaum. Vielmehr sehnte man sich nach einer nationalen Einheit, eine Sehnsucht, die man nicht nur für König Alfons den Weisen im ausgehenden 13. Jh. nachweisen kann. Auch ein Zeitgenosse Nebrijas, Ferdinand von Aragonien, war dieser Sehnsucht erlegen; und so dienten seine sämtlichen Kriegszüge von Granada bis Oran der Verwirklichung eines christlichen Imperiums. Spanien war für den Aufbau eines Weltreichs also vorbereitet.

1516 war es schließlich zustande gekommen. Dank des Zusammentreffens einer vom Glück begünstigten und klug taktierenden Dynastie mit den Kräften eines Volkes, das dynamisch und bereit zu großen Abenteuern war, konnte es sich rasch konsolidieren. Dabei stand den Expansionen nach Italien, Amerika und in die islamische Welt seit 1516 mit Karl ein König vor, der zunächst selbst kein Wort Spanisch sprach. Doch mit dem Gebiet zwischen Pyrenäen und Gibraltar und besonders mit einer mächtigen Armee, die, soeben vollständig modernisiert, ein gewaltiges Herrschaftsinstrument in den Händen der Krone darstellte, vermochten die Habsburger für lange Zeit und an vielen Fronten ihre Schlagkraft zu beweisen. Mit den Edelmetallen aus Amerika kam schon bald eine weitere Stütze des spanischen Weltreichs hinzu.

DER THRONERBE
Dieses Porträt mit dem Titel Prinz Baltasar Carlos zu Pferde *von Velázquez war für den Salon der Königlichen Hoheiten im Palast Buen Retiro bestimmt. Man hatte die Geburt des Sohnes Philipps IV. 1629 mit großen Festlichkeiten begangen. Als der Künstler das Porträt schuf, war der Infant, der 1646 viel zu früh starb, sechs oder sieben Jahre alt.*

185

Das neue Imperium verfügte also über beachtliche Vorteile, die die Habsburger auch zu nutzen wussten. Überdies waren den Herrschern eine außergewöhnliche dynastische Stabilität und lange Regierungszeiten beschieden; in 184 Jahren folgten nur fünf Könige einander auf dem spanischen Thron. Unerschütterlich trotzte die Dynastie Gefährdungen der Thronfolge im eigenen Haus. Weder die geistige und körperliche Behinderung Don Carlos' noch die Krankheiten des Infanten Philipp, des späteren Philipp III., noch die Aufstände in Katalonien und Portugal im Jahr 1640 vermochten die Herrschaft der Habsburger zu erschüttern. Eine robuste Natur und zahlreiche Nachkommen innerhalb der Familie sicherten darüber hinaus die unangefochtene Kontinuität in der Monarchie und schützten sie vor den Sorgen, die ihre europäischen Nachbarn immer wieder plagten. Erst die Herrschaft Karls II. war ein unverkennbares Vorzeichen für das Ende einer vom Glück begünstigten Epoche. Seine offensichtlichen geistigen und körperlichen Schwächen beschleunigten Gerüchte einer bevorstehenden Thronvakanz. So bilden die Krankheit Johannas der Wahnsinnigen und die Schwäche Karls II. den Rahmen einer großen spanischen Epoche, für die ein langer dynastischer Frieden Voraussetzung war.

Während dieser Zeit schuf der spanische Staat die notwendigen Mechanismen für das reibungslose Funktionieren der Monarchie. Nachdem die aufständischen Germanías in Valencia und Mallorca und auch die *Comuneros* in Kastilien einmal niedergezwungen waren, regierten die spanischen Könige, ohne jemals eine Weihe empfangen zu haben. Ein wichtiges Herrschaftsinstrument waren Verträge, mit denen sie ihre Herrschaft in den unterschiedlichsten Varianten absicherten. Untertanen und Verbündete verschiedener Herkunft bekamen dank einer hohen sozialen wie geographischen Mobilität immer wieder Gelegenheit, politische Verantwortung mit zu übernehmen. Ob Granvelle in Burgund, Ambrosio de Spinola in Genua oder Cristóbal de Moura in Portugal, alle mussten sie dabei jedoch die Staatsräson der Habsburger beachten. Trotz der riesigen Entfernungen und der nationalen Unterschiede gelang es dem spanischen Reich damit, eine eigentümliche, subtile europäische Einheit zu verwirklichen – die erste nach dem Karolingerreich, die lebensfähig war. Selbst die spanisch-amerikanischen Beziehungen, die gewiss auf der europäischen Vorherrschaft und ihren schrecklichen Konsequenzen begründet war, blieben bis ins frühe 19. Jh. intensiv und ausgewogen.

Das spanische Imperium war im 16. und 17. Jh. die führende Weltmacht. Kehrseite der Medaille war das erneute Aufkommen der *leyenda negra*, der Preis einer ungebrochenen Vorherrschaft. Tatsächlich malte die schwarze Legende bald überall im europäischen Ausland ein negatives Spanienbild und verbitterte Generationen von Spaniern. Doch in Wahrheit war die schwarze Legende mehr der Ausdruck einer Opposition gegen einen Staat, vor dem jeder Angst hatte, als eine generelle Verurteilung der Spanier. Entstanden war sie im Italien des 13. Jh., als die Expansion der Krone Aragonien nicht ohne propagandistische Gegenmaßnahmen erfolgte. Ganz Westeuropa – England, die Niederlande und Frankreich – beteiligte sich an einer Verleumdungskampagne, die im 16. Jh. unter neuen Voraussetzungen wiederbelebt wurde. Die Spanier, allen voran Philipp II., wurden nun als Personifikation der Grausamkeit, religiösen Heuchelei und Ignoranz gesehen. Die schwarze Legende machte ausgiebig Gebrauch von den grausamen Inquisitionsprozessen gegen die Protestanten zwischen 1550 und 1570 und dem furchtbaren Los der Indianer. Das heutige Urteil über die Geschichte jener Zeit ist trotz der zahlreichen dunklen Flecken allerdings ausgewogener.

Denn der schwarzen Legende zum Trotz konnten auch die europäischen Machthaber es nicht verhindern, dass das Interesse und die Bewunderung für alles, was aus dem spanischen Reich kam, ungebrochen war. Die französische Literatur, und nicht nur sie, war voll von Anleihen und Anspielungen auf Spanien. Der berühmteste und treueste

KAMPF GEGEN DAS BÖSE
(S. 187) Die mit Arkebusen ausgestatteten Engel aus den Andenländern sind wie europäische Ritter mit Oberschenkelhosen, Umhang und Hut bekleidet. Sie verkörpern den Sieg der Christenheit über die Kräfte des Bösen, die oft von einem Drachen symbolisiert werden.

Spanien-Verehrer war Pierre Corneille, der sich in *Le Cid (Der Cid)* oder *Le Menteur (Der Lügner)* von Motiven aus der spanischen Geschichte inspirieren ließ. Immer zahlreicher wurden die Grammatiken und Wörterbücher zum Erlernen der spanischen Sprache, die sich zur Zeit Annas von Österreich auffällig in ganz Europa verbreitete. Nicolas Charpentier beispielsweise verfasste 1596 eine *Parfaite Méthode pour entendre, escrire et parler la langue espagnole (Perfekte Methode, die spanische Sprache zu verstehen, zu schreiben und zu sprechen)*, Juan Palet wenig später das *Diccionario muy copioso de la lengua española y francesca (Sehr ausführliches Wörterbuch zur spanischen und französischen Sprache,* 1604).

Ähnlich stark war der Einfluss des spanischen Katholizismus. Selbst Molière greift auf Luis de Granada zurück, dessen Werk wie viele andere Schriften ganz im Geist des Konzils von Trient in Spanien erschien. Auch die De-batten um die Unbefleckte Emp-fängnis fanden in Frankreich ein lebhaftes Echo, wo sie im Zent-rum der Auseinandersetzungen zwischen Ultramontanen und der gallikanischen Partei standen.

So verweisen die letzten Bei-spiele insgesamt auf die schöpferi-sche Kraft der Kultur des spani-schen Weltreichs, die weit über den Zusammenbruch der politi-schen Größe hinaus Bestand hatte: Das Goldene Zeitalter Spaniens *(siglo de oro)* hat selbst die euro-päische Aufklärung überdauert, und in Amerika feierte der spa-nische Barock einen ungebrems-ten Siegeszug.

Bis in unsere moderne Welt sind stille Zeugen geblieben, die selbst auf dem Flughafen von Madrid auf den überraschten Betrachter warten. Denn kaum dort gelandet, blickt man auf ein Wandgemälde des Ecuadorianers Oswaldo Guayasamin, begleitet von einem berühmten Vers des Chilenen Pablo Neruda: „Die Jungfrau Maria hat Amerika so groß gemacht." Eindrucksvoll zeigt eine solche amerikanische „Ehrerbietung" an prominenter Stelle, wie nachhaltig die katholische Monarchie die Mentalitäten geprägt hat.

Register

Kursiv gedruckte Seitenzahlen verweisen auf Bild-
unterschriften, Illustrationen oder Übersichtskarten.

Bild- und Museumsnachweis

Abkürzungen: o = oben, M = Mitte, u = unten, l = links, r = rechts

Einband: G. DAGLI ORTI (Hintergrund); AKG/Rabatti-Domingie/Museo degli Argenti, Florenz.

3 AKG/Rabatti-Domingie/Museo degli Argenti, Florenz. 6/7 AKG, Paris/G. Mermet/Alcázar, Segovia. 10–19 Vignetten: PHOTOS12/P. Bony 10 l.: G. DAGLI ORTI/Museo del Prado, Madrid; r.: BRIDGEMAN GIRAUDON/Victoria & Albert Museum, London. 10/11 Hintergrund: Michel LANGROGNET. 11 o.r.: G. DAGLI ORTI/Bibliothèque des Arts décoratifs, Paris; l.: G. DAGLI ORTI/Alcázar, Sevilla; u.: Michel LANGROGNET/Capilla Real, Granada. 12 l.: AKG, Paris/E. Lessing/Schloss Gaasbeek, Belgien; r.: BRIDGEMAN GIRAUDON/Courtauld Institute Gallery, London. 12/13 Hintergrund: Michel LANGROGNET. 13 o.r.: AKG, Paris/Museo Nazionale di Capodimonte, Neapel; u.r.: G. DAGLI ORTI/Museo de Sante Cruz, Toledo; l.: ARTEPHOT/Oronoz/Armeria Real, Madrid. 14 l.: G. DAGLI ORTI/Museo del Prado, Madrid; o.r.: AKG, Paris; u.r.: ARTEPHOT/Oronoz/El Escorial. 14/15 Hintergrund: Michel LANGROGNET. 15 o.: BRIDGEMAN GIRAUDON/Collection Stapleton, London; u.r.: ARTEPHOT/Oronoz/El Escorial. 16 l.: ARTEPHOT/Oronoz/Museo del Prado, Madrid; r.: G. DAGLI ORTI. 16/17 Hintergrund: CORBIS/G. Darley-Edifice. 17 o.l.: SCOPE/N. Hautemanière; u.l.: ARTEPHOT/Oronoz; u.r.: ARTEPHOT/Oronoz/Museo del Prado, Madrid. 18 l.: BRIDGEMAN GIRAUDON/Hospiz der Barmherzigen Brüder, Sevilla; r.: ARTEPHOT/A. Meyer. 18/19 Hintergrund: SCALA. 19 o.: BRIDGEMAN GIRAUDON/Spiegelsaal, Château de Versailles; u.l.: Michel LANGROGNET; u.r.: ARTEPHOT/Oronoz. 20 G. DAGLI ORTI/Residenzgalerie, Salzburg. 21 ARTEPHOT/Oronoz/Instituto de Valencia de Don Juan, Madrid. 23 BRIDGEMAN GIRAUDON/Privatsammlung. 24 ARTEPHOT/Oronoz. 25 ARTEPHOT/Oronoz/Museo del Prado, Madrid. 26 G. DAGLI ORTI/Museum der Universität, Salamanca. 27 G. DAGLI ORTI. 28 ARTEPHOT/Oronoz/Nationalbibliothek, Wien. 29 SCALA/Museum Lodi. 31 BRIDGEMAN GIRAUDON/Monasterio de las Descalzas Reales, Madrid. 33 ARTEPHOT/ Oronoz/Museo del Prado, Madrid. 35 AKG, Paris/E. Lessing/Kunsthistorisches Museum, Wien. 37 PHOTOS 12/P. Bony. 38 ARTEPHOT/Oronoz/Museo de América, Madrid. 39 o.l.: ARTEPHOT/Oronoz; o.r.: G. DAGLI ORTI; M.l.: ARTEPHOT/Oronoz; M.: ARTEPHOT/Oronoz; u.M.: G. DAGLI ORTI/Museo Franz Mayer, Mexico D.F.; M.r.: ARTEPHOT/Oronoz/Museo Naval, Madrid. 40 AKG, Paris/Rabatti-Domingie/Museo degli Argenti, Florenz. 41 ARTEPHOT/Oronoz/Museo de la Academia de San Fernando, Madrid. 43 ARTEPHOT/Oronoz/Museo del Prado, Madrid. 45 CORBIS/Austrian Archives. 46 ARTEPHOT/Oronoz/Archivo General de Simancas, Valladolid. 48 ARTEPHOT/Oronoz/El Escorial. 51 ARTEPHOT/Oronoz/Museo Lázaro Galdiano, Madrid. 52 BRIDGEMAN GIRAUDON/Victoria & Albert Museum, London. 53 AKG, Paris/E. Lessing/Kunsthistorisches Museum, Wien. 56 ARTEPHOT/Oronoz/Museo Municipal, Madrid. 57 HOA QUI/EXPLORER/B. Wojtek. 59 G. DAGLI ORTI. 60 ARTEPHOT/Oronoz/Generalitat, Valencia. 61 ARTEPHOT/Oronoz. 63 G. DAGLI ORTI/Museu de

Marinha, Lissabon. 65 ARTEPHOT/Oronoz/Archäologisches Museum, Léon. 67 G. DAGLI ORTI/Nationalbibliothek, Madrid. 68 ARTEPHOT/A. Meyer/Kunsthistorisches Museum, Wien. 68/69 Hintergrund: ARTEPHOT/Oronoz/Armeria Real, Madrid. 69 o.l.: ARTEPHOT/A. Meyer/Historisches Museum, Wien; o.r.: ARTEPHOT/Oronoz/Palacio Real, Madrid; M.l.: AKG, Paris/E. Lessing/Galerie Di Capodimonte, Neapel; M.M.: G. DAGLI ORTI/Museo del Prado, Madrid; M.r.: ARTEPHOT/Oronoz/Armeria Real, Madrid; u.: ARTEPHOT/Oronoz/Museo Nacional de Artes Decorativas, Madrid. 70 G. DAGLI ORTI/Nationalbibliothek, Madrid. 71 ARTEPHOT/Oronoz. 73 ARTEPHOT/R. Jourdain/Musée du Louvre, Paris. 74 ARTEPHOT/Oronoz. 75 BRIDGEMAN GIRAUDON/Privatsammlung. 76 ARTEPHOT/Akademie San Fernando, Madrid. 77 ARTEPHOT/Oronoz/Schatzkammer von Toledo. 78 G. DAGLI ORTI/Kulturmuseum, Oaxaca. 79 o., M.: ARTEPHOT/Oronoz; u.: AKG, Paris/G. Mermet. 81 ARTEPHOT/Oronoz/Akademie San Fernando. 83 ARTEPHOT/Oronoz/Museo del Prado, Madrid. 85 G. DAGLI ORTI/Topkapi-Sarayi, Istanbul. 86 G. DAGLI ORTI/Archivo de las Indias, Sevilla. 87 G. DAGLI ORTI/Museo Nacional de Escultura, Valladolid. 89 HOA QUI/E. Valentin. 91 ARTEPHOT/Oronoz/Museo del Prado, Madrid. 92 BRIDGEMAN GIRAUDON/K. Welsh/Museu Maritim, Barcelona. 93 ARTEPHOT/Oronoz/Armeria Real, Madrid. 95 G. DAGLI ORTI/Palazzo Farnese, Caprarola. 96 BIBLIOTHÈQUE NATIONALE, Paris. 97 ARTEPHOT/Oronoz/Museo del Prado, Madrid. 98 BRIDGEMAN GIRAUDON/Privatsammlung. 99 G. DAGLI ORTI/Musée du Louvre, Paris. 100 l.: ARTEPHOT/A. Held/Museo Nacional de Escultura, Valladolid; r.: AKG, Paris/E. Lessing/Kunsthistorisches Museum, Wien. 101 o.l.: G. DAGLI ORTI/Museo Nacional de Escultura, Valladolid; u.l.: Michel LANGROGNET; r.: RMN/Musée du Louvre, Paris. 102 l.: G. DAGLI ORTI; r.: RMN/Chuzeville/Musée du Louvre, Paris. 103 o.: ARTEPHOT/Oronoz; u.l.: G. DAGLI ORTI/Museo de Santa Cruz, Toledo; u.r.: ARTEPHOT/Oronoz. 104 o.l.: G. DAGLI ORTI; o.r.: ARTEPHOT/Oronoz/Musée des Beaux-Arts, Lyon; u.: ARTEPHOT/Oronoz. 105 o.: RMN/R. G. Ojeda/Museo de Bellas Artes, Sevilla; u.: ARTEPHOT/Oronoz. 106 o.: CORBIS/© National Gallery, London; u.: ARTEPHOT/Oronoz/Museo Diocesano-Catedralicio, Valladolid. 106/107 RMN/G. Blot/Musée national de la Renaissance, Écouen. 107 o.: ARTEPHOT/A. Meyer/Kunsthistorisches Museum, Wien; u.: ARTEPHOT/Oronoz/National Gallery, Washington. 108 l.: ARTEPHOT/Oronoz/Museo Nacional de Escultura, Valladolid; r.: G. DAGLI ORTI/Museo Franz Mayer, Mexico D.F. 109 o.: ARTEPHOT/Oronoz/Museo del Prado, Madrid; u.l., u.r.: ARTEPHOT/Oronoz. 110 BRIDGEMAN GIRAUDON/Real Academia de la Historia, Madrid. 111 ARTEPHOT/Oronoz. 112 ARTEPHOT/Oronoz/Museo del Prado, Madrid. 113 ARTEPHOT/Oronoz. 115 G. DAGLI ORTI/Museo Nacional de Artes Decorativas, Madrid. 116 ARTEPHOT/Oronoz/Institut Don Juan, Valencia. 118 G. DAGLI ORTI/Musée Condé, Chantilly. 119 BRIDGEMAN GIRAUDON/Privatsammlung. 121 Nationalbibliothek, Madrid. 122 o., u.: LEEMAGE. 122/123 Hintergrund: ARTEPHOT/Oronoz/Nationalbibliothek, Madrid. 123 o.l.:Instituto Amatller de Arte Hispánico, Barcelona; o.M.: AKG, Paris/E. Lessing; o.r.: ARTEPHOT/Oronoz/National-

bibliothek, Madrid; u.l.: ARTEPHOT/Oronoz/Casa y Museo del Greco, Toledo; u.r.: G. DAGLI ORTI/Museo del Prado, Madrid. 125 ARTEPHOT/Oronoz/Museo de Bellas Artes, Granada. 126 ARTEPHOT/Oronoz. 127 HOA QUI/EXPLORER/C. Boisvieux. 129 SCALA/Museo del Prado, Madrid. 130 ARTEPHOT/Oronoz/Kathedrale, Toledo. 131 Instituto Amatller de Arte Hispánico/Archivo Protocolos. 132 ARTEPHOT/Oronoz/Wellington Museum, London. 134 G. DAGLI ORTI/Nationalbibliothek, Madrid. 135 ARTEPHOT/Oronoz/Sammlung Varez Fisa, Madrid. 137 ARTEPHOT/Oronoz/Museo de América, Madrid. 138 G. DAGLI ORTI/Museo Nacional de Escultura, Valladolid. 138/139 Hintergrund: AKG, Paris/J. Martin. 139 o.l.: AKG, Paris/J. Martin; o.r.: RMN/R. G. Ojeda/Museo de Bellas Artes, Sevilla; M.l.: G. DAGLI ORTI; M.M.: AKG, Paris/J. Martin/Museo del Prado, Madrid; M.r.: G. DAGLI ORTI/Museo de Santa Cruz, Toledo; u.: RMN/R. G. Ojeda/Museo de Bellas Artes, Sevilla. 140 G. DAGLI ORTI/Palacio Pimentel, Valladolid. 141 ARTEPHOT/Oronoz/Metropolitan Museum of Art, New York. 142 G. DAGLI ORTI. 143 ARTEPHOT/J. Martin/Metropolitan Museum of Art, New York. 144 G. DAGLI ORTI/Museo de la Fundación Duque de Lerma, Toledo. 145 Atelier M. BEVALOT, Besançon. 146 G. DAGLI ORTI. 147 G. DAGLI ORTI/Nationalbibliothek, Madrid. 149, 151: Michel LANGROGNET. 152 ARTEPHOT/Oronoz. 153 SCALA/Museo de América, Madrid. 154 o.: BRIDGEMAN GIRAUDON/Fitzwilliam Museum, Cambridge; u.: BRIDGEMAN GIRAUDON/Eremitage, Sankt Petersburg. 154/155 Hintergrund: ARTEPHOT/Oronoz/Descalzas Reales, Madrid. 155 o.l.: ARTEPHOT/Oronoz/Museo del Prado, Madrid; o.r., M.l.: ARTEPHOT/Oronoz/Descalzas Reales, Madrid; M.r.: BRIDGEMAN GIRAUDON/Museo del Prado, Madrid; u.l. AKG, Paris/E. Lessing/Museo del Prado, Madrid; u.r. G. DAGLI ORTI/Nationalbibliothek, Madrid. 156 ARTEPHOT/Oronoz/Museo Nacional de Escultura, Valladolid. 157 ARTEPHOT/Oronoz. 159 ARTEPHOT/Oronoz/Fondation Tavera, Toledo. 160 G. DAGLI ORTI. 161 CORBIS/© National Gallery, London. 162 G. DAGLI ORTI. 163 Michel LANGROGNET. 164, 165: G. DAGLI ORTI. 166 HOA QUI/Th. Perrin. 168 G. DAGLI ORTI/Museo Nacional de Escultura, Valladolid. 169 ARTEPHOT/Oronoz/Kathedrale, Sevilla. 170 AKG, Paris/E. Lessing. 170/171 Hintergrund: AKG, Paris/Rabatti-Domingie/Museo degli Argenti, Florenz. 171 o.: ARTEPHOT/Oronoz/Bibliothèque Royale, Brüssel; M.l.: AKG, Paris/Rabatti-Domingie/Museo degli Argenti, Florenz; M.r.: ARTEPHOT/Oronoz/Museum der Kathedrale, Barcelona; u.l.: ARTEPHOT/Oronoz; u.r.: ARTEPHOT/Oronoz/Archäologisches Museum, Léon. 172 © MUSÉE GOYA, Castres/J. Cl. Ouradou. 173 G. DAGLI ORTI/Museum Oacaxa. 174, 175: G. DAGLI ORTI. 177 ARTEPHOT/Oronoz/Kathedrale, Valladolid. 178 G. DAGLI ORTI/Museo del Prado, Madrid. 179 AKG, Paris/G. Mermet/Museo Nacional de la Casa de Moneda de Potosí, Potosí. 181 l.: BRIDGEMAN GIRAUDON/Universitäts-Bibliothek, Barcelona; r.: BRIDGEMAN GIRAUDON/Museo Lázaro Galdiano, Madrid. 182 ARTEPHOT/Oronoz/Nationalbibliothek, Madrid. 183 G. DAGLI ORTI. 184 ARTEPHOT/Oronoz/Bibliothek des Escorial. 185 ARTEPHOT/Oronoz/Museo del Prado, Madrid. 187 G. DAGLI ORTI/Museo Provincial, Salamanca. **Boxenfriese:** G. DAGLI ORTI.